明清野史丛书 第一辑

李鹏飞 编

永历实录

（外一种）

[明] 王夫之等 著

北京出版集团

文津出版社

图书在版编目（CIP）数据

永历实录：外一种 /（明）王夫之等著；李鹏飞编. —北京：文津出版社，2020. 2
（明清野史丛书. 第一辑）
ISBN 978-7-80554-705-3

Ⅰ. ①永… Ⅱ. ①王… ②李… Ⅲ. ①中国历史—野史—明代 Ⅳ. ① K248. 045

中国版本图书馆 CIP 数据核字（2019）第 215686 号

出版策划：安　东　高立志
责任编辑：乔天一
责任营销：猫　娘
责任印制：陈冬梅
封面设计：吉　辰
书名题字：老　莲

明清野史丛书　第一辑
永历实录（外一种）
YONGLI SHILU
[明]王夫之 等　著
李鹏飞　编

出　　版：北京出版集团
　　　　　文津出版社
地　　址：北京北三环中路 6 号
邮　　编：100120
网　　址：www.bph.com.cn
发　　行：北京出版集团
印　　刷：河北赛文印刷有限公司
经　　销：新华书店
开　　本：889 毫米 × 1194 毫米　1/32
印　　张：13.5
字　　数：236 千字
版　　次：2020 年 2 月第 1 版
印　　次：2023 年 5 月第 3 次印刷
书　　号：ISBN 978-7-80554-705-3
定　　价：58.00 元

质量监督电话：010-58572393
如有印装质量问题，由本社负责调换

出版前言

1925年12月10日、12日、25日，鲁迅在北京的《国民新报副刊》上分三次发表了《这个与那个》（后收入《华盖集》），在第一节《读经与读史》中，鲁迅说：

> 我以为伏案还未功深的朋友，现在正不必埋头来哼线装书。倘其咿唔日久，对于旧书有些上瘾了，那么，倒不如去读史，尤其是宋朝明朝史，而且尤须是野史；或者看杂说。
>
> ……
>
> 野史和杂说自然也免不了有讹传，挟恩怨，但看往事却可以较分明，因为它究竟不像正史那样地装腔作势。

1935年2月，鲁迅在《文学》月刊第四卷第二号上又发表了《病后杂谈》（发表时被删去第二、三、四节，后全文收入《且介亭杂文》），文末也提到野史：

> ……我想在这里趁便拜托我的相识的朋友，

将来我死掉之后，即使在中国还有追悼的可能，也千万不要给我开追悼会或者出什么记念册。……

现在的意见，我以为倘有购买那些纸墨白布的闲钱，还不如选几部明人、清人或今人的野史或笔记来印印，倒是于大家很有益处的。

鲁迅一向看重野史、笔记之类非“官书”的史籍，盖因官修正史常是“里面也不敢说什么”的，而通过野史的记载，却往往能提供官书有意无意漏略不言的细节，也就是前引文中所说的“看往事却可以较分明”。而明清两代的野史记述了大量官书所不载的人物和事迹，其中还有不少是时人亲见、亲闻，乃至亲历的，其重要性不言可知。这些史料早已为学界所利用，但对大众读者来说，往往还是陌生的。编纂出版《明清野史丛书》，想来还是“于大家很有益处的”。

当然，作为史料，野史杂说也有其不足之处。鲁迅说它“免不了有讹传，挟恩怨”，这在明末清初的一些史料中尤其明显。例如，《蜀碧》等书将明末清初四川人民遭遇的兵燹之灾一概归罪于张献忠，《汴围湿襟录》将决河淹没开封的责任推在李自成头上，《三湘从事录》作者蒙正发粉饰自己和恩主章旷、李元胤的所作所为，敌视由人顺军余部改编而成的“忠贞营”等，经过现当代学者的研究，都证明是不可靠的。由于本系列主要面向大众读者，我们不可能对书中记载一一进行核实和考辩，只能提请读者注意：尽信书，则不如无书。

另外需要说明的是，明清时期的野史，成书之后多通过抄录流传，不但鲁鱼亥豕在所难免，即残损佚亡，也不在少数。我们在编辑本丛书的过程中，尽量依据不同版本进行校勘，纠正了书中一些错字，特别是错误的人名、地名。但是，有一些人物在不同历史记载中的名字、行迹甚至最终下落都有不同，无法强求一致。如南明武将陈邦傅，一些史料写作“陈邦传”，由于没有第一手史料可供确认，在编辑本系列所收野史时，也只能各从其原书写法。至于明显由于避讳改写的字，如改“丘”为“邱”、易“胤”为“允”、书“弘”为“宏”，则径自回改，以存历史原貌。

总目录

永历实录

[明]王夫之

目　录

卷一　大行皇帝纪

大行皇帝讳由榔，神宗显皇帝孙也。考端皇帝讳常瀛，神宗第八子，封桂王。继嫡妃王氏无出；贵人马氏生二子，长桂恭王，次上。以天启三年癸亥岁十月十九日生上于燕邸。天启七年秋，端皇帝出封于衡州。端皇帝垂颐丰背，日角修耳，貌似神宗，性敦厚慈易，为诸王最。崇祯间，朝廷崇礼亲藩，诸王多凭依侵有司，烦苦士民，独桂邸以安靖闻。编修马世奇、中书舍人张同敞先后奉敕戒谕诸王，俱以王贤报命。崇祯六年，诏遣编修闵仲俨册立桂恭王为安仁王，上为永明王。崇祯十年，临、蓝瑶贼郭子奴、刘新宇等反，犯衡州，端皇帝发藏金馈饷，请调虔、粤兵城守。明年，讨平之。崇祯十三年，奏请修衡州城，优诏许之。崇祯十四年，上纳王妃王氏。崇祯十六年，张献忠掠寇湖南。八月，长沙陷，分巡上湖南道参议金九陛托赍贺表去。衡州惊溃，端皇帝率桂恭王及上出奔，仅达永州南之石期市，贼追至，巡道中军王上庸率死士截击，端皇帝乃得舍舟逸去。上庸力尽战死，上遂与端皇帝相失。端皇帝携桂恭王走全州，得达广西。应奉内竖陈进忠奉上走道州，陷贼中，不得去，为伪吏所得，将送贼所。有吴继嗣者，故为巡检，陷贼中，伪授永州经历，力调护上，谲给伪大吏，得稍缓。已而献忠渡江走荆州，伪吏无从致送，遂免于难。继嗣迎居己署中，益虔护侍，每日初出，夫妇皆拜谒，奉膳酳，如臣礼。十二月，征蛮将军杨国威帅师复永州，遂迎上入粤，达端皇帝所，遂从居梧州。弘光元年，端皇帝薨，厝梓宫于梧州南岸。桂恭王承国事。思文皇帝立于福州，以桂邸为神宗正胤，次宜承统，有疑虑心，下优诏结万元吉、何腾蛟、丁魁楚，不次皆迁九卿，赐便宜、蟒玉。魁楚遂迎桂恭王及上居肇庆，用杜推戴。已而靖江庶人反，思文皇帝益疑，密诏丁魁楚相动静处分。未几，桂恭王暴薨，上以简静为魁楚信重，得无恙。隆武二年八月丁酉，思文皇帝遇害于顺昌，全闽陷。总制两广兵部尚书丁魁楚、巡抚广西佥都御史瞿式耜议戴上监国，大学士吕大器、兵部尚书李永茂皆至肇庆，与定策。参政唐绍尧、副使林佳鼎、御史王化澄率府州县吏民迎上于寓邸，释衰服，治府署为行宫，行监国事。

十月丙戌，上即位于肇庆，诏诰天下，奖励文武兵民，同仇恢复。改明年为永历元年。遥尊隆武皇帝为思文皇帝，顺昌之讣未审，或曰潜逊故也。追尊考桂端王为端皇帝，兄安仁王为桂恭王。上嫡母桂王妃王氏为慈圣皇太后，生母马氏为慈宁皇太后。立皇后王氏。进吕大器为中极殿大学士，擢丁魁楚、李永茂、瞿式耜皆为大学士。大器、永茂入阁直机务，魁楚总理戎政，式耜以吏部左侍郎掌部事。命司礼太监王坤管文书房事。是月，清兵破赣州，总督、兵部尚书万元吉，监军、试中书舍人袁从谔，通判唐周慈死之。十一月，苏观生、何吾驺、顾元镜以嗣唐王聿𨮁叛，称尊号于广州，改元绍武。大学士陈子壮拜表请讨之。命兵科给事中彭耀谕唐王聿𨮁，苏观生不奉诏，耀不屈，死之。以唐绍尧为户部左侍郎，王化澄为兵部右侍郎兼佥都御史，总督两广。吕大器称病，弃官归蜀。以林佳鼎为兵部左侍郎，周光夏为都御史。兵部左侍郎林佳鼎帅师东讨苏观生，战于三水，败绩。佳鼎及水师游击将军管灿死之。内批擢王化澄为兵部尚书。十二月，以中允方以智、编修刘湘客充经筵讲官，已而不行。大学士李永茂请终制去。命大学士瞿式耜入阁典机务。清李成栋破广州，杀唐王聿𨮁及苏观生，周王、益王皆遇害。何吾驺、顾元镜降。上避敌幸梧州，瞿式耜谏，不听。丁魁楚走岑溪。

永历元年正月癸卯朔，上至梧州，遂自府江幸桂林。清李成栋攻肇庆、梧州，皆破之，巡抚佥都御史曹烨降。南雄、韶州、高州、雷州、廉州皆陷。二月，上至桂林。进何腾蛟太子太保、武英殿大学士，督师如故。遍封楚、粤、黔、蜀诸将为侯伯。敕召詹事文安之、王锡衮为大学士，周堪赓为户部尚书，郭都贤、李陈玉皆兵部侍郎，皆未赴。已而堪赓降于清。进瞿式耜吏部尚书、文渊阁大学士。给事丁时魁奏论新政，当亲行阵，慎爵赏，揽威福，上嘉纳之。晋户部侍郎严起恒为本部尚书。清孔有德攻湘阴，王进才、王允成之兵溃，何腾蛟走衡州，遂陷长沙，副总兵满大壮死之。大学士陈子壮帅义兵复沿海州县，进攻广州，为李成栋所败，子壮死之。三月，丁魁楚败死于大藤峡。李成栋陷平乐。上幸全州，命大学士瞿式耜兼兵部尚书，留守广西。清兵攻桂林，瞿式耜帅总兵官焦琏攻却之。进堵胤锡、章旷大学士兼兵部尚书，总制、督师如故。刘承胤以兵入扈，遂逐王坤。敕召给事中金堡。四月，上祀南郊。封刘承胤为安国公，马吉翔为文安伯，郭承昊泰和伯，严云从清江伯。诏杖给事中万六吉、御史毛寿登、吴德操，已而释之。封戚畹王国玺为武靖侯，马九爵宛平伯，王维恭长洲伯。清兵破衡州，杀黄朝宣，临武知县李兴玮死之。五月，上幸武冈。以傅作霖为兵部左侍郎，掌部事。召川湖云贵总督李若星为吏部尚书，若星称病去。张献忠遣孙可望攻贵州，总督杨鼎和弃城走。可望攻陷贵阳，已而弃贵去，攻犯云南。李成栋攻桂林，瞿式耜帅焦琏击却之，遂复平乐。左春坊张家玉举义兵于东莞，不胜，死之。六月，以吴炳为大学士，入阁典机务。清兵破常德，堵胤锡走永定卫。晋瞿式耜太子太师、临桂伯，辞不受。七月，刑部侍郎杨乔然解部务，请敕入川、贵督师，刘承胤逐之也。以严起恒为大学士，召诣武冈，不赴。何腾蛟入见，刘承胤谋杀之，总兵赵印选劫腾蛟去，复出督师。刘承胤捶嗣通山王蕴钎于宫门，以密报敌警故也。八月，瞿式耜奏迎驾居桂林，承胤怒，不果行。督师、大学士章旷卒于东安。清孔有德攻武冈，陈友龙迎战于石羊渡。刘承胤降，上出奔靖州。武冈陷，吏部侍郎侯伟时、兵部侍郎傅作霖死之，吴炳降。上自靖州历苗峒出柳州。九月，清兵陷黎平，守将萧旷死之。进封马吉翔为文安侯，掌锦衣卫，管文书房敕旨。清兵破沅州，巡抚佥都御史傅上瑞、岳阳伯王允成降。十月，分巡左江道龙文明、土司覃鸣珂作乱。上次象州，瞿式耜拜表迎驾。以王化澄为东阁大学士。十一月，上幸桂林，瞿式耜、严起恒入直。十二月，敕何腾蛟督师出楚，腾蛟帅郝永忠、卢鼎、赵印选、胡一青守全州。是岁，云南土司沙定洲反，攻云南府，黔国公沐天波弃城走腾越，巡抚都御史吴文瀛降于定洲。

永历二年正月，上在桂林。二月，孔有德攻全州，郝永忠溃走，大掠桂林。上奔柳州，遂入南宁。封陈邦傅为庆国公。金声桓、王得仁举江西反正，前大学士姜曰广承制封声桓豫国公、得仁建武侯。三月，孔有德兵犯桂林，瞿式耜、何腾蛟帅师迎战，败之，追至大榕江。四月，皇长子生。瞿式耜奏进八箴，上嘉纳之。五月，何腾蛟复全州。堵胤锡帅马进忠之兵复常德。六月，李成栋举广东反正，封成栋惠国公，佟养甲汉城侯。授袁彭年左都御史，曹烨兵部侍郎，耿献忠工部尚书。宥何吾驺、李觉斯、顾元镜、毛毓祥，皆以原官起用。江西生员雷德复奉姜曰广表，奏报金声桓、王得仁反正至。进曰广太子太师、武英殿大学士、吏兵二部尚书、督师，赐便宜行事。以吴宗周为佥都御史，巡抚江西，仍声桓、得仁承制封如故，王天雷、刘一鹏、盖遇时封拜有差，授德复给事中。清金固山来攻常德，马进忠迎战于麻河，大破之，歼其军。七月，以朱天麟为东阁大学士、礼部尚书。瞿式耜表请上幸桂林，接应江、楚、云、贵，不听。以晏清为吏部尚书。金声桓、王得仁讨清高进库于赣州，不下。清谈泰帅八固山之兵攻江西，破九江，声桓、得仁归南昌。八月，李成栋遣杜永和迎驾。何腾蛟复东安。曹志建复道州。陈友龙以黎靖反正，遂复武冈、宝庆。左春坊刘季鑛举义兵于永宁，复茶陵、酃县、安仁、常宁。曹志建复郴州。九月，上发南宁，幸肇庆，敕陈邦傅居守广西，邦傅自称世守，巡按御史吴德操劾之。上至肇庆，拜李成栋征虏大将军，敕筑坛授钺。成栋辞不受。封李元胤为南阳伯，提督禁旅，马吉翔提督戎政，司礼太监庞天寿提督勇卫。十月，清兵破饶州，遂围南昌，姜曰广驰奏请援。何腾蛟围永州。以黄奇遇为詹事、礼部左侍郎，充经筵官。蔡之俊、陈世杰为左右春坊，直日讲。上日御行宫文华殿听讲。遣使航海谕鲁王。十一月，四川总兵王祥收复川南，遣使奏闻，封祥忠国公，命都御史范鑛、朱容藩联络策应。佟养甲谋逆，伏诛。何腾蛟使郝永忠攻陈友龙，友龙失利，走柳州，永忠大掠武靖。清兵救永州，胡一青迎战于文明铺，大败之。腾蛟复永州。十二月，何腾蛟复衡州。吏部侍郎吴贞毓讹李成栋迎驾往广州，上遣刑部侍郎刘远生谕之。成栋惶惧奉诏。给事中金堡陛见，奏劾郝永忠擅杀、马吉翔擅权、陈邦傅无功僭秩，上切责堡。堵胤锡以高必正、李赤心十三营之兵，自巫山来趋常德，马进忠惊溃，遂焚常德，走湖南，掠湘乡、衡阳，次于湘乡。郑鸿逵、朱成功复福建沿海州县，奉表报闻。堵胤锡以高必正十三营自宁乡攻长沙，不克，退屯湘潭，常德复陷。是岁，清兵攻破成都，张献忠殪。孙可望自东川攻云南，沙定洲溃走，可望诱沐天波及副使杨畏知至，胁降之。詹事雷跃龙、春坊闵仲俨、行人龚彝皆降于可望，可望遂据云南，四出攻下府、州、土司。

永历三年正月，上在肇庆。西洋人瞿纱微进新历，诏颁行之。诏所在督抚、勋镇、将吏，勿得纵兵掠杀、焚毁、淫虐，有故犯者，督抚、勋镇削夺，偏裨以下按军法不贳。以刘湘客为佥都御史，协理院事。朱天麟罢。进方以智为东阁大学士、礼部尚书，召入直，称疾不赴。遣佥都御史张充美赍密诏、金章谕吴三桂。郑鸿逵复泉州，入奏，优诏奖励之。二月，何腾蛟进次湘潭。堵胤锡帅高必正十三营救江西，至攸县、醴陵，不进。进封马进忠鄂国公、曹志建永国公。清兵大举攻湖南，陷湘潭，副总兵杨进喜力战死之。马进忠走宝庆。何腾蛟被执不屈，死之。清谈泰攻陷南昌，大学士姜曰广、豫国公金声桓、建武侯王得仁皆死之。江西尽陷。盖遇时走湖广，刘一鹏走抚州山中。何吾驺、黄士俊入见，各以大学士兼宫保、尚书，入直。三月，清兵陷衡州，胡一青退屯东安，堵胤锡以高必正十三营走郴州。清兵陷宝庆，马进忠、王进才退屯武冈。李成栋攻赣州，至信丰，与清兵遇，大战，不胜，死之。杜永和退守梅岭。曹志建攻堵胤锡于郴州，坑其兵三千人，羁胤锡于桃川所，胤锡间道奔富川。敕瞿式耜兼督楚师。式耜奏请兵科给事中吴其靐监胡一青、赵印选、杨国栋诸军出楚，次于全州。四月，孙可望自称平东王，遣前副使杨畏知奉书贡金马，邀封王号，会师□□。诏封可望景国公，李定国以下封拜有差。清兵陷永州及沅州、靖州。王化澄病免。高必正入梧州，诏大学士严起恒、副都御史刘湘客谕之，必正遂入浔州。刘希尧、刘芳亮叛，走郴、桂，降于清。五月，遣兵科给事中赵昱、司礼太监杨起春赍诏谕孙可望。杨大甫据梧州叛。堵胤锡入见，诏入直，辞，请复出督楚师，从之。召杨大甫至行在，上御殿诘责，大甫伏诛，余兵乱，诏李元胤招抚之，皆降。以少詹事张同敞兼兵部侍郎，督兵出湖南。六月，命堵胤锡督楚师，赐龙旗十二，调用天下兵马。胤锡入浔州，调高必正十三营，遂次于浔州。清兵攻陷福建沿海州县，遂陷潮州，杀总兵曾庆。巡抚都御史刘中藻守福宁州，城陷，死之。以揭重熙为兵部尚书兼副都御史，督抚建义军及刘一鹏之兵。何吾驺有罪，免。袁彭年请假治慈母丧去，诏许之。封杜永和南雄伯、罗成耀宝丰伯，分守梅关。七月，清兵攻曹志建于永明，志建帅兵迎战，清兵却走，副总兵惠延年死之。李赤心死于南宁。八月，赵昱、杨起春至云南，孙可望不奉诏，昱、起春遁还。九月，遣司礼太监李国辅赍香帛密赴南京谒孝陵。十月，下诏亲征。大学士严起恒请开御营库，节用措饷，收募亲军；以刘远生为兵部尚书，总理戎政；兵科给事中金堡监御营军。从之。十一月，以吴贞毓为户部尚书，郭之奇为礼部侍郎。督师大学士堵胤锡卒于浔州。高必正入南宁。追赠何腾蛟为中湘王，谥文忠；金声桓为榆林王，谥忠毅；李成栋为宁夏王，谥忠烈；王得仁为建国公，谥忠壮。立坛致祭，上亲临奠，举哀，百官皆大恸。追赠大学士姜曰广为进贤伯，谥文愍。杜永和入见，遂命提督岭上诸军，恢复南赣。切责郭之奇、万翱怙党行私。朱天麟、陈邦傅遣胡执恭以伪册宝封孙可望为秦王，李定国安西王，刘文秀抚南王，艾云枝定北王，伪敕可望总理天下兵马钱粮，文武将吏，便宜诛赏，勿待诏旨。可望遂自称秦王，引兵出贵州。十二月，考选朱士鲲、吴道昌等为科道官，钱秉镫等为庶吉士。郝永忠诱远安伯陈友龙，杀之。给事中尹三聘奏：瞿纱微擅用夷历，犥乱祖宪，乞仍用大统旧历。从之。

永历四年正月，上在肇庆。清兵大举犯梅关，罗成耀弃南雄走。上弃肇庆，登舟将西奔，大学士瞿式耜驰奏，请上固守肇庆，集援兵御寇。严起恒、金堡交谏留驾，皆不听。戎政尚书刘远生、给事中金堡奉敕往广州，谕杜永和固守待援，永和集兵城守。清兵陷南雄、韶州。上奔梧州。黄士俊、陈世杰等皆逃去。敕袁彭年、曹烨、李元胤守肇庆。命大学士严起恒兼理兵部事。马吉翔自请援广东，次于肇庆。二月，清兵围广州。吴贞毓、万翱、程源、张孝起等疏攻金堡、丁时魁、刘湘客、蒙正发、袁彭年。诏贷置彭年勿问，逮堡等下锦衣卫狱拷之。以程源为兵部尚书，督师黔蜀，不行。杨展奏孙可望称册封秦王，专制天下，胁展纳贵州土，解兵付可望。诏谕展："可望王封专制，非奉册敕。"命展固守贵州，勿受贼诱。三月，王化澄自称疾愈，入谒。太监夏国祥赍敕趋化澄入直。召朱天麟。张同敞帅师复东安，遂围永州，不克，退屯全州。分命于元烨、吴李芳、郑古爱、朱嗣敏皆兼佥都御史，督诸勋镇兵出楚，俱次于广西。张同敞请解任付元烨等，不报。瞿式耜奏："下言官于诏狱，拷掠追赃，戕仅存之元气，宜速宥出。"不报。张同敞奏谏诏狱，诏切责之。四月，以鲁可藻为南京兵部尚书，郭之奇为礼部尚书。雷德复奏讦大学士严起恒。起恒称疾乞骸骨。行人董云骧、王夫之疏谏，不听。敕趋朱天麟入直。焦琏、马宝入见，请释金堡等于狱。袁彭年赴行在，请同金堡等诣狱核罪，诏谕归肇庆协守。五月，清兵陷武冈、靖州，马进忠退屯西延峒。清兵犯永明，曹志建大败，遂陷镇峡关，志建走贺县。陈邦傅为高必正所逼，帅兵千余人，称言援东，次于肇庆。马进忠、胡　青、杨国栋、曹志建奏请释金堡等于狱。戍金堡、丁时魁。万翱为兵部尚书。高必正、党守素入见，请趋严起恒入直，从之。起恒拜表去，敕追还，趋陛见，起恒称疾益亟，不允。谕高必正、党守素援广东。必正请括兵马归兵部，钱粮归户部，铨选归吏部，进止一听朝廷，诸帅不得以便宜专行，奉上亲征。廷议不能从。必正、守素归南宁。朱天麟遣胡执恭之子钦华赴行在，求封孙可望秦王，专制天下。兵部尚书万翱奏请从之，大学士严起恒执奏勿许。乃封可望荆郡王。天麟及吴贞毓、程源等密启称臣于可望，请杀严起恒、金堡。可望不受诏，称秦王如故。怒，杀胡执恭。六月，李元胤、马吉翔帅兵东援，败于三水，广州围益急。给事中李用楫使总兵李明忠杀吏部侍郎洪天擢于高州。七月，大学士文安之入见，敕入阁典机务。安之力辞，请敕往荆、夔号召王光兴、刘体淳等，诏从之。朱天麟复入阁办事。八月，飓风大作，广州水师皆覆陷。十月，清兵破全州，胡一青退屯大榕江。杨国栋、马养麟守海阳山。马进忠败于西延，走贵州。焦琏救曹志建于贺县。十一月，清兵攻大榕江，胡一青迎战失利，赵印选弃城走桂林，溃，遂陷，留守大学士瞿式耜、总督侍郎张同敞死之，布政使关捷先、监军御史吴德操降。清兵陷平乐，总兵官都督同知朱旻如死之。上奔浔州，总兵周金汤纵兵大掠，百官溃散。清兵陷梧州，执王化澄杀之。清兵陷广州，杜永和走入海。十二月，清兵陷肇庆，南阳侯李元胤死之，陈邦傅降。上奔南宁，高必正走贵州。

永历五年正月，上在南宁。高必正为孙可望所劫，兵大溃，必正死。李来亨收余众走施州卫，遂入巫山。二月，陈邦傅以清兵攻宣国公焦琏，琏与战，败，死之。清兵围蓝山伯马养麟于永宁州，城陷，养麟死之。

三月，孙可望使其伪将吴都督至南宁劫上，求册宝专制，大学士严起恒死之，并杀给事中吴霖等十余人。上出御衣葬起恒，亲临哭之。六月，清兵攻南宁，上奔太平。七月，慈圣太后崩。冬，孙可望遣兵胁上居兴隆，百官扈卫死亡溃散，从上者百余人。是岁，孙可望出贵州，马进忠、王进才、张先璧皆附可望。宣平侯杨展不屈，战败遇害。可望遂攻王祥于遵义，杀祥，并其众。匡国公皮熊奔水西。

永历六年，上在兴隆，曹志建屯贺县，结寨固守，未几，卒。马宝屯阳山。胡一青屯思明。四月，孙可望遣李定国出湖广，刘文秀出四川。五月，李定国大破清兵于靖州，遂复靖州、武冈。李定国复宝庆，遂南攻桂林。刘文秀复成都，遂围保宁。六月，李定国大破清兵于严关，遂复桂林。孔有德自焚死，陈邦傅伏诛。八月，李定国复平乐、梧州、柳州，遂下永州，复衡州。九月，刘文秀败于保宁，退兵川南，杀张先璧。李定国遣马进忠、冯双鲤复长沙，略地岳州。十月，李定国遣兵略地江西，复吉安。十一月，李定国遣使奉表诣兴隆奏捷，候问万安。清兵大举攻李定国于衡州，大战于黄沙湾。兵败，杀清敬谨王。冯双鲤退走宝庆，定国之师遂溃，退屯宝庆。

永历七年，上在兴隆。孙可望召李定国，将杀之，不克。定国奔永州，遂自平乐破梧州，攻肇庆。四月，孙可望与清兵战于东安岔路口，大败，走归贵州。七月，李定国围肇庆，不克，遂自平乐退屯南宁。

永历八年，上在兴隆。遣兵部侍郎萧尹赍血诏命李定国迎驾，封定国晋王。定国号泣奉诏，表请养晦待时。李定国请诏由海道谕郑鸿逵，间道谕王光兴、刘体淳等会师联络，共图兴复。李定国自泗城州间道入云南。

永历九年正月，上在兴隆。孙可望取给事中雷德复等十七人，杀之于贵州。李定国密迎上入云南，即孙可望所营宫殿为行宫，奉上居之。诏赐李定国上殿，行亲王礼，征讨付定国，余以敕旨行事。刘文秀奉诏招孙可望，释怨会师，共奖王室。可望不听，文秀饮鸩死。孙可望举兵犯顺，攻云南，次高沙寺，李定国帅师御之。

永历十年，上在云南。孙可望遣其将张胜间道袭云南府，将谋不轨。李定国与战于城下，胜大败，被擒，伏诛。李定国奉诏招白文选、马维兴，皆降之。可望众大溃，走归贵州。

永历十一年，上在云南。诏讨孙可望。十一月，李定国兵至贵州，大败孙可望之兵，可望弃贵州，走武冈州，降于清。李定国遣兵守武冈。

永历十二年，上在云南。封白文选、马维兴皆为郡王。密诏封郑鸿逵为真定王，进王光兴、李来亨、刘体淳、郝永忠爵皆上公，敕会师兴复。

永历十三年，上在云南。孙可望、洪承畴请清兵大举攻云贵。郑鸿逵、朱成功、刘孔昭由海道攻镇江，破之，遂围应天，已而败退，入海。清兵陷贵州。李来亨、刘体淳、郝永忠自竹山出攻襄阳，入其城，已而退去，遂屯巫山、巴东之西山。

永历十四年，上在云南。李定国帅师御清兵于毕节。清兵自平越入曲靖州，南入腾越，李定国之师溃，奉上居永昌。

永历十五年，清兵逼永昌，李定国奉上奔缅甸。八月戊戌，有大星起天中，迸裂如雷，小星百余从之，陨于西南，白光烛天，良久乃没。

永历十六年，上在缅甸。李定国收兵安南，缅甸人叛，劫驾入云南。前平西伯晋封蓟国公吴三桂弑上于云南，及皇后王氏。世守云南黔国公沐天波死之。

卷二　瞿严列传

瞿式耜，字在田，别号稼轩。直隶常熟人。祖景淳，嘉靖甲辰会试第一，官终礼部左侍郎，谥文懿，以理学文章名嘉、隆间。父汝说，官湖广提学副使。式耜恂恂不胜衣，泊然恬雅，临觞遣咏，不与世事相即。而风采骏发，每婴危难，神志益厉，未尝有疑惴之色。中万历丙辰进士，历官吏科给事中。

崇祯中，初诏会推阁员。礼部尚书温体仁资序最深，顾与沈一贯同乡里，为一贯死党，主张时局。式耜建议，斥不与会推列。体仁结周延儒，通宫禁，既得要领，上疏自讼，因讦礼部侍郎钱谦益浙闱暧昧事为不当与枚卜，而部科党之。上召赴平台面诘，式耜抗言："浙闱举钱千秋卷弊，狱已久定，事坐分考，显与谦益无涉。体仁愠不得与枚卜，罗织自荐，猾而无耻，古今无与为比。即甚乱国，未有以争而得相者，况陛下励精之始政乎！"上不怿，然未有以折也。会户科给事中郝土膏大声疾言，失奏对体。上遂震怒，械式耜、土膏及都给事中章允儒下法司，皆削职。体仁遂入阁。式耜既罢，归里，筑室虞山下，曰东皋，莳花药，读书其中。

体仁怒不解，阴遣人至苏，募无赖子张从儒，诬式耜与谦益结为死友，侵国帑，谤朝廷，危社稷。击登闻鼓，疏达上。下所司按问。江南巡抚张国维檄苏、松、镇三府会讯，镇江知府印司奇力持诬状。国维以上闻。体仁固欲重陷式耜死，调严旨切责，司奇坐镌级。从儒得志骄横，造“款曹和温”之说，扇惑徒党。曹者，权阉曹化淳；温者，体仁也。语腾辇下，化淳怒，体仁亦沮丧。刑部尚书郑三俊奏雪之。从儒伏辜死。事既解，而温、周相继秉权，式耜卒闲住。

弘光初，稍起应天府丞，已擢佥都御史，巡抚广西。时楚寇初退，粤土稍安，式耜绥抚有方，人士避乱者依为乐土。已而南都陷，思文皇帝立于闽。靖江庶人者，素狂悖喜乱，使其私人孙金鼎蛊平蛮将军杨国威争立，遣金鼎说式耜推戴，式耜怒折之。庶人乃械式耜坐纛下，欲加害。式耜神色闲定，言论庄简，称大义，讽令解兵。贼众沮畏。犹系著小舟中，下府江。式耜密谕国威中军官焦琏与两广总制丁魁楚阴相结约，将抵肇庆，琏从中发，击杀国威。式相既免，遂与魁楚会，擒庶人，斩之，粤乃定。事闻，加兵部侍郎。已而思文皇帝陷于顺昌，苏观生挟唐王聿鐭入广州，称尊号。式耜飞舸下肇庆，谓魁楚言：“永明王，神宗皇帝孙，宜立久矣。向者郑鸿逵拥立非次，下骄上疑，致布高爵重权，饵督抚镇将，威令不行，天下坐溃。今仅南方一隅地，犹使非分者因仍覆轨，恢复不待问，即欲稍延大明一线，谢高皇帝于山陵，亦不可得已。永明王宜立，在耜与公耳！楚、蜀文武吏士，虑无不从者。”魁楚韪之。乃会诸监司林佳鼎、唐绍尧、萧琦、曹烨等，迎王于寓邸，颁思文皇帝败问，践阼于肇庆。晋式耜吏部尚书、文渊阁大学士。

时东粤争挠，国势日促，朝列孤另。式耜请召用清望旧臣，趣赴行在，并荐用一时人望方以智、刘湘客、万六吉、刘鼒等。魁楚挟私，内结大珰王坤，挠不听。给事中唐诚席藁哭宫门，上意稍动。坤以赣州覆陷，遂欲挟上西走。式耜上言：“今日之立，为祖宗雪耻，正宜奋大勇以号远近。东人况复不靖，苟自甘巽懦，外弃门户，内衅萧墙，国何以立？”上为辍驾。寻内批用王化澄为兵部尚书。式耜上言：“化澄诚贤，自有廷论。斜封墨敕，何可为例？请补部疏，尚为得体。”化澄固庸劣，坤为之内主，既见弹劾，坤益怨式耜，思挟上入楚以远式耜。已而清兵破广州，唐王见杀。魁楚恇惧，王坤益蛊上西迁。式耜固请征兵固守，不听。上泛小艇自梧奔桂。式耜集诸文武扈上居桂林，班朝治兵，始有章度。王坤益欲挟上入楚。会上召刘承胤东援平、梧，承胤至，无东下心，遽欲邀上幸武冈。式耜奏言：“驾不幸楚，楚师得以展布，自有出楚之期。兹乃半年之内，三四播迁，民心兵心，狐疑局促，势如飞瓦，翻手散而覆手合，诚不知皇上之何以为国也！皇上在粤而粤存，去粤而粤危。我退一步，则人进一步；我去速一日，则人来亦速一日。今日匆遽出楚，则出楚也易；今日若轻弃粤，则更入粤也难。海内幅员，止此一隅，以全盛视西粤，则一隅小；而就西粤图中原，则一隅甚大。若弃而去之，俾成残疆，虽他日侥幸复之，而本根已不足恃矣。”疏入，不省。式耜入见，跪曳上袖，涕泣请留。承胤结马吉翔，因王坤摇两宫皇太后，趣上行甚迫。遂诏加式耜太子少保，便宜行事，留守广西。上遂入武冈。

清兵从平乐来攻。焦琏方扈送驾自全州旋，未至，守御单脆。敌骑驰薄桂林，入文昌门，式耜督兵巷战。会琏至，驰御之，斩数骑，敌乃退走阳朔。式耜独守孤城者两月。已而楚督之师溃于长沙，郝永忠、卢鼎奔入桂林，式耜会户部尚书严起恒安辑之，令守大榕江。遣焦琏东复平乐，守之。孔有德前部入严关，永忠惊走，桂林溃。永忠欲挟式耜去，式耜怒曰：“吾奉命守桂。桂，吾死土也。”独坐空城中，檄焦琏撤平乐归守。清兵乘虚抵桂，扣北门入。式耜奉赐剑，督琏巷战，斩数十骑。清兵惊遁，驻北关外。式耜檄迎何腾蛟于柳州，腾蛟以胡一青、赵印选之兵至，会蹑清兵于北关，三战三胜，退入全州。式耜遣琏北会腾蛟，攻复全州。腾蛟以是复下湖南，皆式耜力也。

时上播迁柳、象，陈邦傅迎居南宁。邦傅挟上骄横，式耜累檄之下梧州，不应，乃遣焦琏自平乐略地梧州。会李成栋反正，梧州平，粤西大定。成栋遣其将杜永和迎上东巡。式耜表遣给事中蒙正发、编修蔡之俊、评事朱盛浓迎上返跸桂林，言："东粤已定，出梅岭者惟成栋一军，请诏而下，无烦上自往。今日大势在楚，楚师不下三十余万，镇将四十余营，号令莫一，易成疑沮，非天子弹压，则进无寸功，而退有百患。上诚莫如幸桂林，为出楚计，北图岳、鄂，东援南昌，西收荆、澧，事犹可为。若远即海澨，而举江、楚大计一委之腾蛟，腾蛟虽忠略有余，而孤注之忧，不能不为之虑也。"疏入，上犹豫间，内阁王化澄、朱天麟贪成栋馈问，因中涓说慈圣太后，谓东粤安而西粤危，且以收新附者之心。上遂下肇庆。居半载，楚将果惊猜内讧，腾蛟死，湖南复陷。楚兵溃入桂林，式耜奉命兼督楚师，随宜安插饷饵，固守楚塞。奏用侍郎张同敞总督诸军，给事中吴其靁监理之。与清兵相持于东安、零陵之间，大小数十战，互相前却。

其明年，庚关不守，上将西奔。式耜驰奏请勿弃东粤，固守肇庆，征兵御寇。不听。上遂至梧州。始，上在肇庆时，式耜请开日讲，远佞幸，清铨政，肃军纪，王化澄、马吉翔挠沮之。金堡自沅州径桂诣行在入对，擿在廷奸状。吉翔疑堡党式耜，益相衔怨。至是，开北镇抚狱，掠治堡急。式耜抗疏力争，不听。胡钦华挟孙可望，恫喝当宁，遂露章劾式耜，诋诽尤恶。王化澄思因排陷之，而式耜威望既重，莫能摇也。乃与万翱比，推于元烨为督师，夺式耜兵柄。复先后遣万年策、吴李芳、郑古爱、朱嗣敏分督诸军，事权瓦解。元烨至桂，以女谒蛊赵印选。诸帅狂猘，不受式耜节制。

孔有德猝犯小榕江，诸将不战而走。式耜驰皇令，召诸将城守，无应者。式耜乃沐浴易衣，坐署中。通山王蕴钎驰入告曰："先生受命督师，全军未亏，公且驰入柳，为恢复计，社稷存亡，系公去留，不可缓也。"式耜不应。蕴钎涕泣曳其袖，固请上马。式耜从容应曰："殿下好去，幸自爱！留守，吾初命也，吾此心安者死耳。逃死而以卷土为之辞，他人能之，我固不能也。"俄而张同敞至，问曰："先生意何为？"式耜曰："死耳！"同敞曰："我知先生之必死，故不死于阵而就先生。"因呼酒与同敞饮。式耜素不能胜一蕉叶，是夕连釂数大白，神采愈清澈，与同敞分韵唱和，悲吟彻旦。次日被执，见孔有德，谈笑请速死。有德令王三元、彭而述劝降，式耜笑不应。而述称说繁重，式耜乃举袖掩双耳。有德知不可屈，乃加害于桂林市中。桂林二十年不见雪矣，是日雪霰大作，雷电交击。式耜与同敞先后唱和绝命诗十余章，人间颇有传者。

吴江杨艺，医士也，客式耜所。至是，潜拾式耜、同敞骸，葬之桂林城北。及李定国围桂林，城中人见式耜、同敞拥驺从，并马入有德邸。俄顷，有德自焚死。

严起恒，字秋冶，浙江山阴人。寓籍真定，举北闱，中崇祯辛未进士，就馆，试诗文中格。周延儒方秉政，人索四百金乃得选。客或以告，起恒笑不应，不得与选。授刑部主事，宽廉精慎，为秋曹最。差提狱务，矜恤囚系，纵其械具，与沐浴，时与汤粥。时有大珰陷法抵系，感起恒宽简，为毁家施药粥一年，祝曰："愿以冥报奉严公。"起恒举乡书时，游高邑赵南星之门，为南星所器重，人士翕然推之。及释褐，淡定守职，闭户谢交游，清流时局，两无所附，以是栖迟郎署，六载不得迁。稍改员外郎，都御史傅永淳独推重之。时畿南例选铨曹，永淳力主用起恒，公揭已出，遣客劝令一谒执政，起恒佯谢诺，益闭户不与外人相见，遂不得调。已乃升广州知府。南海宝货充斥，起恒食淡衣粗，以廉闻天下。王思任，其姻也，携客游罗浮，过广州，起恒报谒，公宴之外，无私相见。思任舟车之赀逮绝，就起恒求傔力数辈，起恒谢无有，思任几穷，顾知起恒清贫，益敬重焉。总制沈犹龙闻之，乃赍金币，遣舟车送思任归。犹龙笑谓客曰："都御史为知府料理游客耶？"岭外传为佳谈。已迁右参议，分巡下江防道。

蕲、黄沦陷，何腾蛟为题改分守上湖南。时张献忠初去楚，民出死伤无几，郡县皆废，吏因缘摄署，渔猎遗黎。起恒一意休息，以清刚弹压，赇吏不敢逞。何腾蛟开督府于长沙，军食不给，创征义饷，不经奏复，以意为轻重，每亩溢额派者五倍以上，犹不足，则预征至两年，赇吏承风，追呼每剧。又开告讦，籍没民财充饷，旦夕倾数十家以为常。起恒力争不胜，乃议鼓铸，以纾民困，会计精密，一钱不入私费。数月，得数百万缗，输腾蛟，请缓预征一年，民稍苏。仍以其余修衡、永城橹，立上公、熊罴二关，禁戢游兵，民恃以安。复出钱二千缗为文场费，奏请用御史杨乔然开闱试士，湖南北始复有弦诵声，皆其力也。

起恒清慎端和，不为捭阖赫奕，而骄帅悍兵服其德望。郝永忠、卢鼎、黄朝宣、张先璧、曹志建恣行无所惮，捶击监司如其牙校，顾敛手受起恒约束如部将。时楚吏缘闽、广建国，皆旦夕躐拔至九卿。起恒不妄依附，守故衔两载。稍擢太仆少卿，已乃晋户部侍郎，督理钱法军饷。上初监国，或说令与劝进列，起恒泫然曰：“两年而三易主，即大忍人，能无自惭恧耶！诸公任好为之，非吾义也。”上幸桂林，召见，擢户部尚书。已同瞿式耜守桂林，诸将倚之为重。上在柳、象，召入，改吏兵二部尚书、东阁大学士。抗辞，不允，乃入直。扈从南宁，制命票拟，皆出其手。时承隆武之余，诏旨繁芜亵阘，旦此夕彼，莫知适从。起恒详慎简要，中外乃一所奉。陈邦傅骄怯无状，思北降，累欲犯车驾为降地，惟惮起恒不敢发。起恒密谕其腹心茅守宪、胡执恭渐移其意。会东粤反正，迎上东出，瞿式耜迎驾西北出楚。起恒请从式耜，王化澄、朱天麟贪东省之饶，因马吉翔达慈圣，决意东下，起恒争不胜。既从驾至肇庆，江、楚势稍振，四方观望歆动，求仕者满辇下，争持督抚札委空衔，求敕印，或冀内补。起恒雅意澄别，不惬所愿。乃群走缇帅马吉翔，缘内竖夏国祥，往往得旨下部，起恒力持不可，则中旨下，化澄、天麟改票以行。南昌庶宗朱谋𡎺以援江为名，躐佥都。吕尔玙者，吉翔书记也，起家拜御史，袁彭年、金堡交劾之。时四方勋镇请封爵晋秩者，辇金帛香药赂行在阁部大僚，起恒峻拒，纤芥不纳。差使为之语曰："严公瞋目，不开毡袱；王、朱手缩，急收毡袱。"天麟忌其异己，绐彭年、堡，谓谋𡎺、尔玙事皆出起恒。彭年疏并攻起恒。起恒谢病求去。会上召天麟面诘之，天麟诈尽露，上乃敦趋起恒入直。天麟惭恚，以病免。化澄亦沮丧，移疾不出。中外方一意倚起恒，居中制江、楚，而何吾驺、黄士俊复沭李成栋荐请召用吾驺，以崇祯旧辅居首揆。毛毓祥、李用楫更相推戴。起恒亦中掣，不能尽行其志。

永历三年春，楚师败于湘潭，何腾蛟被害。楚兵四十余万，失主汹乱，蹂衡、永、宝、郴间，即次南奔。永州举人刘惟赞徒步诣行在，疏言："今日所恃为一线之计者，惟楚而已。东援江西，保黔、蜀，则建炎皂口之败，不害为南宋之中兴。往者孤倚一腾蛟，其势已危，今腾蛟且已矣。马进忠等，北兵也；胡一青、曹志建等，南兵也；高必正等，新附之兵也，情势必不相得而疑。而诸帅之所共为尊信者，自辅臣起恒而外，四顾更无其人。且近日之所在瓦解者，以民困兵毒，迎敌为向导，故敌猝至而不知。大湖南北，黄童白叟，所信为必能辑兵而安己者，自辅臣起恒而外，抑无其人。民之向背，兵之合离，国之存亡，惟在起恒之一出而已。首辅式耜，清节重望，入直纶扉，固其雅量所宜。则陛下可勿以起恒出而股肱无人为忧矣。如以臣言出草茅，不足与闻国计，陛下诚遣一使，遍察江、楚、黔、粤将帅兵民，有一不谓臣言为允者，臣请尸两观之诛。若因循不果，势必一营一督，简任非人，连鸡骇散，民怨兵疑，更无可为之势矣。"疏入，下廷议。楚诸将先见腾蛟陷，皆惊退。及闻起恒出督，咸踊跃更起。胡一青复下衡州，马进忠、王进才固守宝庆，曹志建搜军治刍粮，将自郴州入南赣。居月余，马吉翔畏何吾驺之逼，思留起恒以制吾驺，嗾部复敦留之。起恒不果出，诸将意阻，湖南复陷。已而诸军无统，万年策、于元烨、毛寿登、吴李芳各以镇将意猎部院监督其军，皆庸疲巽懦，为军中所狎媟。兵益暴，民益怨，以趋于尽，卒如惟赞言。

起恒既终留相，吾驺以降叛之余，为廷臣所轻，未几亦谢病去。士俊守阁衔，无所见短长。起恒稍得行意，请上亲政莅讲，节国用，清封赏，以戎务任刘远生，以廷议任金堡，整励楚将，接应江西余旅，慎恩纪，立威信。凡七八月间，内外仗以粗安。顾以裁抑侥幸，为程源、郭之奇、万翱、鲁可藻所尤忌，中阉夏国祥亦深嗛之。会孙可望遣杨畏知献书求内附，邀王爵，金堡抗疏，言其不可，起恒居中力持之。可望心折。

永历四年春，清兵犯南、韶。慈圣太后遽欲挟上弃肇庆西避，起恒坚请车驾勿动。上召赴内廷，面谕允留。起恒叩头起，诣阁草敕，征调援兵，方吮毫间，两宫已登舟，上就辇矣。起恒懑愤，泣责内臣庞天寿。天寿曰："外廷固有主张上速行者，非但我辈也。"起恒疑，不知所谓。已行至德庆州，王化澄遽得旨入直。一两日间，源、翱、之奇结吴贞毓、张孝起、朱士鲲讦奏金堡、丁时魁、刘湘客等把持国政，裁抑恩赏，以致江、楚偾败，圣驾蒙尘。化澄入，调旨遣缇骑逮堡等四人下锦衣狱，掠治滨死。乃知天寿所云者，群不逞结马吉翔介夏国祥，以敌警胁上西出，倚陈邦傅，以谋国不令为罪杀堡等也。起恒匍伏舟次，泣奏："谏臣非今所宜谴，严刑非今所宜用，请贷堡等。"上不听。化澄等思构起恒益急，顾上意犹向倚之，高必正、焦琏诣行在，力白起恒公忠状，势固未有以摇也。化澄迫，乃请敕召朱天麟，而密订天麟，因胡执恭结孙可望为外援，胁上，为杀起恒地。执恭欲封可望真王亦迫，乃遣子钦华载金粟遍赂台省，与相约结。谋既定，给事中雷德复遂露章劾起恒二十四罪。在廷中钦华饵，无不欲逐起恒而封可望。化澄调旨，用宋雷有邻"鼎铛有耳"语嘲激之。起恒称病，请去。行人董云骧、王夫之交疏言："大臣进退有礼，请权允辅臣之去，勿使再中奸毒，重辱国而灰天下之心。"疏入，云骧不候报闻，挂冠入南海去。翺、可藻请逮治夫之，高必正力争不可，乃已。起恒谢病，疏七上，不得报，解舟去平乐。顾上意注起恒而薄化澄，遣高必正、党守素、李元胤赍敕留之，追挽其舟，不得发，起恒返。诸镇奏报使臣，大书揭梧州城下，言："半壁存亡，恃严辅臣一人，不索钱，不滞军机。何物雷德复，受逆贼赂，思加逐害，愿与同死！"化澄惧，乃佯下起恒，劝上益留之。然起恒日为群小所摇，志沮不行，随御舟侍朝请而已。四方镇帅闻起恒摧抑不用，皆解体无斗志。

是冬，两粤继陷，上奔南宁，化澄率诸臣四窜，惟起恒从。始，德复疏入，化澄党日夜构，欲中以危法。客有劝起恒必去者，起恒泫然曰："吾留此，即免祸，岂复能有所效？顾今日亦安往哉！非裴公午桥、文饶平泉时也。患难君臣，所相报者唯一死尔。伏草间以求活，吾固不能；国一日未亡，吾一日不能舍上而去。死于奸，死于敌，唯天所命耳！”胡执恭已伪造册宝，封可望秦王，惧伪露，乃密告可望曰：“严学士必不肯撰敕册，此我密请之上，自内发者，严学士固不知。”可望以是怨起恒甚。永历五年，遣其将吴将军者入见，挟兵拥行宫，猝入起恒舟，佯请与语。语竟，起送之出，遽挥铜椎击中起恒脑，堕水死。是日，遂击杀礼科给事中吴霖以下二十余人。上闻，痛哭，出金募泅人，得起恒尸，裹以御衾，买棺葬于南宁江岸。

起恒相四年，随上播迁，上累欲加恩，固辞不受。唯以上两宫徽号进太子少傅。南郊赐玉带，不服，以犀角带二品服色终。署中无长物，故衣敝舆，食不兼味。与人言，开诚尽辞，群心悦服；至其不可，则未尝以一字丐人恩泽，虽怨背不恤也。尤善理财用，在肇庆，请上亲征，立亲征库，不旬日得四万金，精甲名马盈数百。俄为夏国祥所忌，以中旨取库金入内用，事遂不行。出入群小间，内外交困，筹量挠沮。起恒遇害，国遂以亡。

卷三　丁王朱列传

丁魁楚，字光三，河南永城人。中万历己未进士，历官有能声，至节钺。崇祯九年，巡抚蓟镇，虏至，以兵逃，宜抵法，魁楚善事权要，为温体仁所厚善，得不坐。已而为刘宗周所劾，乃罢官去。

弘光元年，起废，擢兵部右侍郎兼副都御史，总制两广。时端皇帝晏驾，桂恭王嗣立，与上同居梧州。魁楚莅粤，以寓公礼相见，恭王不怿，稍见于色。会思文皇帝由疏远为闽帅所推戴，桂邸序次当璧，思文皇帝颇疑忌焉，密旨谕魁楚侦动静。自端皇帝以敦让传国，恭王固无他志，桂邸中涓王凝禧亦质朴，无喜事心。魁楚以宿怨欲因事中王，王不知也。一日，故举酒就恭王饮。魁楚大言："天下倾乱，殿下为高皇帝子孙，能勿忧耶？"王曰："宗国破败，孰能忘忧！倘得藉先生力削平之，俾孤假手以报高皇帝，死且不朽。"问答间亦偶相酬酢耳。魁楚遽以奏闻。他日，复持酒就上饮，问如前，上唯唯而已。魁楚亦以奏闻。未浃月，桂恭王暴薨，或曰魁楚奉密旨为之也。上仅赖以安，而心恒惕恻。魁楚用是加太子太保、兵部尚书。

未几，靖江庶人反，魁楚守梧州，与瞿式耜合讨平之，封伯爵，赐尚方剑，便宜行事，加蟒玉。已而闽海陷，苏观生立唐王聿𨮁于广州，决策后乃报魁楚。魁楚恚甚，欲拒之，而瞿式耜自桂下肇庆，定推戴计，魁楚乃迎上践祚。晋魁楚武英殿大学士、吏部尚书。

魁楚制粤两年矣，岭北溃乱，魁楚犹怙安不修戎备，将吏以贿为进退，唯日遣水军涸灵羊峡，取砚石于老坑。至是，武备单弱，不能自振。观生抗命来攻，乃议遣巡抚广东兵部侍郎林佳鼎率水师，游击管灿督舟师数千攻广州。至三水，军不习战，全师皆没，佳鼎、灿死。东兵薄峡口，乃击退之。

魁楚怙拥戴功，与王坤相表里，以意黜陟，中外失望。瞿式耜力争，不听。李成栋陷广州，魁楚恇惧。上知不可恃，遂西幸桂林。魁楚独与其宠将苏聘率标兵千余人据岑溪县。清兵至，战不胜，魁楚见杀。

王化澄，字登水，江西金溪人。中崇祯丁丑进士，授知县。隆武中，擢监察御史，巡按广东。时海内陆沉，东粤独安，故以富甲天下。化澄按粤，不能以廉闻，宦赀至二十万。

上即位于肇庆，化澄与拥戴功。丁魁楚解两广入阁，骤擢化澄副都御史，总制两广。俄而兵部侍郎林佳鼎东征阵没，迁化澄兵部左侍郎，管枢务。化澄既与王坤厚善，皇后兄王维恭曾随父客吉安，至是，化澄与结乡曲，稍密，乃与通族为兄弟，以是内批擢尚书。瞿式耜论奏之，乃补部疏行。上西幸桂林，化澄不从，避居浔、南逾年。上幸象州，化澄道谒，以维恭荐，仍兵部尚书，拜东阁大学士，入直。上赴南宁，皇后留象州，上赐皇后空头敕十道，俾皇后猝有缓急，征调防卫。化澄与维恭辄用以授庶宗朱统鍪等佥都御史等官，上不知也，内阁亦无敕稿。已而随皇后入南宁，扈跸下肇庆，而假敕事觉，为台省所纠。久之，群言交攻，化澄请养疾，听之。

四年春，上幸梧州。化澄入见，敕趣入直，因嗾给事中雷德复劾首辅严起恒。化澄调旨，以嘲语激起恒去。高必正入见，对上言："王辅臣票拟多春秋，朝廷何由得安？"因回顾化澄曰："请自今少用春秋笔法，可也？"化澄惭恚，益与吴贞毓比，挟孙可望胁朝廷。凡化澄所票拟，皆支离俳谐，复多通馈问。又奏授其子王奎光以白衣超拜光禄寺少卿。上知而厌之。是冬，马蛟麟陷梧州，上奔南宁，化澄不从，挟厚赀避居平南山中。蛟麟所部胡千总闻而利其赀，辄往胁之出，始以礼诱之，化澄削发为僧，至中途，捽出肩舆中，梏其手，索银一万五千两，犹不释，羁置平南空署。化澄迫，乃服脑子四两死。或为焚之，香闻数里。蛟麟故未知也，事觉，执逼化澄死者杀之，没入其金。

朱天麟，字震青，直隶昆山人。中崇祯戊辰进士，由外吏考选为翰林院检讨。癸未，分考礼闱。已而南归，出入弘光、隆武间，累官宫坊。永历二年，擢礼部尚书、东阁大学士。自乘舆播迁，班行零落，纶扉无旧词臣，甚则阁员不备，周鼎瀚以讲读摄票拟，及上在柳、象间，马吉翔以缇帅典丝纶。至是，天麟以崇祯间馆职爰立，物情翕然想望之。

天麟性既卞躁，营私尤甚，与王化澄比，严起恒以清慎见嫉。已扈从至肇庆，给事中金堡入见，意天麟有物望，可与图治。天麟顾利堡刚激，欲用堡以逐起恒，面奏金堡有风骨，可大用。会朱谋𡐤、吕尔玙附马吉翔躐宪台，堡与袁彭年交参之。天麟因语堡曰："此皆山阴所为。"彭年并攻起恒，实则谋𡐤佥都之敕，尔玙分道之旨，一天麟所撰拟也。上方向用起恒，怒彭年，召天麟入内，给笔墨，令面调旨。天麟惶惧，乃奏："昨彭年、堡与刘湘客至臣寓，订臣逐严辅臣，而推臣独典机务。谋𡐤事臣实与闻，顾以彭年意甚善，遂推以委严辅臣为罪名。今若拟旨责彭年，彭年必怨臣负已，臣不得久侍密勿矣。"语闻，上正色责之，左右皆掩口而笑。天麟不得已，拟严旨。上顾以嫚语诮彭年，彭年已知为天麟所给，面诘其奸，金堡从旁诮责之，天麟遂怨堡甚。适堡参陈邦傅庸懦专横，宜削爵。邦傅疏言："臣扈从上于艰危，乃有今日。不知金堡从何而来，乃与臣为难。”天麟因拟旨云：“金堡辛苦何来，朕亦不知。”退谓人曰：“杜甫诗有云：‘辛苦贼中来。’堡自辰、沅赴阙，曾与清吏戴国士通书问，吾以谓其自贼中来也。”其鄙媟类如此。堡奏：“辛苦之旨，臣不知何谓。如廋词嘲笑，徒亵王言。臣在黔阳山中，戴国士贻书见招，臣正辞切责之，以死自誓，不从叛逆。辅臣即不知，奈何诬陛下以不知也？”天麟始与彭年语，谓当清铨叙，重台省，与彭年合。顾其子宿垣以布衣入仕，未半载，辄奏授监察御史，由是人心交疾。天麟不能安，告病去，游桂林，瞿式耜迎而礼之，即遣其子讹诸将背式耜，推己为督师，为诸将所憎。乃走南宁，依陈邦傅，日夜与邦傅谋害起恒、堡。邦傅于诸将中最弱寡，又无拒战功，自顾不足以动朝廷。天麟乃说之通孙可望，为杀起恒、堡地。吴贞毓者，天麟礼闱所取士也。天麟遣结群不逞，与起恒、堡相抵。上幸梧州、诏狱起，皆天麟遥主之也。

时粤东被围半载，全州再陷，东西交迫，御舟飘摇江次。贞毓率吴霖、钱泌、许玉凤累累行江干，结郭之奇、程源、万翱为驱逐计，日若不给，见者皆为寒心。天麟既属郭之奇题差其弟天凤典贵州乡试，至是，又遣宿垣入觐，胁都御史余炌题差巡按贵州，欲为孙可望通黔道，攻并黔将杨展、皮熊。展、熊知其谋，拒天凤、宿垣不得入境。王化澄既复入直，请敕趣天麟赴阙。会文安之自蜀来，道南宁，天麟要与偕行，既上谒，安之憎其为人，耻与入直，遂辞去。天麟留相未浃月，梧州陷，上奔浔、南，天麟将入滇归孙可望，道阻不通，走匿土司中，不知所终。

初，天麟与陈邦傅为伪册宝封孙可望，欲说可望贡方物入谢，因以要实封，而不敢与可望言。邦傅乃出所市滇中八宝手钏，伪为可望贡表上献。钏所直不过钱三五千。天麟即露章上言："宝钏乃希世之珍，藩臣贡此，其竭忠媚主之情可知已！宜速予王封，以答其意。"楚、粤诸将闻之，莫不欲唾其面。

卷四　吴何黄列传

吴炳，字石渠，直隶宜兴人。中万历己未进士，工为词曲，与阮大铖齐名。历官江西督学参议。隆武中，江西陷，从建昌单骑入阙陛见。时福建举行乡试，即擢炳布政使，充提调官。已而闽陷，走广，谒上于武冈。时刘承胤专恣，瞿式耜、严起恒皆恶之，不得从驾，阁臣缺，票拟无所委，傅作霖以主事亟迁兵部侍郎，周鼎瀚以员外郎骤改侍读，皆与撰拟。承胤以己意授行，其非铨政军务者，则马吉翔、庞天寿自中批出，不复由票拟，朝政无章。承胤意不自安。炳既入见，遂擢吏部尚书，不三日，即拜东阁大学士，入直。

炳素谐柔，好声色，荏苒无风骨，俯仰唯承胤意。武冈陷，炳遂与承胤降，随孔有德至衡州。有德恒召与饮食。炳既衰老，又南人不习北味，执酥茶、烧豚、炙牛，不敢辞，强饱餐之，遂病痢死。

上之立也，承隆武之敝，禄位积轻，事权解散。及居武冈，刘承胤骄横胁上，辱士大夫，群臣皆遁去，莫肯扈从。川黔总督、尚书李若星拜吏部尚书，太仆寺卿杨乔然擢刑部侍郎，皆为承胤所掣制，旋解官。唯不恤廉隅者，则介承胤以进，辄俄顷拜大僚：童天阅、高光映庸阘而躐九卿，刘鲁孙目不识丁而授讲读，邹枚以小吏而登宪司，御史郎署尤狼杂不堪，风闻四近。于是江、楚间塾师、游客、卜筮、胥吏，皆冒举贡，自称全发起义，赴行在求仕。及上驻肇庆，金堡、丁时魁、袁彭年建议，谓爵禄太贱，小人营进，屈下镇将而威令不行，渔猎小民则人心瓦解，请核出身履历及乡望才品，以叙次录用。内阁严起恒、吏部晏清亦皆清慎，不妄甄拔。故一二年间，阃外稍知国纪，江、楚、黔、粤，所在收复，顾以是为群不逞所怨望。吴贞毓者，炳之族子，首谋扰乱之。堡下狱，起恒不用，将吏解体，两粤继陷，上蒙尘粤、滇之间，寄虚名群盗中，侍从不过百人。昔之以全发起义，干乞禄位者，率持故衔投款，降级叙用，往往为民害，垂二十年尚未息也。

何吾驺，别号象冈，广东香山人。中万历己未进士，敏给通机变，颇工为诗，书法妍美，选庶吉士，改编修。当启、祯间，浮沉不为同异，守馆阁。崇祯八年，积资拜礼部尚书、文渊阁大学士。以事忤温体仁，体仁欲逐文震孟，因与震孟俱罢。隆武中，特敕以太子少师仍原官，召入直。

上幸赣州，吾驺从。至顺昌，追兵至，惊遁归里。已而苏观生立唐王聿𨮁于广州，观生人望素轻，倚吾驺为重。吾驺偕大学士黄士俊、侍郎叶廷裕、李觉斯、前布政使曾道唯及广东布政使顾元镜决策推戴，以拒上命。尽发守兵，西扼三水，东与陈子壮义兵相持，广州城门不置一卒。李成栋自惠州驰来，已入城，吾驺等尚不觉。俄而唐王、观生皆见杀，吾驺遂降，厚贿成栋，特荐之于清。及成栋反正，吾驺辄自冠带，称故相。上幸肇庆，丐成栋荐己，成栋因疏言："吾驺、士俊纶扉旧学，宜备顾问；顾元镜、毛毓祥与谋反正，才能可用。"诏各起原官召用。

先是，吾驺降清，思以文望动人，得复大用，乃撰《□□□史》，称述功德，内书"楚贼何腾蛟遣张先璧入寇"，镂板行于岭外。至是，腾蛟闻敕召吾驺，大怒，欲疏攻之。吾驺惧，不赴召。腾蛟败没，吾驺遂偕士俊及毛毓祥赴阙，敕留入直。

袁彭年虽尝与吾驺同降，顾薄其为人。时彭年方掌西台，吾驺多龃龉之。彭年疏侵吾驺，毛毓祥为通政使，结给事中李用楫，疏攻彭年，互讦不已。吾驺引疾乞休，上亦厌之，听之去。彭年不自安，亦以请假治慈母丧，解台务。

吾驺之出，亦无仕宦意，特欲一入纶扉，盖前罪耻，涂饰乡里耳目。吾驺富甲东南，销银为小山，高广丈余，凡十余所，露置宅院隙地。成栋兵初至，欲凿取之，不能动。吾驺既归，明年，广州复陷。吾驺逃入海中，死。

黄士俊，字亮垣，广东顺德人。万历丁未廷试，赐进士及第第一。历官宫詹、侍郎，闲住。隆武中，起拜东阁大学士、礼部尚书，未赴。闽陷，苏观生立唐王于广州，士俊与焉。清兵陷广州，士俊就李成栋降。成栋反正，士俊丐成栋疏荐入直，上始难之，重违成栋之请，姑敕召之。

士俊偕何吾驺入见，以故相位居瞿、严上。诸殿阁唯文渊阁上有印，进呈文字则用之，居首揆者司其封掌。上在粤，瞿式耜掌之。上奔象州时遽，式耜不及缴。及幸肇庆，起恒班式耜后，而式耜方留守督师，起恒实首揆也。式耜方欲缴印付起恒，闻吾驺、士俊入，遂不果。起恒固有钦赐图书印进呈文字及发红本阁票下科，而吾驺、士俊为上所厌薄，无所赐，皆以白版行。

吾驺与袁彭年互讦，解官去，士俊以柔顺为上所留，时年已七十八矣。以票拟失当，为吏科丁时魁所累驳。士俊泣语人曰：“老夫于诸公为前辈远甚。老夫叨鼎甲时，诸公尚皆未生，今乃相窘如此。老夫亦何所负于国家？所少者唯一死耳！”闻者哂而怜之。南雄陷，上幸梧州，士俊遽以病请归里，不知所终。

卷五　李文方列传

李永茂，字孝源，河南南阳人。中天启乙丑进士，历官中外，有能名。

崇祯末，擢佥都御史，丁艰家居。李自成陷南阳，永茂与前布政使贺自镜携家避寇，南奔襄阳。时左良玉、刘洪起兵各数万，沿汉屯聚，暴掠不戢。自镜女年将及笄，洪起强委禽，女不肯屈，投汉水死。永茂乃帅南阳避寇众数千人，团聚自固，泛舟汉江，号“南阳帮”，兵不敢犯。弘光立，永茂服阕，诣阙见，仍以佥都御史巡抚南赣。汀州贼阎王、猪婆营据帘子洞，寇掠汀、赣。永茂会福建巡抚张肯堂讨平之。

隆武中，万元吉受命督师江楚，守赣。永茂以母丧解官，侨寓岭南。及丁魁楚、瞿式耜定策戴上于肇庆，迎永茂协策。永茂至，拜文渊阁大学士、吏部尚书。永茂以终丧固请。式耜奏：“永茂即欲终制不与阁务者，皇上以冲龄嗣服，非耆旧之臣，孰与劝学？臣等捐躯，只办阃政。请命永茂专侍经筵，不及庶务，亦可令忠孝两全也。”永茂犹固辞，不得，乃受命。

永茂因进讲，请召用人才，退而疏荐十五人。直省各举一人，御史刘湘客与焉。湘客忤内监王坤，坤方秉笔，以朱斥之。永茂抚赣时，湘客客于赣，悉其才品，与相厚善。至是，怒曰："斥湘客者，斥茂也。国势孤危如此，而犹唯内竖意，掣辱大臣，吾宁死草间，不能为此辈分任亡国之罪！"拜表乞返苫次。即日解舟溯浈江，入仁化山中，郁郁以疾卒。

文安之，别号铁庵，湖广夷陵州人。中天启壬戌进士，进庶吉士，改检讨，迁编修、左庶子，以忤魏忠贤削籍。崇祯初，起侍读，历官南京国子监祭酒，清刚不合于时局，解官归里。弘光中，以清望素著，起詹事府詹事，不赴。

上即位，瞿式耜奏："安之及侍读学士王锡衮，历朝人望，宜入纶扉，且道路可通，尤易征趣。"诏以礼部尚书、东阁大学士敦趋赴阙。会湖、广沦陷，敕使不达。时忠贞营败绩于草坪，退屯夷陵，结寨自固。刘体纯、袁宗第自汉中返，亦屯荆、郧间。郧阳故将王光兴率众自竹山南来，与诸部犬牙结聚。已而堵胤锡以忠贞营下常、澧，光兴移屯荆西，迎翰林院编修黄灿监督其军。事闻，加灿侍读兼兵科给事中。灿与安之同里，因迎安之，资其威望，镇抚诸将。

永历四年，安之入见，绕道至平越，乃以疏闻。上敕召赴阙，抵南宁。上命礼部主事刘兆锃敦趋之。朱天麟亦得召旨，因与偕至。天麟以安之翰林先辈，欲假其望以动人，颇推崇之。已而议论猥杂，安之深厌之，遂不合。既见，敕召入直，安之之至，以节制黔、楚，修纲纪，收败局为己任。顾天麟与王化澄不足与共事，遂大懑沮，力求督忠贞营出楚、蜀，为光兴援。凡入纶扉者十日，即奉敕督师秦蜀去。

时忠贞营久屯浔、南，师疲粮乏，安之乃率之自黔入楚西，冀收蜀为迎跸计。至贵阳，孙可望已并杨展、王祥之军，驻贵。安之不得已，谒见可望。可望固欲留之，安之诡辞以对，得去。入楚，忠贞营踵其后，为可望所觉，追安之。安之已驰出黔，与诸帅合居巴、兴间。未几，薨于军中。

黄灿，字中涵，崇祯癸未进士，亦卒于军。灿既没，佥都御史毛寿登为诸营监督，与光兴同降于清。

方以智，字密之，直隶桐城人。姿抱畅达，早以文章誉望动天下。父孔炤，万历丙辰进士，巡抚湖广，为时相所忌，以失律逮下狱。阮大铖与同郡，尤忮害之。时局翕然欲致孔炤于死。以智方中乡举，上计偕，忌者欲因文场陷之，使绝营救伸理。以智入都，佯为不就试，已乃密入闱，中崇祯庚辰进士，选庶吉士，改编修。以智既官禁苑，在廷稍为孔炤伸理，得减死论。

北都陷，以智间行归里。大铖党又欲以从逆陷杀之，几不免。南都陷，以智徒步走江、粤，顾自是无仕宦情，乃改名姓称吴秀才，游南海。参议姚奇胤与以智同举进士，一日拥驺从出，与以智遇。以智趋避书肆中，奇胤愕眙，下肩舆，相持泣下，人始知其为以智矣。奇胤劝令强起襄时难，以智不答，留客奇胤署中。瞿式耜闻而迎馆之。会上即位于肇庆，擢左中允，充经筵讲官。司礼太监王坤奏荐大臣数十人，给事中刘鼒抗疏言："内臣不得荐人，况大臣乎！坤所荐者皆海内人望，方且以间关不得至为忧，若闻坤荐，当益裹足不前，则是名荐之而实止之，拒人于千里之外也。"坤怒，将逐鼒，且疑鼒疏出以智手，为寝经筵。以智既无宦情，讲官之命为式耜所强受，又不见庸，遂决挂冠去，浮客桂、柳间。粤西稍定，就平乐之平西村筑室以居。

以智诗仿钱、刘，平远有局度，书法遒整，画尤工，弈棋亦入能品，尤嗜音律，喜登眺。至是，放情山水，觞咏自适，与客语，不及时事。楚、粤诸将多孔炤部校，欲迎以智督其军，以智咸拒谢之。永历三年，超拜礼部尚书、东阁大学士，不拜。诏遣行人李浑敦趋入直，以智野服辞谢，不赴。平乐陷，马蛟麟促以智降，乃舍妻子，为浮屠去。

刘鼒，字及叔，四川人，中崇祯丙子乡举，豪隽有才致，历官佥都御史，巡抚柳庆。

卷六　陈姜列传

陈子壮，字秋涛，广东南海人。父熙昌，官吏部给事，为清节名臣。子壮中万历己未进士一甲第三人，授编修。天启间，忤魏忠贤，与父同削籍归里。崇祯初起用，历官宫坊，为思宗皇帝所简知，擢礼部侍郎，将倚相之。间诣温体仁，体仁盛称主上神圣，臣下不宜异同。子壮正色曰："世宗皇帝最英明，然祔庙之议，勋戚之狱，当日臣工犹执持不已。皇上威严类世宗，公之恩遇孰与张、桂？但以将顺而废匡救，恐非善则归君之义。"体仁故忮子壮，至是，闻其言益怒，遂密以其语奏闻，上遂疏之。崇祯八年，诏以祖训，凡郡王子孙以降有文武才能堪任用者，宗人府以名闻，考验，奏授京外职官。子壮抗疏言："宗室改授，适开侥幸之门，隳藩规，溷铨政，而以不习艰苦之贵介，出傅姆之后，登之吏民之上，徒为民苦。"疏奏，上震怒。体仁复乘间深中之，逮下狱，欲以祖训"离间亲亲"条抵之极刑。刑部议上："祖训与律例，皆祖宗垂法，虽可并行不悖，但祖训在开国之初，以治乱国，用重典之法，齐一天下，律例则斟酌得中，为世守之成宪。故列圣以来，皆以律例议刑，而不敢亵用祖训。子壮罪，如律当戍。”复上。体仁犹严驳从重，部执益坚，乃得减死论戍。体仁因是遂讽上颁祖训于学宫，通令天下讽习，以锢子壮。工部右侍郎刘宗周抗疏言：“子壮以过戆下狱论戍，市井杂流，阴操讹说，投间抵巇，以希进用，国事尚可问哉！”疏入，不听。寻体仁死，上怒渐释，子壮乃以赦归里。

弘光中，与黄道周同以礼部尚书召，不至。隆武间，就家拜文渊阁大学士，赴阙。时阁员二十三人，皆具衔不与票拟，子壮告归。苏观生立唐王于广州，子壮恶之，举家航海，招义旅，间道贻书于瞿式耜，请西师疾下，愿举海舟会击，馘观生，靖内乱，以图外御。林佳鼎败没，子壮固拥义兵居海澨不下。已而李成栋破广州，子壮即军中，益号召，约舟师数万复沿海诸县。清远贡士朱维四率义兵自上流应之，兵薄广州，子壮戎服督战。顾广人利水斗，不习陆战，成栋婴城不出，围数日，子壮兵尽登岸，成栋启诸门，大出铁骑，蹙之于水次。会雷雨大作，风益烈，舟飘飖不得附岸，举军覆溺，子壮死之。弟子升收余卒，依海岛，结寨自固。已而成栋归附，兵乃解。永历三年，赠子壮太子太保，谥文忠。

子升字乔生，中崇祯己卯乡举。隆武中，授兵部主事。子壮既战没，子升收其余众，结石、马、徐、郑四姓，据花山岛。有杨光林者，拥兵万余，遥与联应。海南王兴，号“绣花针”，亦拥众数万，互为犄角。成栋归附，子升释兵入见，改兵科给事中，迁礼科右给事中。端静无所附和，不合于时，移病告归。海上诸兵为李成栋所摧抑，皆瓦解。

王兴屯雷、廉间，王化澄奏用其乡人连城璧，超授大理少卿，往联络之。城璧贪猥，为兴所厌薄，外受羁縻，拜官爵，而不为朝廷用，徒为暴于海澨。

姜曰广，字居之，一字燕及，江西南昌人。中万历己未进士，文望丰采，为东南冠。选庶吉士，改编修。天启六年，充册封正使，偕给事中王梦尹封朝鲜国王。奉别旨，便阅海上情形，按毛文龙功次虚实。曰广询鲜人，核海师，备得要领。使还，上言：“文龙以二百人入镇江，据铁山，招降夷，抚归义之民至十余万，不可不谓之豪杰，不可不谓之偏锋。若堂堂正正，与虏决胜负于郊原，不独臣不敢信，文龙亦不敢自信。若养成一队精锐之兵，设伏用间，乘敝出奇，文龙自信其能，臣亦信文龙之能也。朝廷知文龙以用文龙，则不致失文龙而莫尽其能，亦不致孤倚文龙，以困而覆之矣。”疏入，报闻。然朝廷终不能以此待文龙，后卒如曰广言，以致于败。未几，曰广以忤魏忠贤闲住。

崇祯初，起擢左春坊左谕德。崇祯三年，典南京乡试，甄别典雅，得士尤盛，如杨廷枢、张溥、陈子龙、杨廷麟，各以文章气节著闻。顾以清贞不附时局，为温、周所抑，不登大用。家居，与万元吉、杨廷麟、李可辅虑北都逼□□，恐不可保，思固江左为后图。史可法为南司马，吕大器为皖督，皆深相倚望，左良玉亦托重焉。

崇祯十七年，以詹事掌南京翰林院事，与迎圣安皇帝，拜东阁大学士、礼部尚书，与史可法、高弘图为南中三贤相，天下翕然望之。然马士英、王铎以奸娄同秉国，曰广不能孤伸其志。当迎立时，吕大器以福邸故以谋嫡累贤士大夫，激成奇祸，后必授时局口实，掀翻党锢，而嗣王抑无令德，声不如潞王之贤，弘图、曰广胥以为疑。士英阴订阮大铖，决意福邸，以快意于东林，遂与武臣刘孔昭、汤国祚、赵之龙决策。曰广虽亦与翼戴，士英微以其事闻宫中，上下之猜疑启矣。已而刘孔昭以起用吴甡、郑三俊故，廷辱吏部尚书张慎言，曰广知党祸将起，遂乞休，不允。及马士英奏荐阮大铖，以知兵赐对。弘图请下九卿会议。士英因攻弘图、曰广护持局面，爱而登之天，忌而锢之渊，欺罔莫甚。曰广奏言："臣前见文武纷竞，既惭无术调和，近见钦案掀翻，又愧无能预寝，遂使先帝十七年之定力，顿付逝波，陛下数日前明诏，竟同覆雨。梓宫未冷，增龙驭之凄凉；制墨未干，骇四方之视听。臣所争者朝廷之典章，所畏者千秋之清议而已。”不听。

时大铖初入，士英宠威尚浅，曰广虽见沮忌，犹得稍有建明，引荐黄道周、陈子壮、华允诚、杨廷麟、黄文焕，咸得召命。左良玉驻武昌，缮兵辑民，思有以自效；皖抚袁继咸联江、楚，系上游重望，皆倚重曰广协心戮力。马士英益深忌之。会巡按湖广御史黄澍自楚入见，请召对，面纠马士英奸贪误国。士英益疑曰广与良玉、澍排己，凡用舍进退，皆以内降行己志，尽削阁权。曰广上言：“祖宗会推之法，万世无弊，斜封墨敕，覆辙具在。先帝善政虽多，害政亦间出，而唯以频出中旨为乱阶。鄙夫热心仕进，一见摈于公论，遂乞哀于内廷，但见其可怜之状，听其一面之词，遽为耸动。先帝既误，陛下岂堪再误？天威在上，密勿深严，臣安得事事而争之？但愿陛下深宫有暇，取《大学衍义》《资治通鉴》视之，反复思维，必能发明圣性，点破邪谋。陛下用臣之身，不若行臣之言，不行其言而但用其身，是犹兽畜之以供人刀俎也。”疏入，不省。

顷之，大铖入秉戎政，与士英谋结刘泽清、刘良佐，以捍良玉而厄曰广，遂购换授宗室朱统𨨗，疏参曰广显有逆谋。袁彭年、熊汝霖抗疏言：“曰广劲骨戆性，守正不阿，居乡立廷，皆有公论。统𨨗扬波喷血，飞章越奏，不从通政司封进，是何径窦直达御前？奸险之尤，岂可容于圣世！请逮治统镲。”不报。高弘图揭请付统镲于理，拟严旨，上三发改票。弘图言：“臣死不敢奉诏。”上召弘图，厉声责之。弘图遂乞休去。寻以推翼恩加曰广太子太傅，抗辞，未允。会御史祁彪佳疏论诏狱、廷杖、缉事三大弊政，曰广拟旨许禁革。内批发改票。曰广揭言：“臣所守者，朝廷之法度，一官之职掌，而欲以严旨加直诤之臣，留败亡之政，臣死不敢奉圣意。”不从。于是士英知上恶惮曰广，益募党攻讦无忌矣。吏部例转御史黄耳鼎为副使，内批留用，尚书徐石麒争之。士英因为耳鼎言：“不去姜南昌，君必无留理。”耳鼎遂疏攻曰广结刘宗周为死党，欺君把持，无人臣礼。曰广乞休，遂予告去。

先是，曰广愤马、阮之奸，必将旦夕亡国，犹以己为密勿大臣，无遽去理，故攻者频仍，徘徊不忍去。而大铖欲尽援钦案逆党致要津，攻击异己，报十七年废锢之怨，忌曰广之牴牾，必欲重陷之。曰广归，士英乃与王铎尽翻钦案，引匪人，逐正士，鬻官爵，隳边防，天下闻之，无不知其不能旦夕延矣。给事中吴适疏言：“曰广忠诚正直，海内共钦，乃幺麽小臣，为谁驱除？听谁主使？上章不由通政，结纳当在何途？内外交通，神丛互借，飞章告密，端自此始。搢绅惨祸，所不必言，小民鸡犬，亦无宁日矣。”疏入，内批切责之。于是蔡弈琛、陈盟、杨维垣、张孙振相继大用，士林无赖者靡然翕附。原任推官黄端伯，妖妄人也，无故解官，自髡入庐山，挟左道惑众，为南州人士所鄙。至是，挟怨赴阙，呈身于士英，讦奏曰广谋危社稷，援引鬼神以征之。士英授统辙行人，擢端伯礼部主事，以招致攻曰广者，中外骇惧。史可法孤立淮上，左良玉师老鄂城，南北交警，势岌岌，而士英杀曰广之心益急。会思宗皇太子事起，内旨传谕法司："王之明往闽往楚，欲成何事？主使附逆，实繁有徒。着所司穷治。"敕出士英手，欲倾曰广、弘图以族诛之辟也。会左良玉兵东下，清兵南渡，南都陷，不果。

未几，兵逼南昌，巡抚旷昭走。曰广避居山中，清将吏累招请，不应。已而金声桓、王得仁屯南昌，素知曰广德望，阳招而阴纵之，曰广以是得全，阴结抚、赣义勇，思间道入闽、粤。未及行，俄而声桓反正，不知朝廷所在，无所禀重，乃迎曰广居南昌，镇抚士民。事闻，敕加曰广少师兼太子太师、建极殿大学士，赐尚方剑，便宜行事，督师恢复京湖闽浙。曰广以清望旧为声桓推重，然声桓拥重兵，以反正功自大，爵上公，亦赐便宜，遂专制生杀，不听命于曰广。时抚州王盖八起义，兵满数万；赣州阎、王、宋诸贼归义效命，众亦数万。吉安刘季鑛所号召，西连酃、耒、郴、桂，所在响应，咸听命于曰广。曰广欲辑合之为声桓援，声桓不从。佥都御史吴宗周劝声桓尊奖曰广，收士民心，声桓强应之，弗能听也。曰广称疾，不视事。

永历二年秋，敕召曰广陛见，声桓逊辞留之。曰广既久引疾，不能一旦去，逗留间，清兵大集，围南昌。曰广起，与声桓分堙而守。顾曰广所联络义兵，皆已解散，又素无权藉，虽旦夕乘城，不能有所指麾。冬十月，刺血拜表乞援，朝廷无以应。又驰檄何腾蛟求救，腾蛟以衡、长未下，趑趄不进。南昌粮尽，曰广倾资鬻仆妾以充饷，不给。城将陷，抚州门启，清兵故开一面，听城中溃散。或劝曰广出奔，曰广曰：“吾今日不死，尚何待！”闭门引吭而薨。事闻，赠进贤伯，谥文忠。

卷七　何堵章列传　郑古爱　杨锡亿附

何腾蛟，字云从，贵州黎平人。中天启辛酉乡举。崇祯间，授南阳知县，吏治精敏，以最闻。南阳，思文皇帝封邑也。思文皇帝英锐喜事，推官万元吉颇规裁之，腾蛟特相周旋，元吉以遏抑亲藩见逮，腾蛟得不与。擢大兴知县，精敏如治南阳。迁郎署，擢巩昌兵备副使，以善抚兵将，为秦督洪承畴所推荐。崇祯十六年，张献忠陷武昌，楚抚王聚奎、王扬基以失机论治，廷臣视楚为戒途，无敢赴者。擢腾蛟右佥都御史，巡抚湖广。张献忠入蜀，左良玉驻武昌，大为民扰。腾蛟至，以恩礼结良玉子梦庚与正纪副总兵卢鼎，得其欢心，尤与左营监军主事李犹龙相善，良玉所部颇尊信之，绥抚残黎有方。

腾蛟故黔人，与马士英同乡里。士英督豫楚，腾蛟与受节制，颇相得，以是为巡按御史黄澍所疑。左良玉自不慊于杨嗣昌，颇与中朝气节之士相知闻，而与士英不协。澍与良玉相亲重，腾蛟以通敏和让，亦与良玉善。良玉习其无他，每与澍言，推奖之。澍不以为然，良玉亦不以澍为是。然军机进止及朝政得失，澍独与良玉谋议，不令腾蛟知也。时黔人越其杰、杨文骢皆附马士英，得节钺，大为疆场蠹。腾蛟虽有才度，而不为高弘图、姜曰广所知，虑其且偾楚事。给事中袁彭年、御史徐养心请以副都御史杨鹗总督楚豫，削腾蛟权，而士英欲沮抑之，加腾蛟兵部右侍郎与相颉颃。未几，撤鹗，改授腾蛟为豫楚川黔总督，迁副都御史。已而黄澍自楚入见，廷纠马士英奸贪误国，被旨切责，出监良玉军，深以腾蛟附士英为疑。腾蛟亦恨澍疏己。澍既削夺逮捕，而皇太子自北来，下狱掠治，良玉抗疏争之，因风皖督袁继咸及腾蛟。继咸抗疏激切，而腾蛟具疏言："太子到南，何人奉闻？何人物色取召至京？马士英何以独知其伪？既为王昺侄孙，何人举发？内官公侯多从北来，何无一人确认，而泛云自供？此事关天下万世是非，不可不慎。"疏入，诏以法司审明节略解之。良玉以腾蛟疏持两端，故为士英送难，启其辨折，遂疑腾蛟。故东下之谋，独与澍决策，而腾蛟不知。

弘光二年四月初四日，良玉拔营东下，腾蛟大骇，不知所为。俄而左梦庚遣数十骑胁腾蛟登舟，亦未与相见。腾蛟意不欲行，佯堕水，匿芦荻中，附小舟得达岸，走江西，将归武昌。而武昌民半为左兵掠夺，城空不守。李自成为吴三桂所追，数十万骑临江求渡。腾蛟乃从宁州过浏阳，走长沙，大号湖南、湖北，言良玉反。良玉部校在湖南者，率擒杀之，沉尸于湘江。间道遣疏赴南都，雪己不与。

长沙素无武备，腾蛟乃召黄朝宣于攸、衡山中，行登坛礼，拜为总统。朝宣部卒不满二千人，多羸弱，兵素不戢，稍惮李乾德，不敢逞。至是，猝遇宠任，遂益骄。会左良玉死，南都继陷，梦庚降，而李自成渡江，入无人之境，由蒲圻走死九宫山。其部贼数十万，大掠巴陵，南至湘阴、浏阳。腾蛟不知其为自成部贼也，猝遣长沙府通判周二南率朝宣部卒千余往御之，大败，二南死之。腾蛟始骇，婴城为守死计。诸贼失主，遑遽无所依，乃遣使就腾蛟降。高、李部号三十万，刘体纯、袁宗第、张光翠、牛万才、塌天豹部各数万，不下五十万人。湖南地既迫隘，赋入亦薄，腾蛟虽受其降，亦未有以安插之，诸部大掠巴陵、蒲圻、平江、湘阴间如故。已乃渐渡江，屯荆、岳间。腾蛟复纠合张先璧、黄朝宣、刘承胤，各益召募，以众相尚。而卢鼎、马进忠、王允成不与左梦庚同降，因风南泛，驻岳州，听命于腾蛟。贼偏将王进才、郝永忠拔营归腾蛟，为督标总兵。诸军猬集，号百万，腾蛟不知所裁。会思文皇帝下诏曰："万元吉，朕之旧盟；何腾蛟，朕之恩故也。"遽加腾蛟兵部尚书、副都御史，赐蟒玉尚方剑，便宜行事，总督豫楚秦蜀黔粤军务。时朝廷既轻爵赏以縻人心，腾蛟以潜邸旧恩，尤所倾注。腾蛟以受降事上闻，上益倚重之，即敕腾蛟便宜绥抚。腾蛟以兵太重，难于控制，乃檄提学副使堵胤锡节制新降诸部，而自领进忠、允成、鼎、先璧、朝宣、承胤、进才、永忠为己属。胤锡已次第安插，晋拜佥都御史，抚楚，寻加总制、侍郎，督忠贞营，屯湖北，腾蛟屯湖南。

始，腾蛟至长沙，倚朝宣过重，及是，大师麇集，而朝宣轻。刘承胤旧镇黎、靖，腾蛟子家居黎平，与承胤有隙。腾蛟虽专制一方，而威令往往挠沮。进忠、允成、鼎皆良玉部骄将，但示羁縻，索饷重叠，继以侮嫚。腾蛟既奉便宜之命，骤加派义饷，兼预征一年，民田税每亩至六倍以上；不足，则开饷官、饷生之例，郡邑长吏皆以资为进退；又不足，则开募奸人告密，讦殷富罚饷，倾其产，分诸营坐饷。朝宣、先璧、承胤皆效之，湖南民展转蔓延，死亡过半。思文皇帝累敕奖誉，举全楚事付之腾蛟，不问。钦差台省官至者，稍不逊让，则漂摇江干，为兵卒所嬲。部选长吏至，皆不遣就任，以意改授之。而标下将吏熊兆佐、马际昌、李先春、韩□□与长沙诸生周辛通贿窃权，腾蛟固不知禁也。

隆武元年冬，腾蛟与胤锡会议出师，调承胤至长沙，不用命，归武昌去，朝宣亦不至。张先璧自请从茶、攸出吉安。唯监军道章旷率进忠、允成为前部，下岳州，腾蛟率偏将满大壮、吴胜兵数千人继之。檄胤锡督高、李部自澧出荆。胤锡围荆州，未下。清兵适大举入寇，至岳州，进忠、允成惊退。清兵舍长沙，径渡江，蹂高、李十三家老营于草坪。腾蛟泛舟至磊石驿，惊溃，走归长沙，画新墙驿守湘阴，不复议出师矣。

初，圣安皇帝诏天下：有能擒斩李自成者，世爵国公，禄万石，视徐达。至是，腾蛟奏报斩自成于九宫山，以周二南死，失首级。思文皇帝方亟勋名镇天下望，遽下部议赏。部议以祖制，文臣不得封公侯，封腾蛟定兴世伯。敕旨已行，将予世券，都御史郭维经上言："自成传闻死于九宫山，在江西宁州界内，传以五月死，而七月所部降，腾蛟乃知，且经年而后报。遽行大赏，诚非所宜。且自成之或死或生，或死于吴三桂之追兵，或死于乡团之棒击，俱不可知。万一杀自成者他日且以首献，臣不知腾蛟之何以自解。且万一自成未死，而他日更出没于他所，臣又不知皇上之何以收反汗也。腾蛟独力镇楚，抚降御敌，忠猷自不可掩，何必借此影响不自信之功名，以贻天下后世之讥非乎！臣且不能不以爱腾蛟者全腾蛟，况陛下之以驭腾蛟者安腾蛟，又当何如郑重也！"疏入，乃辍给世券。

时郑芝龙骄悖怀贰心，上疑之甚。万元吉自赣州表请西幸亲征，腾蛟闻之，乃遣监纪推官傅作霖奉疏迎銮。上既急欲去闽出楚，作霖陛见，盛称楚兵强盛，腾蛟精忠，渴望移跸。上大悦，加腾蛟太子太保，促遣兵入赣迎驾。顾腾蛟以便宜制楚，文武将吏皆出其门，不忍失权藉，谓章旷曰："上若幸楚，则敌当聚力攻楚，恐未易支也。"上累敕趣迎驾，兵会赣州，腾蛟乃名遣张先璧自攸县出永新，郝永忠自郴出龙泉，分左右部，号迎驾军。先璧至攸，屯师不进，永忠至郴，西屠桂阳州，过宁远，腾蛟亦不促遣之。上由是怀疑，未即去闽，腾蛟赍奏使臣不入闽者数月，他日，奏使至，上震怒，召面诘之，使臣诡辞以对。上趑趄间，稍行至顺昌而陷。顾自是兵益无纪，粮益不继，诸将瓦解，黄朝宣不出其山，张先璧据攸县，郝永忠据宁远，马进忠移屯沅江，王允成寄帑于湘潭，卢鼎据衡州，刘承胤保武冈不出。各招市井无赖，转相凌虐，农甿被迫，亦释耒而为兵，更互仇杀。会岁大旱，千里无烟火。王进才居长沙，抑不受调度，傅上瑞遁走沅州，独章旷率标兵数千捍湘阴。

永历元年二月，清孔有德大举犯湖南，旷督孤军与战，不利。允成、进才掠长沙，先走。腾蛟奔衡州。时上在桂林，将图幸楚，特拜腾蛟武英殿大学士、兵部尚书，督师恢复。腾蛟至衡州，诸军益汹惧，无固志。四月，孔有德前锋至衡山。诸军大掠，分道走。腾蛟奔永州，遂自永至武冈入见。刘承胤挟旧隙，欲夺其兵柄，矫旨召腾蛟入直，腾蛟固请出收兵图恢复，上意亦欲遣之。承胤乃谋解散其部曲，困之令无所往，而滇帅胡一青、赵印选恶承胤，愿为腾蛟效死，遂从腾蛟自古泥至柳州，转收周金汤、熊兆佐、马养麟诸军于广西。已而桂林惊溃，腾蛟会瞿式耜于桂，誓师北出。自是得一青为股肱，军势复张。腾蛟亦以死自誓，期收楚以谢前不敏。金声桓自南昌间道遣使至，推戴腾蛟为主盟，期掎角东下。马进忠复常德，驰请会师于岳州。腾蛟率诸军三十余战，复全州。战飞鸾桥，大败清兵。遂围永州，冒矢石督战，攻下之，杀清将余世忠，擒其广西巡抚李茂祖，磔之。遂下衡州。檄曹志建集师大举，将趋长沙。会堵胤锡以疑忌激马进忠弃常德，间道自湘乡至湘潭，转掠千里，李、高诸部蹑之而下，集于湘潭。进忠患李、高之逼，告急于腾蛟。腾蛟乃率标兵数百人，乘轻舸下湘潭调护之。胤锡亦至，议良久，乃誓师分汛，胤锡率李、高十三营渡湘而东，走吉、袁，援金声桓于南昌；腾蛟率马进忠、王进才、张光翠、牛万才洎滇、曹之兵攻长沙。部分乍定，方送胤锡军渡江，进忠全师尚留湘乡，檄召之，未至，余兵俱未会。清人闻湖南北全失，遣其五王子帅大众来争，猝至长沙。腾蛟正为李、高诸部所嬲，不及侦候，永历三年二月庚寅，清骑至城下，乃觉。进忠兵少，不能战，雨雪杂下，人马困，沿江惊溃。腾蛟遽乘马欲登舟，为追兵所执，大呼曰："我何督师也！当明白死，奴辈勿得凌我！"因下马，步至城南佛庵。五王子遣人劝降，至再四，腾蛟不应，唯举手拍地，呼"可惜"，两掌皆碎，三日水浆不入口。五王子知其不屈，遂遇害。所部士卒降清者窃收其骨葬之。

始，胤锡率大军弃湖北至湘上，腾蛟拜疏言："湖北千里一空，湖南重兵猬集，已复之土，弃为青磷白骨之场，而诸将狼戾狐疑，制臣不能辑之，臣又何以辑之？唯有孤掌鸣号，誓死报国而已！"未两月，果陷于难。腾蛟既没，衡、永、宝、郴相继皆陷，而粤不可守矣。时中外属望腾蛟甚重，方其初陷，朝廷犹冀其脱，特敕遣御史郑古爱入楚访求之。已而知其殉难，上震悼，辍朝，赠太师、中湘王，谥文忠。设位于肇庆之天宁寺，上亲临祭，举哀失声，百官皆恸。

子文瑞，以荫至兵部侍郎，居桂林，广西陷，亦遇害。

堵胤锡，字仲缄，别号牧游，直隶宜兴人。崇祯癸酉，中应天乡举，以父母早逝，贫不能具礼，辞计偕，追庐墓三载。墓桐方冬生华，人以为孝感。黄道周为之著《礼问》一篇，以旌其志。丁丑，乃就公车，赐进士出身，授兵部主事，晋员外郎，迁长沙知府。与推官蔡道宪以志义廉隅相奖勉。给事中史可镜归里，侵乡曲，胤锡重裁之。已而道宪殉难，可镜以从贼伏诛，郡人益服其明。

崇祯十六年，张献忠陷长沙，胤锡上计未返，以课最，擢分巡武汉道参议。弘光元年，改提督湖广学政。左良玉举兵下九江，胤锡方校士湖南，故不与。何腾蛟奔长沙，渐闻南都沦没，武昌亦陷，乃集胤锡及傅上瑞、章旷议开府调兵食，制战守。胤锡至性深挚，北都之变，号泣绝食者数日。及是，流涕慷慨，誓死以济国难，闻者咸为感跃。然负气矫迫，喜有兴作，无持重之度。因与腾蛟议招募辟召，辄行承制事。胤锡亦自下书旁征人才，版授监纪府佐，停岁贡生，以意改调除授教职。竞躁之士，因缘奔赴，旦见，夕即释褐。征杨国栋为部将，令募偏裨部曲，札授武职至副总兵，仍隶道标。其不恤名实如此。

胤锡既与上瑞、旷推腾蛟为总督，腾蛟即题荐胤锡巡抚湖广，拜表即以抚臣行事，辄解学政，付原任黄州知府周大启，令开饷生，征其资为军实。遂益遣王之宾、彭嵩年、向文明广招兵卒为内标，岁縻金粟将百万，皆游惰民，不堪行阵。腾蛟既奉便宜之命，一切不待敕旨，胤锡亦如腾蛟所行。自是，诸将不知复有朝廷，率唯己意为札，官盈三四万，渔猎湖南北，愿民则窜匿山谷以自全，不免。高、李部降，腾蛟檄胤锡抚驭之。胤锡乃与腾蛟分汛任战守：腾蛟任湖南，守湘阴，图岳、武；胤锡任湖北，守常、澧，图荆州。胤锡为高、李部奏请立名“忠贞营”，易高得功名曰必正，李过名曰赤心，皆奏准，以钦赐行之。忠贞营屯老营于草坪，粮饷不给，恣掠于民间，胤锡无以处也。

隆武元年冬，胤锡与腾蛟分道出师，胤锡率忠贞营及杨国栋、周师文之兵围荆州，虏救猝至，民素苦掠夺，遂导虏骑劫高、李老营于草坪。忠贞十三部连营亘二百里，猝受抄蹂，彼此不相知闻。已而惊遽，又不知清众多寡，遽解围恇乱。城中兵乘之，遂大败。胤锡乘马麾兵勿退，万骑陵乘，不可禁戢。胤锡坠马折右肱，周师文救之，得免，还屯常德。忠贞营西奔巴、归，不相听命。

旧制，奏荐仍听部科核实题用，抚按不尸为恩，所奏荐者以职级相晋接，无称门生礼。崇祯间，破资格，开荐举，有自下僚寒贱及罪废官遽授显要者，乃以门生礼事荐主。然至京堂，亦不复用此礼。初，傅上瑞弃黄州，卖武昌城，事坐不测。腾蛟拂拭奏用之，擢监司。及是，题擢佥都御史，戴腾蛟不敢贰。章旷亦以廷议龃龉，腾蛟保任秉节钺，荏苒不能自拔，皆刺署门生如故。胤锡以清望推督学，虽节钺之命自腾蛟奏荐，而朝廷委任不在腾蛟下，雅不欲与上瑞齿，乃据旧章，刺以平交相往复，腾蛟不悦。两府幕宾类无赖士，益相构煽，遂成猜离。湖南北不相协应，而瓦解之形势成矣。

上嗣位，加胤锡兵部侍郎，总制楚师。未几，晋尚书，拜武英殿大学士，封光化伯。胤锡辞伯不受。及长沙陷，腾蛟奔衡、永，马进忠走湖北。已而清兵急犯常德，胤锡率杨国栋及己标之兵，走屯永定卫山中。进忠与牛万财亦至，连营相保。进忠故听腾蛟节制者也，胤锡姑安插绥抚之，而心不相得。合屯山中凡八月，胤锡频趣进忠出兵，进复辰、常，进忠不应。时方溽暑，进忠邀胤锡饮树下，因步林塘间，见故墟有茂荫清适，进忠曰："此可构一亭轩，坐销余暑。"遂指挥军士，垦基址，庀木石。胤锡大怒曰："终当老死此山乎？"进忠笑不应。胤锡益愤，引满取大醉，归卧帐中。翌日，日晏未起，樵苏者归报，进忠已拔营出常德。胤锡大惊，遽呼国栋、万财继进，迟至常德，则进忠已拔城两日矣。胤锡不得已，为调兵食，抚士民，进忠又若听令者。

胤锡以腾蛟分任湖南，而长沙先陷，过在腾蛟。及是，闻腾蛟围永州未下，欲因进忠兵出，复长沙以辱腾蛟，遂日促进忠出师。进忠方与郑古爱招马蛟麟于辰州，蛟麟迟回未决，进忠固欲留待之，不即听胤锡。胤锡欲以辰州委王进才，进忠忧进才非蛟麟敌，固不从。而进忠间道遣使至腾蛟所报功次。胤锡密闻之，疑其为待腾蛟也，乃命毛寿登监进忠军，羁縻之，而自与郑古爱率轻骑间道走巴、归，招忠贞营下长沙。高必正方苦粮尽，闻胤锡语，大喜，卷营即起，取道澧、常。进忠方大屯刍粮于常德，为安老营计。胤锡往蜀，以督忠贞营出荆州为名，进忠意高、李之未必为胤锡兴师也，亦姑置之。及是，忠贞营遽至，距常德百里，胤锡乃以书报进忠，言会师攻长沙事。进忠大惊，疑忠贞营之众旦夕即并己，立命焚廨舍庾积，掠百姓，拔营南走，间道趋湘乡，欲破衡州，依何腾蛟安老营。而胡一青已下衡州，进忠遂自衡返湘，掠杀匝五百里，民死过半。进忠去常德，王进才、牛万财不知所出，遂约刘体淳、张光翠同走衡、宝间。忠贞营至，常德已赤土，无茎草，不能留，即尾进忠后，自宁乡趋湘潭。马蛟麟徐出，收常德。湖北复陷，诸军猬集于湘。高必正遣偏师攻长沙以谢胤锡，不克，亦退湘、衡间，互相疑掣，转掠千里，胤锡无以制之。腾蛟泛轻舸至湘潭，乃与胤锡议，以南昌求援甚急，胤锡督忠贞营渡湘而东，走醴、攸往援江。而忠贞营徘徊茶、攸间，殊无行意。湘潭陷，腾蛟败没，忠贞营奔衡州，走郴，为入粤计，胤锡不能令也。

湖南失督师，诸将汹惧。胡一青迎胤锡居衡州，与谋战守。未数日，清兵又至，一青孤军战不胜，亦退。胤锡仓猝渡湘，东走耒阳，与忠贞营会，至郴州。忠贞营冲曹志建营以去，志建发兵御之。清兵追忠贞营至郴州。忠贞营渡岭去，胤锡后，几为清所获，乃走志建营。志建怒其率忠贞营以蹂己也，坑杀其标将王一宾部卒三千，而迓胤锡不以礼，数窘辱，欲害之。富川绅士何图复间道迎之入寨，以乡兵护之，自怀集走梧州。忠贞营先自梧入浔、南，行在震恐。敕遣大学士严起恒、副都御史刘湘客慰劳安插之。至封川，与胤锡遇，乃并舟入觐。上赐对，优礼有加，命督忠贞营出楚。

胤锡初入朝，未谙国事，通政使毛毓祥、给事中李用楫与同邑里，相知闻，以私意蛊胤锡，累有论荐，廷士皆不悦。会公宴，金堡被酒，厉声曰："公复湖北，而弃湖北者亦公也。督师复湖南，而蹂湖南以及于陷者亦公也。公与督师誓援江西，顾引忠贞营入粤，蹂内地，而致南昌之不救者亦公也。公忠孝闻天下，一旦所为如此！公不疾出楚，他日何面目见曹志建，况天下乎？"胤锡无以应。上赐胤锡龙旗十二，遍调天下兵马，咸受节制。胤锡至浔州，日促忠贞营复出，会李赤心死，高必正以新丧大帅、器仗不给为辞，胤锡居悒悒。有顷，朱天麟、陈邦傅知胤锡与金堡不协，力与言堡沮孙可望王封之非以摇之，因言忠贞营不可恃，无如用可望之足有为也。胤锡惑其说，发龙旗一往云南，调可望出黔、楚。胡执恭因讲胤锡，言公承制封拜，能姑许可望王封，事必集矣。因填空头敕许可望。执恭遂伪作册宝以往。既行，乃告胤锡，胤锡悔为其所卖，大恚憾，成疾。永历三年十一月卒于浔州，诏赠太傅，谥文襄。

胤锡忠直磊落，负有为之志，非腾蛟所及，而轻信自恃，专意刑赏，累启偾败，腾蛟亦轻之。交相猜薄，以至于败亡，各有以也。胤锡文笔清超，在军中感愤作《军谣》十首，流离悲激，其《月家乡》《马儿女》《笔先锋》《血筵席》《营十殿》诸篇，读者无不悲之。

章旷，字于野，别号峨山，直隶华亭人。与兄简以文章气谊名云间。简以乡举知广东博罗县，钦取，未赴，归里，与李待问、陈子龙起义，守松江，城陷，不屈，死之。隆武中，赠礼部郎中，谥节愍。简感北都之亡，纂《报仇录》三卷，各有论赞，巴陵李兴玮为之梓行于世。旷倜傥不矜小节，志意高迈，神智警敏，中崇祯丙子应天乡举第一。丁丑，赐进士出身，授沔阳知州。勤吏治，推强豪，兴文教，楚人士执卷就门者，舟接于沔阳湖。

崇祯十六年春，李自成陷承天，州人坌起迎贼。旷号召忠勇城守，以奇计缚首迎贼者数十人磔之。贼掠骑至，旷乘城击却之。贼帅马世大益发兵来攻，民尽惊溃，向迎贼者党率众应贼，将缚旷降。旷乃携印出，左右请由小路。旷曰："彼将谓我胆落，必要我于小路，吾疾驱由官道，彼不测也。"已而贼党果伏小路要之，不得。遂走诣北抚王扬基，请兵复沔，愿以身先之，痛哭辕门下，不听。乃单舸归华亭，鬻田宅，夫人出所织布千匹助之，得数千金，走汉沔间收兵。崇祯十七年春，接贼三战，复沔阳州，安残黎，储刍粮，募死士，为复显陵计。何腾蛟上其功，擢佥事，巡饬江北。

京山杨文荐故受业于旷，旷遇之有加，文荐上计偕，旷与泛舟酌酒，语次稍忤触之，遂衔旷。至是，为兵部郎，因倡言江北不宜置道，徒扰民，无益恢复。廷议从之。旷由是失职，罢遣义勇。江北兵民惊悲失据，尽陷于贼。旷将以布衣归里，腾蛟固留之，以故佥事衔监抚标军。御史黄澍按楚，嗔其为腾蛟用，檄令摄汉阳推官，以窘辱之。洪天擢、堵胤锡为解释，事乃已。旷负当世志，悒悒不得逞，腾蛟独深知之，复以监军道力请于朝。命已下，路振飞旧按江南，摧抑知名文士，旷怀才被屈挫，及是，怒旷不纳门生刺，力沮监军之命。腾蛟抗疏言："臣受土崩虫龁之残楚，孤掌独撑，举目无一人之可用，唯得一章旷者，为有生人之气，累题而部累厄之，是缚臣臂而欲使臣斗也。如谓旷跅弛多奇，或至生事，则臣请保任之，甘与旷同功罪。"乃得仍授佥事，监腾蛟军，檄摄分巡上湖南道。

旷至衡州，开东盐输长沙以资军实，岁饷兵十万余金，腾蛟赖以不匮。衡州奸民通骄帅渔猎，旷密捕扑杀之，民得安堵。已而归长沙，遂请身下岳州，监马进忠、王允成军，以死护湖外。单舸下洞庭，进忠、允成迎之，愿受节制。先是，腾蛟开府长沙，堵胤锡既解学政勤王，与诸军帅相驯习，兼召募成军。傅上瑞久摄巡下湖南，承权藉募标兵数千，亦与诸帅周旋稍熟。而旷累革削，望尤轻，诸军帅皆不知有旷，旷亦不得其要领。及是，骤受监军之命，从胥隶数十人，轻舸东下，敝巾葛衫，与诸将乍相见，流涕握手，推心尽虑，与谋兴复，诸将皆为感动。时将窳兵骄，不知节制，王进才、郝永忠尤以新附猜暴，大掠巴、湘间。旷既得诸将心，申约束，斩棰如法，诸军乃敛手听命。居人行旅稍集，遂修湘阴城，陆立大荆、新墙二戍，水立磊石营，与岳虏相持，大小数十战。何腾蛟既题擢堵胤锡抚楚，傅上瑞抚沅，旷独当强敌，而任监司如故，权尤轻，不能自为进止。顾诸将唯推重旷，而轻腾蛟、胤锡，于上瑞则蔑如也。

何腾蛟出师不利，画守长沙，尤藉旷为外蔽，乃列旷功推荐之。诏擢旷佥都御史，巡抚江北，然仅拥虚名，无寸土一民可凭借。旷部将王储募水军二千人，腾蛟分裨将覃裕春、满大壮、吴胜合五千余人隶旷，守新墙，与敌垒相对半载，虏不敢犯。隆武二年七月，清大举从间道窥湘阴，旷侦知之，率覃裕春以二千人御之于潼溪。虏骑数千突至，裕春军伏溪市草舍中，穴墙壁为空，交发枪炮击之。虏合围之数十匝，自辰至酉，击杀人马各千余。虏恇惧退走，裕春军出蹑之，满大壮、陈友功为两翼夹追，杀伤滨尽。自江南用兵以来，与清兵合战仍得捷者，自旷潼溪之战始。九月，左梦庚部将杨么导清兵泛洞庭来犯沅江，旷檄马进忠，又大败之，斩么。湖南北守经年不陷者，皆旷力也。今上即位，加兵部右侍郎，余如故。然旷有所陈奏，皆因腾蛟，故朝廷无由深知旷相委任，旷亦不能大有所指踪焉。

永历元年春，长沙兵将交讧，掠夺四出，粮道阻绝。马进忠西走湖北，王进才、王允成旦夕思遁。清孔有德大举入侵，旷率满大壮孤军御战，檄进才、允成相接应，皆不应，遽溃走，焚湘阴而南。旷战不胜，退长沙，腾蛟已先奔，旷殿溃卒南行，转战三百里，及南岳市，满大壮战死。旷入衡州，执腾蛟手泣曰："长沙不溃，旷犹得婴城死战，今湖南瓦裂，何以谢百姓两年来剜髓供输也！"四月，清兵犯衡山，腾蛟走永州，旷守祁阳，檄召溃兵，图下争衡州，乃奉敕特拜旷武英殿大学士、兵部尚书，督恢复诸军，而诸军争溃，不可合矣。腾蛟走全州，旷独率亲军千余人屯白牙市，牵制敌兵南犯之路。时上在武冈，刘承胤遏援兵不出。旷知事不可为，慷慨悲愤，不粒食，唯啖瓜果，时引满取醉，因卧病不起。将终，召门生、部将，出酒相饮为别，命小胥拊拍板，从枕上悲歌，令座客和之，声益哀厉。板阕，和者歇，惊视旷，已薨矣。时年三十有六。永历二年，赠太子太保、华亭伯，谥文毅。门人萧为龙葬之于石期站。

为龙，武昌人，敦笃有志义，官职方司主事。未几亦卒。江汉间故以文章名而避寇南奔者，旷皆留幕下，最著者李兴玮，自有传；次郑古爱、杨锡亿。

郑古爱，字子遗，湖广江夏人。本姓陈，出后于郑，既长，所嗣父有子，求归宗养母，为嗣父所讼。武昌知府洪天擢矜其辞色，问："孺子尝读书乎？"因试以制艺。古爱伏砌下，濡笔成文，骀宕有奇气。天擢叹曰："孺子善自爱，熊芝冈一流人也。"谕所嗣父安之。

壬午乡试，出章旷门。旷亟荐，不得中，抱其卷哭。已而旷召与见，姿抱豪迈，尤为旷所器重。旷失沔阳，古爱迎谒于江汉，因与收兵江北，多所裨赞。武昌陷，南奔长沙。旷方受监军命，开幕辟士，古爱以贡资，版授监纪推官。古爱倜傥直鲠，干济明敏，何腾蛟、堵胤锡交倚重之。旷开粤东盐税充饷，檄古爱监其事，以清平著。赇吏鲁可藻挟私挠之，古爱奋拳击可藻坠地，遂自解盐政，就堵胤锡于常德。胤锡檄古爱监王、马、杨、牛四将兵。

永历元年，擢监察御史，监军如故。常德陷，走匿苗峒。吏购求之亟，常兼日一食，昼夕悲吟。已闻胤锡与马进忠所在，冒死宵行赴之，进忠尤钦慕焉。遂同进忠出，复常德。进忠与清兵大战于麻河，古爱执矛跃马，与选锋士首犯敌营，大破之。古爱家居时，与左良玉部将马蛟麟交善。至是，蛟麟降清，守辰州，王进才拒之于桃源。进才惴惴非蛟麟敌，进忠以是不敢离常德。胤锡强之东出长沙，不听。进忠密与古爱谋招蛟麟，遣使持蜡书至辰州，密达蛟麟所。蛟麟佯怒，收缚赍书者。夜分，密召之至卧内，问：“郑秀才何亦至此？”使者以方为御史监湖北军告。蛟麟大喜曰：“吾终当为此秀才效死力。汝归［语］马将军及郑秀才，期以十一月下武陵合营，明春并驱取武昌。若吾至武陵，而郑秀才不在，是绐我也，当与马将军血战城下。”使者归报，进忠喜，益修城橹储刍粮以俟。

胤锡急欲出进忠兵，毛寿登忌古爱之且收蛟麟也，因激胤锡入巴、巫调忠贞营。胤锡欲强古爱俱去，古爱不欲行。寿登曰：“君奉敕调忠贞营，不然，我当往。”胤锡固强之，古爱遂同胤锡入蜀，蛟麟不果降。忠贞营至，进忠惊走，古爱追及之于湘乡，相持泣下。古爱遂入见，论麻河功，擢佥都御史。毛寿登者，袁彭年之甥也，彭年因沮抑古爱佥都之命。古爱请赴辰、沅招蛟麟，不报，而命古爱往楚，求何腾蛟存亡。腾蛟凶问确，古爱遂退居平乐山中，葛巾芒屩，杂居樵间，无当世志。

永历四年夏，楚事益坏，乃起古爱以佥都图辰、常，招蛟麟。古爱入对曰：“蛟麟虽于臣有香火情，然去违之间，自不能不以胜败移心。今楚兵连败，臣即刿心于蛟麟前，亦一团肉耳！请速催王、马二将出沅、靖，杨展以黔兵继之，血战以前，而后臣可以用其招致。不然，徒令蛟麟笑臣，无益。”上固遣之，领敕，至平乐，又以议招不如议战，□不报。古爱忧恚成疾，卒。后数月，马蛟麟破平乐，知古爱卒，为发哀，护送其榇与其妻子归武昌。

杨锡亿，字文起，湖广德安人，以文章受知章旷。李自成据荆西，勾索人士充伪吏，悬参夷法以胁之，汉北响应风靡，士大夫至不知有崇祯十七年者。锡亿以贡为贼所购，从间道逸走黄、武间，贼捕其妻子群从，皆杀之。锡亿益南奔，旷留之幕府，牒补监纪推官。

锡亿言于旷曰：“德安北捍楚塞，为汉新市故墟，人尚豪侠可用。应山杨主事之易，忠孝世家，为三楚望，立盖天营，为国死守，豪杰遥附甚众，憾不知朝廷所在耳。亿请间行号召，为汉南应援，若敌践荆、岳，亿率义旅起，乘其背以掣之，此英布制楚法也，勿徒株守一湖为尺寸计。”旷深然之，然以锡亿肮脏露风骨，蒙难入敌中，虑其不免，惜锡亿不遣。

傅上瑞督诸军自平江出通山，辟锡亿从军，屡立战功，题擢兵部职方司主事。上瑞有贰心，无故走沅州，强锡亿偕西，锡亿不肯行，仍赴旷于湘阴。已而长沙溃，旷南奔，锡亿与相失，遂入南岳老龙池，痛哭，为僧去，不知所终。

卷八　焦胡列传　赵印选　王永祚附

焦琏，字瑞庭，陕西人。以行伍起家，积功最，历官参将，为平蛮将军杨国威中军官。崇祯十六年，张献忠破永州，游骑掠全州，国威起师御之，琏为前锋，败贼于黄沙驿，击降贼党唐苗子，遂复永州。

隆武元年，国威挟靖江庶人反，琏见胁迫，不能自拔。庶人劫瞿式耜，式耜不屈，将遇害，琏说国威营护之，得免。因密与式耜谋，阴遣人报丁魁楚、陈邦傅，扼之于梧、肇间。两军相压，琏挟式耜从中起夹攻，斩国威，擒靖江庶人，琏功第一。邦傅善事魁楚，得首叙，代国威为平蛮将军，而琏加副总兵衔，协守桂林。

永历元年二月，粤东陷，上幸桂林，加琏总兵官、都督同知。已而上自全州幸武冈，琏扈跸至全，甫归，兵由阳朔上，直抵桂林，入文昌门。琏未释鞍，即与巷战，搏斩冲锋者数十骑，乃却，屯阳朔。琏保孤城，粮濒尽，清兵复来围，琏誓死登陴守，寻启门出接战，鏖斗两日夕，敌衄退，琏纵兵蹑之，遂收阳朔。十一月，上自象州复驻桂林，录前功，加琏太子少师、左都督，封新兴伯。未几，楚师溃，皆退屯桂林。琏恶其逼，移屯阳朔，攻平乐，复之，留守平乐。

永历二年春，清兵破全州，上奔南宁。郝永忠大掠桂林。自全至桂三百里无人迹。敌乘虚直扣桂林北门，瞿式耜急召琏自平乐返，昼夜驰至，未释鞍，与敌骑遇于北门，巷战搏斩十数人，距闉固守。会胡一青救至，琏与一青歃血誓死，出城力战，破之于北关，又破之于甘棠渡，追及于大榕江，压敌而阵。方会战，大风起，霾雾障天，琏率死士呼噪乘之，敌惊，弃营走。琏遂与一青随何腾蛟围全州，攻下之。会攻永州，十一月，拔之。楚师大集，兵冗粮匮，琏归屯桂林。论功，晋封新兴侯。

琏敢战耻走，身为士卒先，而与诸将交，谦让不竞，诸将皆安之。恶陈邦傅之奸懦也，而阴戒部曲不得与争。曹志建尤驿戾，日寻诸将相牴牾，独敬爱琏，与相亲好。自隆武来，武帅或假便宜，因之骄横，往往廷参监司，鞭笞守令。琏遇文吏，不失中朝旧制，州县皆亲诣署报谒，有所征会，以咨移手本行事。尤敛束部兵，于民无扰。恂恂如文吏，言笑和煦，而时闻寇警，则蓐食驰赴，不畏危险。顾以粮饵不给，兵不满万，故不能成大功。

永历三年春，湖南复陷。赵印选、胡一青、杨国栋、马养麟之兵聚保桂林，粮益乏。琏曰："桂林固吾汛地，然诸帅至，有客主谊，空营舍为诸帅居，悉桂赋为诸帅食，吾礼也。”遂屯平乐。

永历四年，上幸梧州。琏入见，会诏狱起，琏抗疏言：“金堡之忠邪，臣不敢知，但楚、粤、黔、蜀诸将，下至厮养贱卒、编户细民，莫不以堡为直者。陛下欲收人心，而亟罪堡，似不相应。”疏入，报闻。琏乃移书马进忠、赵印选、曹志建，言堡忠直，宜为代理。诸将韪之，皆争救堡，堡得减死论戍，琏先发之也。已而式耜表其历战功出诸将上，徒以不为竞求，爵列诸将下，非驭臣之道。乃晋封宣国公。

孙可望据伪敕称王，胁诸将降附。琏移书诸将，请公疏攻私王可望者，因合兵责可望，削号归命，不从，则奉天子讨之。方振旅待命，会清兵攻破镇峡关，曹志建大败，收残兵保贺县，告急于琏。琏星驰至贺，与志建会。以上驻梧州，琏结志建连营犄角，扼敌攻梧道。十一月，孔有德陷桂林，马蛟麟自恭城攻平乐，陷。琏乃东南走，渡昭江，屯平、浔间。陈邦傅自肇庆旋兵，将降，伪遣使约琏合兵保浔、南，密发兵夜袭其营，琏败，遇害。邦傅以其首降于清。

胡一青，云南临安人。赵印选，其中表兄弟也。一青本名一清，隆武中□□□□□，改名一青。一青短小轻捷，尤长于马槊。腋挟二槊，飞掷三十步外，中重铠，皆洞中，追及夺槊，迭掷迭夺。每驰陷阵，辄手殪数十人以为常。所乘马号沙兔子，高不满五尺，腾蹑辄度万马前。而印选故为里魁，雄长诸土汉。

弘光元年，御史陈荩巡按云南，事竣，复命，因言云南故有贮帑银二十万两，为不虞赀，请发此金募滇兵入卫。敕如其请，遣之。荩，大名人，以崇祯辛未进士，历官台端，性简傲，戎事非其所长。因临安推官朱寿铢展转召募，阅岁余，乃募兵五六千人，土汉各半，多骁勇士，马仗皆精好，以胡绍虞为总统，印选副之，而一青为偏裨，未为荩所知。荩闻南都陷，意趑趄，留连黔、楚间。

隆武二年，更奉敕促赴闽。荩乃率兵出湖南，亦踌躇无趋阙意。何腾蛟欲留之协守长沙，荩傲岸，与腾蛟意异，东去。过吉安，万元吉留之守吉。居数月，荩方遣印选率一青屯安福，刘良佐、高进库以清兵数万围吉安，元吉请荩出兵击之，绍虞登堞睨敌，恇惧坠地。一青闻吉安被围，自安福率轻骑驰归，蹂良佐老营，斩杀披靡，敌半歼，转战至城下，围城兵忽溃走，城中犹不知。俄一青跃马追击大呼，城中出兵夹击，追奔十余里，吉安围解。绍虞愧诎，让一青为总统。一青以印选齿长，声望较重，以让印选。印选肥钝，实不能战，倚一青为重。王永祚者，少于一青，慓悍亚之，一青尤与永祚相得，而营务则推印选。印选顾睚眦自尊，一青安之，以是滇营称和辑，临敌无贰心。

是年冬，清兵大举攻吉安，元吉、莀先以言语相触忤，莀引兵退南安。吉、赣陷，元吉死之。莀零落失意，率诸军居郴、韶间，郁邑死。印选、一青无所听命，欲解甲归滇。楚、粤诸将欲并得之，转战至永州，顾梗阻孤危，乃请命于何腾蛟。腾蛟大喜，收恤之，为奏授印选、一青各副总兵，屯永州待调。已而湖南陷，上居武冈，腾蛟入见，印选、一青亦率军至，刘承胤欲致为己属，诱胁备至，一青、印选治兵屯武冈郊外自保，睥睨承胤肘腋间，承胤不敢谁何焉。敕召入见，赐号“御滇营”，皆授总兵官、都督同知，挂将军印。承胤怨腾蛟，不遣出师，腾蛟奉敕不能行。印选、一青乃拔营起，护腾蛟出，承胤发兵追之。承胤兵至，一青下马揖追兵曰：“吾兄弟荷刘公宠遇，岂忍相背。特督相奉诏出图恢复，吾义当从。愿公等返报刘公，他日当有以相报。若必欲邀我者，则今日与公等并命于此尔！”遂上马挟槊，火炮齐发，军以次行。一青缓辔殿，追军莫敢前，遂由间道达义宁。

桂林溃，瞿式耜率焦琏入城婴守，请援于腾蛟。腾蛟以印选、一青至，大败清兵于北关。追及之，又败之于甘棠渡。皆一青陷阵，手馘数百人。追至大榕江，两军相接，清将线国安与一青交马，国安举刀斫一青，一青从胁下持国安。国安惫，拔刀将斫。会救至，国安乃脱走。会大风，尘蔽天，清兵惊溃，一青尽夺其马仗幕帟。轻骑追蹑之，清兵走楚。一青遂会印选、琏攻全州，大战于飞鸾桥。一青跃马飞槊，敌尽披靡，大败之，众几歼，遂复全州。进围永州，余世忠出兵拒战，一青屡大败之。军中获谍者，得密书，知清将魏□□自宝庆来救，一青自帅兵伏于文明铺待之。寇至，夜安营竟，猝起攻之，斩获无算。纵所俘入城告败，世忠溃围走，复永州。一青遂攻衡州，下之。腾蛟列上其功，封印选新兴侯，一青兴宁伯。

腾蛟下湘潭，留一青守衡州。腾蛟败没，一青请援于印选。印选坐桂林，不为出，分遣偏将扎祁阳，为虚声应援。一青与王永祚合，薄清兵于衡山，败之。已而敌大至，战青草桥，不利，乃退入严关。一青所将滇中骁卒转战三年，死伤过半，益招楚、粤间新兵万余人，印选所募近二万人，永祚亦五千人。蒲缨，亦滇将也，与合营，亦二三千人。然脆弱，徒为冗食，类不能战，威亦挫矣。印选以总统论功，封开国公，益骄蹇。廷议不平，式耜乃奏晋一青爵卫国公，封永祚宁远伯。

一青朴率无威仪，言多造次，而恭谨不骄。在军中，能茹荼苦，坐卧草泥，食糗，饮浊水，自如也。印选开帅府于桂林，拥歌舞自奉，恒踞嫚待一青，一青亦弗较。每出师，一青辄先驱，印选乃遣部将尾之。桂林地褊赋薄，饷饵不给，式耜措给其军，印选取赢自给，次乃及一青、永祚。一青比岁扼全、永，不获已，野掠而食。

永历四年夏，式耜催诸军出楚，一青独与永祚及马养麟围永州，将拔之。会孔有德复南犯，清兵大至，一青乃全军归垒严关，与有德前部相持不下者五月。野无所掠，兵皆馁，采菽以食。一青驰归，泣告之印选，印选弗应。会于元烨以其女许配永祚，既纳采，永祚说一青戴元烨为督师，元烨遂以滇营戴己自陈，晋枢贰，督楚师。印选知之，乃蛊元烨令改妻己。元烨叛永祚盟，以适印选。永祚怒，欲刺杀印选，一青劝止之，而永祚称病，卧桂林不出。一青孤军与敌相拒，印选方盛饰迎元烨女，置疆场不问。一青恚甚，欲弃桂去，式耜强挽之。十一月，孔有德攻榕江栅垒，一青方拒战间，印选遽撤诸军，护其妻走柳州。一青惊遽，乃弃垒去。桂林陷，永祚遂降。印选既老悖狂惑，部曲解体，失众以死，而一青失永祚，又累挫衄，亦不自振，退左江土司中。孙可望僭逼猜杀，一青不欲为之下。李定国军南宁，将迎上攻云南，请一青为向导。一青为导，自泗城州进师，然不肯与定国偕。屯聚既久，众益散，为清将全节所困，乃披剃为僧，求与其徒种山而食。居数年，线国安以榕江之怨，遣兵就其山攻之，遂见杀。王永祚既降，复为僧，逸去。见擒，孔有德缢杀之。

卷九　马卢二王列传　马维兴附

马进忠，字葵宇，陕西延安人。本起群盗，号“混十万”。崇祯十年，掠汝、洛间，左良玉蹙之于高坡，进忠降，隶良玉部。屡立战功，与金声桓、惠登相、王允成、李成名为外五营大校，号“大马”；其从子维兴为偏校，号“小马”。进忠历官副总兵、都督同知。

弘光元年，随良玉东下。良玉死，左梦庚降清，下令所部皆令纳款。进忠结王允成、卢鼎退屯江、楚间。已而知何腾蛟开府湖南，进忠南奔赴之。过武昌，左营苏、常、马三将既降清，受命守武昌，允成疑，不敢进。进忠与鼎以舟师直泊武昌城下，遣刺与三将相知闻。稍定，即轻骑诣三将，皆不测其意。三将诣舟报谒，因微词劝降，进忠笑颔之。留饮，笑语如居平。乃遣飞舸促允成先发。酒阑，三将又劝之降。进忠勃然曰：“吾与宁南侯大小数百战，惟不忍负朝廷耳，今安能随狂竖子作降将军乎！何抚台开府长沙，拥戴新君，吾将就之。他日以一矢与公等相见，何如？”揖三将起。三将惊愕失色，遽登岸。进忠舟炮三发，万艘齐乘风挂帆，笳鼓喧沸，舳舻蔽江，三将婴城不敢追。

既抵岳州，腾蛟大喜，遣章旷迎劳之。旷与洒酒誓众，遂驻岳州。会闯部新附，掠巴、湘间，进忠粮尽，移屯洞庭之南，岳州空，遂陷。进忠与允成攻复之。是冬，腾蛟出师不利，退保湘阴。王允成寄帑于湘潭，卢鼎随腾蛟至长沙，进忠孤立，乃移屯洞庭之西，就食沅江。故左营将杨么降清，以舟师将犯常德，进忠伪与通好，擒么斩之，纵兵击降其众。腾蛟上其功，升正总兵，挂将军印。

永历元年二月，长沙溃陷，进忠退屯常德。夏，上大封诸将，封进忠武昌伯。是秋，孔有德攻常德，堵胤锡弃城去，进忠亦走，屯永定卫山中。二年，复攻常德，拔之，抚民，储粮，通商，治城郭，为守常计。王进才自土司出，拔桃源，进忠与合营协守。已而清金固山以援兵万余骑由荆、澧来攻，别遣舟师自洞庭入沅江西上，进忠侦知之，遣前部迎击，小却。敌屯麻河，进忠拔营誓师急进，距麻河十里，率骁将马维兴、杨进喜、刘之良轻骑觇之。敌骑漫野，甲光炫日。进忠退与诸将计，令骑兵皆下马，断长矛之半为前锋，巨斧继之。进忠步持矛，与之良先登，按清营，大呼奋击，以短矛从下理甲叶刺之，皆洞中仆死，万斧继进，敌披靡溃走。纵骑兵为两翼旁击之，敌众皆歼，收获马骡、甲仗、帟帐巨万计。既而敌舟师不知骑兵之衄，溯流抵德山。进忠禁城中烟炊，敛兵堕守，杨国栋伏抄其下流苇岸中。敌舟觇城空，亟进，既泊，进忠兵四起，夺舟奋击，众皆惊降。或有逸者，国栋截流邀击，尽俘获之。自南方兴师以来，推麻河功第一。事闻，晋爵武昌侯，加太子少保、左都督。清将马蛟麟守辰州，闻麻河败，意大慑。进忠与御史郑古爱谋折简招之。将下，会堵胤锡入蜀，以忠贞营至，猝压沅江北岸，欲夺城并其军。部将请御之，进忠曰："制相在军中，有王命在，不可以争。制相既不足与同事，惟舍此去，就督师于湖南耳。"乃焚刍粮廨舍，从间道趋湘乡，欲安插其孥。湘乡故无城，遂南走衡州。会胡一青已拔衡州，城守，部将欲即屯衡州，进忠曰："吾既与堵公离，不可以再犯督师。"因遣骑报督师，期会于湘潭，而退湘乡以待。天大雨雪，粮刍扉屦尽，举军皆怨。进忠愤甚，令诸军索粮屦于民，曰："使百姓戴堵公恩！"遂大掠衡、湘间。王进才、张光翠因之各恣焚杀，尸横五百里。

腾蛟于永州闻进忠弃湖北掠湖南，大惊。永历三年正月，遂单舸下湘潭，下令禁掠杀，军乃小戢。进忠率千余骑谒腾蛟于湘潭，忠贞营攻长沙不克，亦沿湘而上，进忠疑，沮留其军于湘乡，独与其所率千余骑随腾蛟居湘潭。久之，胤锡率忠贞营东渡湘、渌，号援江西。进忠方调其军下湘潭，清五王子帅重兵猝至，杨进喜巷战死，腾蛟被执，进忠军惊溃夜走，退屯宝庆。进忠既与胤锡有隙，腾蛟又丧，军无所统，廷议遣督师，不决。进忠进止无据，徘徊宝、武间。万年策陛见，请理进忠军，授部院衔，总督之。年策庸懦，不敢入楚。是年秋，清兵复陷武冈，进忠退屯古泥。上追纪麻河功，晋爵鄂国公，加太子太傅。诏遣吴李芳、郑古爱督其军出楚，皆不赴。

永历四年夏，进忠乃自八十里山出屯兴安之西延镇，请进止。是冬，赵印选弃全州。清孔有德遣马蛟麟攻进忠于西延，大战三昼夜，斩杀相当，粮尽退走，复出靖州，取道奔贵州。桂、梧陷没，上奔南、太，进忠无所禀承。孙可望矫制称总统天下兵马，召进忠，进忠不审真赝，举军就之。李定国出黔，得进忠军，大喜，与偕下黎、靖，大破清将张国柱、许承宠之兵于靖州。进忠为左翼，功最，遂复宝庆。已随定国攻桂林，孔有德城守不下，进忠呼王允成凭堞语，允成遂开门延定国入。定国下衡州，进忠与冯双鲤攻拔长沙、破岳州，军声大振。进忠故忠挚，不欲受可望命，与定国密谋尊天子，双鲤忌之，密以告可望。

永历六年冬，清五王子之兵大举压长沙，定国令进忠退伏白杲市，诱敌过，掩击之。进忠报如令。将至白杲，可望遽飞檄调进忠旋师宝庆。定国战衡州，待进忠不至，遂惊溃，长、衡复陷。可望至武冈，召进忠见。居数日，谓进忠曰："马将军久行间，积百战，亦劳矣。吾欲息之，姑令将吾护卫步军，而以尔所将骑兵俾双鲤、维兴代将之。”进忠愕眙出，双鲤、维兴已分并其军矣。进忠愤恚，以病辞。可望亦无意复用之，令养疾贵阳。惋憾成疾，卒。维兴狡狯无恒，宛转可望、定国间，躐爵至郡王，终降于清。

卢鼎，陕西西安人。杨嗣昌知长安县时，鼎父以老儒生为其塾师，愿谨为嗣昌所爱重。鼎亦粗习儒，用援辽事例，纳饷充附学生。父死，鼎稍事游侠，家益落，黜学籍，不自振。已闻嗣昌官中枢，权势烜赫，鼎北走见之。嗣昌以故人子深相慰藉，问其所欲，鼎愿占武籍，嗣昌予以都司部札，随部效用。已而嗣昌以枢辅督师出，鼎随营自效。嗣昌谓其无搏战材，加授参将，为行营正纪，整饬军政。嗣昌威望赫艴，诛赏不旋踵，鼎凭借威令，诸军咸惮之，以是得整肃名。顾鼎亦朴重，无儇利心，稍自能，为诸将所重，左良玉尤雅爱之。嗣昌败没，鼎无所归，良玉征入己幕下，仍用为正纪，题授副总兵，翕然推重，良玉所部四十八营，皆心折焉。时鼎未有部曲，良玉乃以贼中降将武自强、白良辅各千余人配之。自强者，于贼中号“小秦王”，尤骄戾者也。鼎亦自募得千人，遂成一军。

良玉屯武昌，稍病，军政进止，委其子梦庚，而心忧其狂，使鼎副之，奏授都督佥事。鼎以是频用军事与何腾蛟相酬酢，腾蛟亦加礼焉。鼎愿朴，不习于谖谲，良玉之东下也，梦庚与黄澍谋甚秘，未深遣鼎，知鼎意亦弗善也。兵至九江，良玉死，鼎趑趄不进。梦庚降清，鼎去梦庚远，梦庚不能制。鼎乘风张帆，尾马进忠后，求腾蛟于湖南。腾蛟令守湘阴。鼎初隶杨、左，监护诸军，未尝特将，无战功，喜儒术。令其子子和寓籍襄阳，为弟子员，已而充贡。鼎既巽懦，矜声誉，为自强、良辅所积轻，名为部曲，无能率也，进止惟二将意，遂自湘阴退屯长沙。腾蛟又遣守茶陵。江西寇至，不能御，复退屯衡州。二将益桀骜，虔刘士民，欺长吏，为荼虐，鼎深恶之，无如何，往往以词色相诮诘，二将皆怨恚。

永历元年夏，湖南陷，鼎走桂林，郝永忠与相厚善。鼎以二将不用命语永忠，永忠曰："吾当为兄处此。"因大会诸将校，永忠至，鼎怒责二将，叱擒斩之，永忠故从旁劝沮，各杖之五十。二将畏永忠，忍受杖。鼎乃率军出严关，冒雨衣蓑笠，入敌垒间哨探，乘栅昼夜守，二将不敢却避。瞿式耜、严起恒皆倚重之，屡敕褒美，加总兵官、左都督，封宜章伯。已而永忠掠桂林，走柳州，鼎惧二将叛降，亦退屯义宁。永忠日益西，鼎孤无援，二将深怨鼎，谋欲杀鼎。子和由职方主事屡加佥都衔，自监其军，稍依瞿式耜为重，诸将栉比，二将莫能逞，然坐食柳、桂间，邑邑无生气，鼎忧愤成痿疾。亦以宿将故，晋封宜章侯。永历四年冬，桂林陷，自强、良辅挟鼎走。明年春，遂夜起围鼎及子和，戕杀之，举家无噍类。良辅降于清，自强去依忠贞营，死于西山。

王允成，字乐安，辽东人。以行伍起家，隶左良玉为副将，号“铁骑王”。左梦庚降清，允成与马进忠逸，上岳州就何腾蛟。腾蛟令守岳州。

允成虽宿将，而屡见摧败，志气沮茶，不能有所捍御。腾蛟出师不利，马进忠屯湖西，允成遂退屯湘阴，寄帑于湘潭，为趋避计。时腾蛟粮饷不给，征义饷于民，过旧税三倍，复开告讦罚饷，倾殷富产。诸将效之，札弁四出，召募奸民，旦裹抹额，夕掠邻右，湖南千里，炊烟几断。前佥都御史益阳郭都贤伤之，为《咏雪》诗云：“四望郊寒连岛瘦，一天白起奈萧何！”何腾蛟闻而衔之。时都贤隐居安化之石门山，莳花种秫，颇有佳致。腾蛟一日谓允成曰：“吾病固不能任劳剧，旦夕思休。安得如郭天门营石门，积金粟，可赡数万人支十年，山径险绝，敌即至，不能攻入，任痛饮，拥姬妾，坐待太平耶！”允成闻之，日夕思据石门结寨。

永历元年春，上大封诸将，允成封岳阳伯。未几，清兵南犯湘阴，允成遽拔营走，掠湘乡而西，将据石门。已乃侦知都贤所居，茆庵槿篱，无足据者，遂趋溆、沅间。清兵攻湖北，允成与沅抚傅上瑞谋遣人纳款，举营不知，一夕忽下令剃发，所部皆惊恨哭骂，逃散过半。允成隶孔有德，以委顺为有德所怜。永历六年，随有德驻桂林。李定国围桂亟，马进忠呼允成，允成不敢应，走告有德，有德愕然，良久曰："汝姑出应之，观彼何所云，以报我。"允成凭堞与进忠语，进忠令劝有德降。踌躇间，城中火起，有德自焚死。允成乃启西门纳定国兵。允成因言有德以九王子故，亦怨清，欲反正，其迫之死者，白虾子也。允成部无一卒，隶定国供使令，定国尤轻狎之。允成郁抑不得志，惟进忠时收恤焉。是冬，定国与清兵大战于衡州，允成死乱兵中。

王进才，李自成别部之偏将也。弘光元年，随自成渡江。自成殪，其营主帅亦死，部贼无所统附，以进才长大多髯，推之为长。游掠武、岳间，焚杀尤暴，尸横数百里。已而就何腾蛟乞降。时降贼数十万，长沙地褊粮少，腾蛟不能安插，诸降将皆受命，已即渡江去。进才以故于贼中为偏裨，不为高、李诸部所齿，独留屯湘阴，奉腾蛟稍谨，腾蛟深信爱之。兵不下一二万人，多驻悍习战。顾进才肥重昏庸，不耐骑射，所部亦不听其约束，翱翔巴、湘间。腾蛟为奏授总兵官、都督同知。

清兵南犯，进才大掠长沙。与王允成合营，南走溆、沅，结允成为婚姻。允成故辽人，于虏中有因缘，其降也，秘不遣进才闻，进才惊奔黔阳西。马进忠复常德，进才亦出屯桃源，进攻辰州，累为马蛟麟所挫。已而进忠弃常德，趋湘乡，进才骇愕，不知所出，亦南奔宝庆，纵兵大掠。宝庆复陷，进才走黎、靖，转掠沅、黔间。

始，马进忠与王允成合营南来，号“王马”；允成叛降，复与进才合屯湖北，亦号“王马”。然允成疲于战，有异志；进才葺懦，所部多健儿而不能任使。进忠凡三大战，二王皆无一矢之助。进才屡封襄阳侯，永历四年，介詹事唐诚入请，进封襄国公，与进忠等。进忠不悦，诉之张同敞，同敞为请金章铁券，以示殊异。自隆武来，朝廷无劝沮之计，封拜官爵，皆以兵力多寡、通奏疏数、推荐有无为率，而不论其战功，彼此递相增高，虚名浮滥。故楚、蜀、黔、粤合兵近二百万，精锐者不下三十万，而离逖溃散以至于亡。进才由黎、靖入黔，为孙可望所胁，夺其军。进才仅统百余人，为可望效用官。未几，杖杀之。

卷十　曹杨张列传　马养麟　黄朝宣附

曹志建，字光宇，浙江温州人。少落魄，居南京，传邸报以食。已而应募为楚抚方孔炤材官，稍以功次札授至参将。御史刘熙祚巡按湖南，用为中军，札加副总兵。遣募兵衡、桂间，得二千人，与守长沙。长沙陷，志建随熙祚走永州，贼追及之，志建舍熙祚宵遁。熙祚见执，不屈，见杀。志建走永明之镇峡关，将入粤，粤人拒之，乃据关拒守。

已而张献忠入蜀，志建收永明、道州、江华，谒沅抚李乾德，听部署。乾德不能令，志建屯衡州。何腾蛟开府长沙，志建与黄朝宣交恶，腾蛟方宠任朝宣，乃檄志建援江西。志建怨恚骄戾，攻杀远安郡王于郴州，腾蛟不能问。已至吉安，会吉安佃客奴子作乱，号“铲平王”，劫杀主人，江督万元吉檄志建讨平之，以功授总兵官、都督同知。凡贼所掠金帛器贿，志建尽获得之，以是富甲诸将。居江、楚界，无斗心。

吉、赣陷，志建退屯郴，就饷于腾蛟。湖南继陷，志建习镇峡关险僻，为不争之地，仍退据之，益募兵凡数万人。

上居桂林，倚志建扼平乐，封志建保昌伯。何腾蛟复全州，檄志建出师。志建乃攻复永明、江华、道州、宁远。会腾蛟围永州，与清将余世忠战，屡挫之。自叙其功奏上，晋封保昌侯，敕赐便宜行事。志建遂建置守令，尽收永属租税为己用。腾蛟所委郡邑有司及部选者，皆遏抑不听入境。又遣偏将欧正福收复桂阳、郴州，建官征粮如永州。腾蛟窘怒，上言："上初践阼时，敕臣为御中军，总理天下兵马钱粮。今臣蹀血行间，诸将颉颃不受节制，臣乃思王言久而弥新，请遵前敕。"志建恚，乃尽褫其衔，凡章奏皆自署"戴罪立功自愿为民臣曹志建"。每对客言："吾宿世为燃灯佛师，瞿昙、李耳、仲尼皆吾弟子行，况今之坐而自大者，曾何足比数也！"其狂嫚如此。

永州下，志建怨腾蛟，尽敛其兵退屯宁、道、郴、桂间。腾蛟没于湘潭，乃遣部将惠延年、欧正福下衡州。已而堵胤锡以忠贞营之兵败于衡州，南走郴。志建劫胤锡于路，杀胤锡部将王一宾，坑其卒三千余人于道州，胁胤锡至镇峡关，窘辱之，将加害焉。瞿式耜遣太仆少卿张尚、给事中吴其靁抵关谕解之。会富川义侠何图复间道迎胤锡至其寨，资送诣阙。志建怒，举兵围其寨。图复固守，杀伤志建兵甚众，连兵八月不解。诏遣锦衣卫指挥吴继嗣谕志建罢兵。志建訹继嗣诱图复释兵，诣志建谢过，遂磔杀之。破其寨，杀掠无遗。

惠延年者，素忠鲠，与志建意异。胤锡之逸也，延年与知之，志建含怒，思杀延年。会清小王子率众攻镇峡关，延年曰："吾死曹公手，无宁死虏手！"乃披坚陷阵，自辰至申，战数十合，杀伤相当，延年死之。小王子力尽退走，而志建之精锐亦尽矣。马进忠以麻河功晋封鄂国公，志建援以请晋封永国公。嗣是，诸帅无不公者。镇峡关四面皆瑶，志建始至，稍以恩结之，颇相倚以安。及志建兵益众，遂陵轹诸瑶。

永历四年秋，清孔有德来攻，舍永明县，由间道径趋关下。志建方督众力拒之，群瑶导有德自寨后绝壁下，众遂惊溃，士卒死者万人，志建仅以身免。有德收其精金百万计。志建走贺县，焦琏往赴之，资其器备。志建收余众尚二万人，据山作寨，益怏怏不逞，鞭杀中书舍人刘大朴，械监军佥都御史朱嗣敏。嗣敏邑邑死，志建亦病没。部将汪大捷、雷兆圣、欧正福拥众自保。李定国复湖南，大捷，以师附之，随入滇，不知所终。

杨国栋，四川成都人，字瑞宇。自云籍本新都，故相杨廷和之族孙。少应募，从征奢崇明，为把总。已隶熊文灿为材官，渐积功次，以援剿参将领马步军千余人，从郧抚王永祚守襄阳。李自成破襄阳，国栋南奔，王聚奎檄召守长沙，为张献忠战败，因与参将汤有光走郴州，保吉王入广东。张献忠入蜀，国栋偕有光收郴、耒，遂北屯长沙。

国栋武勇不足，而于诸将中独自检束。好声誉，喜文雅。曾随邓玘援剿，慕玘之为人，驭兵严，不令侵苦百姓。时楚贼新退，抚驭无主，诸军星散，畏左良玉之相并，皆屯湖南。沅抚李乾德无远计，奏请尽蠲民粮税，而不虑军食之无资，故诸军皆寄食于民，不餍，则掠民以食。国栋独严禁其军，樵采不敢出郭，部卒以是大怨之，大哗而逃。国栋失军，闲居长沙，堵胤锡雅重之。及南都陷，胤锡解学政，募兵勤王，聘国栋为总统。国栋募兵湖北，有马数百匹，卒三千人，胤锡题授署总兵官、都督同知。从胤锡攻荆州，不克，退守常、澧。上即位，擢总兵官，挂镇朔将军印。常德陷，国栋从胤锡与马进忠屯永定卫。国栋与牛万财据山而守，清游骑来攻，辄击却之。马进忠出师，国栋、万财尾其后，与收常德。麻河之战，清舟师来攻，国栋伏下流要击，大有斩获。胤锡承制镂印，填空头敕，封国栋武陵伯，数月乃上闻，廷议从之。进忠兵溃而南，国栋亦南奔屯邵阳山中。时胤锡别用王一宾、彭嵩年、向文明为亲兵，国栋自为军，不随胤锡进止。湖南复陷，国栋退屯桂林，瞿式耜安插之，授饷，国栋遂依式耜。式耜奏晋武陵侯。国栋和谐，喜与诸文士交，恂恂自下。部卒贫枵，菜食不给，多为诸营佣保，国栋约束之如故，所至不为民患，然以是亦不能得士心。常退朒，未尝与敌一相当。

永历四年，清孔有德犯桂林，国栋与马养麟守海阳山。有德攻大榕江，望国栋旗垒而过之，径捣桂林。国栋乃走柳州，已扈上入南宁。孙可望劫上入安隆，国栋依土司结寨自固，为清兵所拔，死之。

马养麟亦自柳走南宁，为追兵所围，战不胜，死之。养麟，湖广郧阳人。从何腾蛟为副总兵，复东安、祁阳，转战衡州，有功，官都督同知，封蓝山伯。

张先璧，云南临安人。应募随总督尚书傅宗龙军前自效，稍积功次，为援剿参将。随楚抚宋一鹤守显陵，加钦依副总兵。承天陷，南奔武昌。张献忠破武昌，先璧走岳州。王聚奎巡抚湖南，聚援剿兵十三营守长沙，先璧其一也。先璧所部近三千人，号“滇奇营”，颇习战。与张献忠战于罗塘河，先璧陷阵有斩获，贼稍退，蜀将孔全斌遽纵火溃逃，先璧乃走，自宝庆入武冈，依刘承胤。承胤待先璧不以礼。已而李乾德檄同承胤攻复宝庆，先璧军先登，承胤尤忌之。乾德抚偏沅，承胤其属也，奖承胤抑先璧已甚，先璧无所容，怨乾德，率其兵东下，屯茶陵。乾德无以抚辑之，先璧亦因不听命，自募兵就食民间，大为民扰。何腾蛟开府长沙，调先璧。先璧自为乾德所不恤，饷运绝，掠野而食者两年矣。腾蛟饷之，先璧遂依腾蛟。腾蛟议出师武汉，调诸将，先璧与承胤皆集长沙。先璧以宿隙因事与承胤竞，腾蛟右先璧，承胤怒，归武冈。先璧惧承胤之终图己，益召募兵逾五六万，多为营号，以抗承胤。然大要皆窳农叛仆，固不习战。

隆武二年，思文皇帝欲出楚，腾蛟分遣先璧及郝永忠为左右部，率师迎驾。令先璧自攸县出永新，与永忠会于赣，题授总兵官、都督同知。然腾蛟实不欲先璧行，遂次攸县不进。永历元年，长沙溃陷，先璧西走宝庆，刘承胤疑其图己，遣兵御之。先璧畏清兵追，不敢与承胤较。趋新化，走溆浦，入沅，上疏自理，言："臣无仇承胤心，且不敢犯辇毂，方思与承胤洗心洒血，扈陛下于艰危，而承胤猜忮狠毒，迫臣于险。臣心无以自白，请与承胤面质。"承胤执其使磔杀之。马吉翔阿承胤意，矫旨切责先璧，先璧由是益骄恚，屯黔、楚间，偃蹇不通奏谒。武冈陷，承胤降，上乃降敕联络先璧，封南宁侯。

湖南复，先璧望腾蛟之招致，已而腾蛟方为湖北溃兵所嬲，不及调用。腾蛟没，先璧益无所望，朝廷无以收之。先璧拥众据镇、沅，夺民田以耕，日与苗夷相仇杀，日益疲。孙可望出贵州，矫敕征先璧，先璧遂附于可望。永历六年，随刘文秀出蜀，攻保宁，结筏为桥济师，令先璧断后。先璧弟先轸患其兵之退怯，斩筏桥而不以告。清援兵至，文秀粮尽退师，将据水南结垒，桥已断，兵汹惧。清兵乘之，大败，溺死者无算。文秀械先璧归见可望，可望杖杀之。

黄朝宣，亦临安人。魁岸有膂力，与张先璧俱为傅宗龙亲兵牙校，有卒千余人。宗龙陷没，展转诸督抚间，稍立战功，部曲渐众，为援剿参将。随宋一鹤守显陵，号“滇广营”。承天陷，奔武昌，楚王留之城守。张献忠攻武昌，朝宣与牟文绶迎战于新南门，杀伤相当。俄而城陷，遂走湖南，王聚奎与守长沙。长沙溃陷，朝宣与先璧连营奔武冈，与复宝庆。刘承胤忌之，谮之李乾德，乾德不为恤理，驱令屯衡州，候调遣。乾德至衡州，闻京师变，恇惧，遽归沅州，置朝宣不为安插，朝宣不知所适。

先是，攸县贼刘夯保据燕子窠，下湖南兵巡道高斗枢讨平之，地为瓯脱。至是，有告朝宣形胜者，朝宣遂往居其中，益召募结寨自固，渔食湘东诸邑。何腾蛟至长沙，朝宣以军来谒，腾蛟喜，行拜将礼，命为总统。朝宣遂骄恣，札牌四出，募兵官日几数千人，菜佣尪仆皆收为兵，殆将十万，田野为空。长沙既重兵屯集，朝宣畏其逼，而腾蛟意移，待朝宣出诸将下，朝宣乃自请出袁、吉，为长沙东护。每月辄驱疲卒万人掠萍乡、永新、万载，遇敌则歼，又招疲民补之。上即位，王、马、卢、张、郝皆用腾蛟荐挂帅印，充总兵官，朝宣不与荐列，上特敕授署正总兵、都督佥事。朝宣怒，迁怒于民，谓民之讼已，以致腾蛟之轻也。民稍触其怒者，即磔剥之，腾蛟不能问。

永历元年二月，长沙陷，清兵直取燕子窠，朝宣弃营走衡州，遣使诣孔有德纳款，约屯衡州以待。有德至，朝宣不时迎，又尽髡其发，有德丛矢射杀之。朝宣初以勇健闻，历数十战，视诸将为最，乾德、腾蛟先后操纵失所，因遂骄窳。黄州黄惟锻本猾吏，教之募兵为虐，民受其毒者倍张先璧，故其死也，民皆快之。

卷十一　金王李陈列传　李元胤　刘克安附

金声桓，字虎符，陕西榆林人。起群盗，号“一斗粟”。拥众万余，降于左良玉。良玉部四十八营，声桓为之长。弘光中，授总兵官、都督。寻随良玉东下，与左梦庚俱降清。同刘良佐、高进库攻陷南昌。隆武二年，陷吉安、赣州，良佐还师，授声桓提督江西右都督，与王得仁守南昌，别令高进库守赣州。

声桓部卒约三万人，王得仁众将五六万，马数万匹，甲械精好。声桓居恒邑邑思本朝，间与得仁言，辄欷歔不自禁。得仁故父事声桓，闻言亦泣下。永历元年夏，得仁遂举兵，杀清总督、巡按，镇守□□兵皆歼。声桓望西南拜表反正。先是，思文皇帝遇难于乱军中，存亡未著，民间犹传脱走入粤。得仁与姜曰广所假敕，犹称隆武三年，封声桓豫国公，拜征虏大将军。已而收吉安义军，乃知上即位于粤，遂遣幕客雷德复入奏。声桓故随良玉驻武昌，何腾蛟尝题叙之，至是，命德复便自楚报腾蛟。时上在南宁，楚、粤道梗，德复以章奏藏佛经梵夹中，自为僧装，间行达桂林，见腾蛟。腾蛟惊喜，即填空头敕，铸银印，间道遣使，仍封声桓豫国公，总督南浙江闽，便宜行事。使先达，声桓拜命。已德复至南宁，诏封声桓昌国公。声桓曰："吾以豫国举义，人但知有豫国而不知有昌国。"辞后敕，请如腾蛟敕。上许之，为加敕行。

声桓既反正，乃遣使谕高进库，以属礼下符檄。进库怒，守赣州不下。声桓复遣客至武昌，劝清总督罗绣锦降。时孔有德还师，去楚未远，绣锦以为疑，然已密遣优人具冠带袍笏矣。声桓兵势强盛，江右人士习夸大，四出呼召，闽、楚、南畿皆震动。王得仁欲出屯九江，胁降楚帅，固守江面。声桓曰："进库未顺，行且蹑我后，当收赣而后北出师，为万全。"遂南围赣州。进库已间道走蜡书请援于清，得报命，益婴城守，弥月不下。十一月，清谈泰率八固山之兵抵安庆，九江守备单弱，遂得渡江。广信、饶州复陷，遂进攻南昌。声桓大惊，遽撤赣州围，留刘一鹏守吉安，盖遇时守袁州，扼赣州兵，而己与得仁驰归南昌。

部署未定，虏已傅城下，声桓与曰广谋，赍发吴宗周诣行在，朱谋𡐤诣何腾蛟所求援。清筑长围，掠舟据章江下流。声桓出兵与战，互胜负。城中粮少，曰广欲出百姓保乡村就食，而尽城中积贮以赡兵。议未定，忽一僧负蒲团，趺坐得仁门外求见，得仁召与语，曰："公等所为，上应天心，敌固不能久困我。腊月初当有内乱，敌且溃走，公尾其后，蹴之于江，敌且歼。吾已出世外，无所求于公，但闻公等且遣百姓四出，当为敌掠杀，大士遣我就公求活此大众，公无忧虏也。”得仁引见声桓，踟蹰未信。僧登堞望气曰：“某日，敌当有若干骑犯某门，当以某旗出某门应之，则胜。”至期，敌果至如其言。僧从城上举佛号幡麾之，敌即走，追及，颇有斩获。他日，又如其言，五战五捷。不如其言，以他色旗自别门出，僧亦不举幡于堞，则敌尽死斗，城中兵即败。江西人好鬼，喜言机祥，翕然尊信之。声桓、得仁皆膜拜，奉为师，遂听其言，尽发仓粟，沿门贷贫民，粮遽尽。十二月，围益坚，声桓部将王天雷疑而验之，知其为谍也，搏僧杀之，而城中已大馁，无从得食矣。乃驰檄趋袁、吉粮，一鹏、遇时各遣舟运米赴之。敌舟满江岸，粮舟屯市汊不敢进，因密约期，举布帆沿岸行，城中出铁骑护之。敌又已谍得其实，遣劲卒扼粮舟于丰城，而自以土压舟，举布帆循岸行，城中发骑兵往迎，稍泊间，舟中兵猝起攻迎粮者，皆歼之，乃徐撤扼粮兵，放粮舟进。城中见布帆不敢出迎，尽为清获。由是闭门坐馁，不敢以一骑出矣。一鹏、遇时率兵进援，皆屯丰城不进。

上闻江西围急，诏李成栋援之。成栋遣阎可义以骑兵五千先往，至南安，为高进库所扼，不得达。成栋自帅师继进，次于信丰。何腾蛟亦以围永州未下，兵不得发。永历三年正月，腾蛟至湘潭，乃赍发堵胤锡率忠贞营往援，至茶陵，不进。二月，城中粮尽，杀人而食，声桓恚，开东门纵百姓走，因道掠之。谈泰知之，解一面围纵走者。城中兵见走者得免，遂溃。声桓不能禁，杀妻子，焚廨舍，自刎死。南昌复陷，刘一鹏奔抚州，收余卒依揭重熙。盖遇时奔鄱县，已而复降于清。朝廷闻声桓死，辍朝致祭，赠榆林王，谥忠武。

王得仁，陕西米脂人。头早白，号“王杂毛”。起群盗，为李自成骁将，所部兵皆精锐。自成渡江，死于宁州，得仁已先驰至南、瑞间，因不得与高、李同降。金声桓降清，守南昌，得仁孤窘，遂举兵附声桓，事声桓为父。声桓为请于清，授副总兵，协守江西。得仁与声桓益收诸溃军，凡左营降兵遣发归农者，皆投声桓，自成余兵溃入江西境者，则投得仁。合兵逾十万。

声桓居邑邑，恒与得仁言本朝旧事，则欷歔泣下。得仁感动，思反正。乃密遣客求姜曰广所在，道意，并收宁藩诸宗及人士有志意者入其幕，从容喻意。吴宗周、朱谋垔、钱匡日怂恿之。得仁数劝声桓即起，声桓郑重，未遽应。会清遣董御史者按江西，得仁櫜键庭参，不为起，又索其歌妓，得仁未即遣。董御史怒骂曰：“不闻□□有借妻例耶？吾行索得仁妻侍寝，何况歌妓！”得仁闻之，按剑起曰：“王杂毛作贼二十年，然自知有男女之别，安能一日随犬豕求活耶！”遂召诸客入议。染黄纸草敕，以蜡刻广运宝，拜声桓豫国公，得仁建武侯。使客驰马扣得仁门，称有密报。入良久，客冠进贤冠，衣袍带，捧敕印，鼓吹诣声桓署，称诏使至，令声桓迎。精兵数百人，披甲露刃随其后，环声桓辕棨间。已而举营皆披甲介马，登陴欢噪。声桓良久出，客捧诏自中道入，登堂南面立，呼声桓受诏。声桓乃下拜登受。得仁遽褫笠帽，取冠带为声桓易服。已率诸军拜贺，欢呼声如雷。声桓执得仁手曰："吾有此心固在公先，所以踟躇者，欲积刍粮、治舟舰，南结高进库，西约何老师，当一鼓下金陵耳。今事未办，公遽起。虽然，吾不可以负吾夙心！"是日，擒董御史磔之，下令所属监司守令，仍旧官治事，听请朝命。事闻，诏授得仁太子太保、左都督，封建武侯，如其自署。

声桓南攻进库，得仁欲北守九江，图武昌，声桓不从。清兵至，与声桓距堙而守。屡出战，皆殊死斗。粮尽援绝，城溃，声桓自杀。清兵入郛，得仁巷战，死于阵，赠建国公，谥武烈。

李成栋，字廷玉，陕西宁夏人。起群盗，就淮镇降，屡官至总兵官、都督同知。

弘光中，领兵镇徐、颍，清兵渡河，归、睢陷，成栋南奔。南都陷，遂降于清，随贝勒攻福建。已乃授广东提督，率兵攻广东。会唐王聿𨮁称尊号，居广州，与今上抗，兵皆西御，成栋乘虚入，遂破广州，尽陷东省。西侵，破梧州、平乐。清以佟养甲为广东总督；王芋为巡抚，同成栋守广州；耿献忠为广西巡抚，扼梧州。

成栋部将阎可义、杜永和、张月、杨大甫、马宝、董方策皆慓勇善战，骑兵将二万，步卒如之。悬军东南，驰骤无所诎。初，西攻肇、梧时，破丁魁楚于岑溪，得总制两广印，藏之不缴。永历二年，江西反正，成栋闻之心动。前给事中袁彭年降清，为广东学政副使，与成栋相得，稍稍以词色挑之，成栋不应，而面色甚愉。养子元胤力劝之，成栋与元胤登越王台，语三日，元胤涕泣陈大义益切，成栋乃拔刀起曰："事即不谐，自当以颈血报本朝！"归署，有妾故松江院妓也，揣知之，劝成栋尤力，成栋不语而叹。妾曰："公如能举大义者，妾请先死尊前，以成君子之志。"遽拔刀自刎。成栋益感愤，命元胤迎袁彭年入卧内决策。六月朔，成栋易衣冠，望阙拜表，捕佟养甲亲标辽兵千余人屠之，胁养甲降，养甲不得已听命。成栋出所藏总制印，凡章奏檄移皆用之。发兵守岭，招耿献忠以梧州归顺，遂具疏迎驾亲征。上封成栋惠国公，总制江广闽浙；养甲汉城侯，兵部尚书；擢袁彭年都御史；洪天擢、曹烨、耿献忠俱列九卿。

成栋之迎驾也，遍致书于朝士，皆有赠遗。王化澄、朱天麟以下皆欣跃为劝上驾。瞿式耜疏请西出，赍发给事中蒙正发陛见抗争。成栋复遣杜永和来扈跸，正发与廷争之，语侵永和。永和出，怒目睨正发，曰：“此曹倚未剃发相傲诮，吾将执尔彨其鬓！”廷臣遂讹给事中欧阳霖上言：“成栋输忠效顺，所不忍忘者君臣大义耳。今永和恣睢阙廷，辱天子谏官，君臣之分谓何？若贳永和不问，则成栋精忠且为永和所掩，又何以号召天下之忠义哉！”上释不问。霖挂冠去。九月，上遂幸肇庆。成栋修行阙，庀官署，饬城堞，具防卫，朝廷始有章纪。上至肇庆，成栋与宾客习所以奏对，述己忠悃者备悉。及见，上温颜接之，赐坐，慰问再四。成栋俯首战栗唯唯，起，叩头趋出。客问：“公今日何无一语奏对耶？”成栋曰：“吾武人，容止声音，虽禁抑之，犹觉勃勃，更为之言说，动上听睹，将无非人臣礼乎！”上特敕拜成栋大将军、大司马，命有司筑坛，亲临授钺。成栋拜疏恳辞，上不听。成栋遂拜表辞阙，轻舸下广州。上遣吏部侍郎吴贞毓追劳之，兼视其师。贞毓乃与何吾驺、毛毓祥比，说成栋迎上居广州。贞毓张皇之以胁廷臣。上遣兵部侍郎刘远生催成栋出师援江。远生因谓成栋曰：“驾驻广州，则爵赏征调，人疑有私，无以服江、楚诸将吏心。”成栋起谢曰：“非公教我，几为吴少宰所误！”内外始益知贞毓之奸。

十一月，成栋遣阎可义率骑兵六千援江。至南安，与高进库相持未下。成栋自治兵于广州，益募水师，将继进。时马吉翔交内侍夏国祥，以中旨进退九卿台省。成栋闻之，密疏上言："恩威不出陛下而出旁门，宰相不能执票拟之权，匪人滥进，货贿公行，臣恐朝廷威福穷而阃外亦无所奉系。社稷存亡之大，非细故也，臣不敢不言，而不敢昌言以涉遥制朝权之逆迹。乞陛下留此疏于宫中，清晏则取而视之，裁恩幸，定黜陟，伸威令，臣虽死沙场，固所深愿而不恤也！"疏入，吉翔惧，稍戢。乃摇动上听，谓成栋将夺上耳目。蜚语四布，在廷咸疑。十二月，成栋自帅兵出岭北，将入见，请进止。吉翔益危词达宫中，谓将尽废阁部大臣，而以广州降吏代，解散上扈跸亲兵，以己卒充禁直，且如董卓、朱温事，内外汹汹。刑部侍郎朱盛浓，故马士英私人也，信吉翔语，遂揣合成栋心，疏言："宦者典兵，古今弊政，庞天寿统勇卫兵三千，臣恐甘露之祸发于旦夕，请亟罢之。"天寿所领兵，实不过千人，为宫门掫徼，闻者盖知盛浓之妄，而益疑出成栋意，成栋固不知也。两宫摇惑，猜阻既甚，上遣鸿胪卿吴侯劳成栋，召之。敕无决召意，侯与成栋语，鼽涩如有所怖。成栋疑，驰问元胤，元胤乃以故告。成栋叹曰："吾初归附，礼当以元旦诣阙贺正旦。此行也，誓死岭北，愿见上一决，因与公卿议善后计。及请催楚师出郴、赣间相应援，乃群小汹汹如此，吾不能剖心出血，且坐受无君之谤，徒以血肉付岭表耳！”除夕，泊三水，驰疏称警报迫，不得入朝，望阙大恸，溯清远去，曰：“吾不及更下此峡矣！”元胤以其事闻，在廷稍知其诬。吉翔犹游词蔽上，上弗知也。

三月，江西陷，高进库无北顾忧，尽锐击成栋军于信丰。成栋与鏖战，阎可义战死，将士多死伤。粮尽，杜永和请退师，成栋索酒痛饮，举觥投地，曰：“吾举千里效忠迎主，天子且筑坛欲以大将拜我，今出师无功，且朒缩返，何面目见天子耶！”控马引弦渡水，将突敌营，不择津涘，乱流趋敌，堕渊水溺死。杜永和敛军退守南雄。讣闻，上震悼辍朝，赠太傅、宁夏王，谥忠烈。设坛于天宁寺，亲临祭之，而以其军俾永和总统之。成栋无子，养元胤为子，封南阳伯。

元胤，字元伯，河南南阳人，本姓贾，故儒家子。李成栋为盗时掠得之，养为己子。从成栋降清，破广东。元胤貌轻脱，而心计密赡，有器量。稍读书，知大义。成栋之降，元胤尤怏怏。

永历二年，金声桓反正，成栋以为忧。元胤从容进曰：“大人何忧？即事不可知，不过为金将军耳。”成栋色动。他日，复进曰：“万一金将军以尺书至，大人当如之何？从之，则必屈于金将军；不从，又不能悬军万里，为丑类守海峤。”成栋乃与登越王台，敷毡藉草，语三日。元胤遂召袁彭年入成栋卧内，语竟夕。迟明，遂冠带拜表，举十郡七十余州县籍、兵十余万归附。上既封成栋惠国公，授元胤锦衣卫指挥使，加左都督。上至肇庆，成栋辞往广州，治兵出岭表。元胤留，以本官领标兵两千为禁旅，与庞天寿、马吉翔分督扈卫。元胤缜密谦抑，终日语不及朝政，未尝奏荐一文武官吏，惟楚、黔、粤西诸将奏使至，则款结之，为国家收阃外心。以马吉翔事上久，倾心与好，吉翔固弗喜也。吉翔纳交宫禁，辄以中旨授佥都御史及郎署官。袁彭年、金堡奏裁抑之，吉翔怒，欲倾彭年、堡。元胤不平，以告之成栋，且曰："请大人以密疏讽上，勿露章，令人谓我父子遥执乾纲也。"疏入，吉翔益怨元胤。然元胤自朝请外，不一问国政，吉翔不能持其长短。

佟养甲以被胁归顺，授兵部尚书，居尝怏怏，不肯任部务。退居广州，密遣人北归自理，兼约为内应。事露，成栋欲攻杀之。元胤密白成栋曰："养甲秩九卿，而大人以意杀之，不可。"乃密奏上，召养甲理枢政。养甲至，以疾辞再三。元胤乃诣养甲曰："公初内附，无功而居八座，受侯封，殆将不可。公何不请屯梧州，部署梧镇兵，自怀集出楚，与何督师合，则与家君东西掎角，为行在张两臂，大勋可成也。"养甲大悦，冀得拥众自楚间道北归，因奏请西出师。元胤密奏，上允之，赐尚方剑，总督楚、粤。临发，元胤临江送之，殷勤尤至。养甲舟次都城驿，元胤入奏曰："养甲偃蹇称病，而闻出楚，则踊跃就道，其叛审矣。"遂请以禁旅兵追诛养甲。夜薄舟次，矢集篷窗，养甲乃寤，遂杀之，歼其□□亲丁数百人。

永历三年春，成栋战死，杜永和收兵归岭南。上推成栋恩，封元胤南阳伯，欲令统成栋军。元胤奏："年少望轻，不可居诸将上。"力辞。乃改命杜永和为总统。诸将不辑，马宝、董方策退屯德庆，杨大甫退屯梧州，不受永和节制。大甫尤桀骜不驯，纵兵掠居民，劫行舟，杀黔、楚奏使。上大怒，切责之，大甫遂通忠贞营叛将刘宗敏、刘希尧，欲叛降清。元胤知之，因马吉翔入奏曰："大甫在辇毂侧，辄恣杀掠，明诏责之，而遽欲叛，不亟诛之，何以令四方？请下温谕召大甫，令与永和分将。大甫幸与臣无隙，臣亲赍往召之，必至，即显戮之阙下，可无费一矢力也。"上乃授元胤敕。元胤入大甫军诱之，大甫果赴召诣阙，愭愭自以为夺永和军。元胤驰密奏，请召杜永和、张月各以军至。永和伏师灵羊峡，轻舟入见，月亦轻舟至，与大甫偕泊江干。薄夜，月乃潜军从南岸溯上流扼大甫西。黎明，大甫与永和、月陛见。元胤、吉翔侍上，泛慰劳已，召大甫升，稍诘责之。吉翔色动，大甫觉，方拜伏次，遽欲起。元胤自后夺其佩刀，大甫走近御座，将劫上。吉翔失声而走，元胤大呼："杨大甫不得无礼！"蹴其背仆之。卫士乃缚大甫出宫门，诏至，缢杀之。大甫军乱，月军自西下，永和自东上，皆鼓噪露刃与相持。元胤朝服单骑，捧敕入其军中，大呼："有旨杀大甫一人，诸兵将不问。"坐□案宣敕，军乃戢。大甫戮，宝、方策敛手自请为御营亲兵。忠贞营在浔、南，亦下令禁侵掠。

永历四年春，清兵犯梅岭，罗成耀弃南雄走，上将弃肇庆西奔，杜永和奏请留驾。马吉翔言："永和将劫上。"两宫震惧。元胤曰："永和所以欲留驾者，谓不当轻动隳军心耳。元胤在，永和其敢挟驾以怀贰心乎！"泣谏，上不听。敕留元胤守肇庆，督兵援广州。元胤请扈驾行，吉翔欲因上西幸，挟陈邦傅诛异己，恐元胤挠之，乃自请与元胤援东，以止元胤之西。吉翔实无东援意，徘徊不进，已乃稍出，次三水。罗成耀已密纳款于清，请取肇庆自效，伪以舟师来会。元胤侦得其情，密奏请除之。上密敕元胤诛成耀。元胤佯与成耀交好，语次，稍诱之，成耀微露情实。一日，成耀过元胤饮，马吉翔在坐，中酒，令泛舟中流。元胤素好谐谑，忽起，倒拽成耀绳床，僵，元胤压成耀胸，捽其脰，吉翔不知，犹曰："谑何恶也？"其左右遽拔利刃刭成耀喉，刎其首。吉翔惊仆，元胤徐掖之起，以敕示之曰："有诏，令元胤斩成耀，而令公收其军。"移尸涤血，行酒歌吹如故。已而吉翔召成耀中军官示以敕，元胤已督舟师遏下流，成耀军不得奔，皆就吉翔降。元胤凡三斩叛将，决机俄顷，而皆先请敕行事，不自专也。

上既至梧州，诏狱起。邪党挟陈邦傅，并疏攻元胤。元胤乃请入见，奏曰："言者谓臣党金堡等，臣父自虏中归顺，堡从黔、楚来，从无交往；袁彭年与臣父子同谋归正，陛下自擢彭年都宪，臣父子不敢以一字荐彭年功。彭年、堡自行其志，于臣何涉？臣父子自以归顺功蒙不次之赏，何求于堡？堡间关从王，而登籍十年，官止七品，抑思文皇帝所授也，堡亦何藉于臣父子而为之援？今援师逗留，臣旦夕与广州俱碎。臣父死，臣且继死，而言者必欲中臣，不知何心！"因伏地痛哭曰："诸臣从皇上，幸而成，取富贵；即不幸，固有余地。佟氏世仕虏中，固山、公、侯、文武大吏将数百人，臣为陛下手刃佟养甲，岂复有余地求活耶？臣誓以死报国家，如此其决，而犹谓臣结党欺君。臣不足恤，恐天下怀忠愤之心者，将以臣为戒矣！"复大哭，不能起。上命高必正掖之起，必正亦为之堕泪。

元胤请必正与己会师东援，必正感其意，请行。吴贞毓尼之，不果。元胤归肇庆，日约马吉翔、陈邦傅出师，不听。元胤孤军进，败清兵于西南驿。已而广西陷，上奔浔州，陈邦傅大哗而西，吉翔亦托扈驾去，元胤归守肇庆。十二月，杜永和、张月奔入海，广州陷。

元胤走郁林，清兵追围之迫，元胤朝服登陴，西向拜，哭曰："陛下负臣，臣不负陛下！"因自刎死。广东复尽陷。

陈友龙，直隶上元人。与刘承胤同起行伍，为承胤标将。短小精悍，善步走，日行三百里。性严急，惯战。随承胤征黎平苗。友龙尝先登，破苗寨，执叛苗则生剥之，为群苗所畏，呼为"五阎王"。

隆武元年，承胤下长沙，议出师复武、岳。承胤葸懦而忌张先璧，假以苗乱归武冈，留友龙率偏师随何腾蛟屯湘阴。腾蛟轻赍金币归黎平，为承胤所要，挟长短以制腾蛟。腾蛟子文瑞，居家逾法，承胤辄折抑之，腾蛟以是恶承胤。会有查和尚者，假称弘光皇帝入沅州，举人高士美率众推戴之。腾蛟闻知，不能辨，亦遣使问起居。佥都御史郑逢元发其奸，已擒伏诛，腾蛟所遣使弗知也，犹驰传行，过武冈，为承胤所得，以诮腾蛟。腾蛟积不平，遂裁抑友龙军食，没其功次。承胤乃召友龙还师归武冈。承胤军号十万，率调卫所额军占籍自雄，其习战者唯友龙一军而已。

永历元年，承胤迎上居武冈，大推恩诸将，友龙拜宫保、都督同知。八月，清孔有德犯武冈，承胤撤紫阳戍兵守石羊渡，友龙扼险要，背山而阵，有德攻之，三战，皆为友龙所大挫。方驰级奏捷，承胤遽至，周览壁寨，颦蹙良久，令闭垒勿战，驰密奏，劝上出奔，而遣人诣有德约降。有德方惮友龙，疑不肯遽受，而承胤已下令剃发，自诣有德营门献印剑矣。友龙举军大恸，乃投戈剃发。有德以是迟两日乃入武冈，故上得逸去。有德宴诸降将，自持酒饮友龙曰："使诸将皆能如陈将军，吾安能至此！"有德既深重友龙，令举兵攻靖州、黎平，皆陷之，并抚谕诸苗，皆降。遂令镇守黎、靖。

友龙固无降志，承胤知之，密告有德曰："王欲用友龙，当有以绝其归明之路。何腾蛟母妻子姓居黎平，诚令友龙捕送王所，以招腾蛟，腾蛟可致则致之，不可致，则友龙必永绝于腾蛟。"有德喜，从之。立檄友龙捕送何氏，无少长不得有逸。友龙见胁，捕腾蛟庶母、妻妾数辈送有德军中。腾蛟闻之，为发哀制服，称其妻已殉难。诏赐祭，加赠谥。有德既北归，友龙屯黎平，收土汉，军益张。伪令人告清靖州守将曰："友龙将反，诸军皆不欲从，今已密疏通粤西，若许我辈自新，当以某日缚友龙诣城下献功。"靖守将喜，悬赏待之。及期，缚一人前行，诸军拥之至靖，清将开门受之，友龙杂小校中，拔刀捽清将，曰："身是陈阎王，为索汝头来耳。"斩之，麾兵击，城中辽汉兵千余人，皆歼。遂收黎、靖、沅州、黔阳、平溪、清浪、镇远、筸子。东攻武冈，拔其城，取守将头祭傅作霖，遂围宝庆，破之。不逾月，复城二十余，斩首□数千。清将魏

□□帅兵来争宝庆，与战，大破之，遂复湘乡。驰檄治兵，将下长沙，选练苗汉兵，众殆数万。辑残黎，储刍粟，郡邑安堵。事闻，敕授总兵官、左都督，封远安伯。

何腾蛟素恶友龙，以庶母妻妾故，尤怨之。且闻其复湘乡，恐其先得长沙，而腾蛟方围永州未能下，念无以制友龙者。郝永忠方屯柳州，腾蛟使谓永忠曰："诸将出楚，皆立大功，将军独深壁柳州，将为诸将笑。今予自率滇、曹兵下永、衡，王、马诸部出辰、常，为将军计，唯有靖、武一路可出耳。陈友龙收二十余城，富甲诸将，金粟可坐食十年。战友龙之与战清，难易亦易知，且彼自以得上封拜，怙天子为安，不虞人之见袭，可一鼓破也。吾妻妾皆死于友龙之手，将军于我师生谊最厚，独不能为我一报乎？尽友谊，取大功，收厚利，据乐土，在此行也。幸勿以友龙新受褒赏为疑。将军诚据宝庆，待我而下长沙，虽杀友龙，朝廷其不能致诘于将军审矣。"永忠军方困于食，得腾蛟报，大喜。即卷甲趋古泥。即贻书友龙，言假道自黎平西出黔境，往复辰州。友龙不为备，永忠倍道驰袭友龙于武冈。乃称"奉督师令讨友龙"。友龙兵不得集，遂溃败。永忠尽并其军。友龙挟一矛冲重围走，三日夜不得食，乃达柳州。驰疏讼冤，朝廷果以腾蛟故，置不问。永忠遂大掠黎、靖、武、宝，杀百姓以巨万计。武、宝绅士起义应友龙者皆捕掠之。给事中金堡自黔阳入奏："永忠击杀忠义，戕贼内地，破坏恢复。"朝廷为腾蛟故，复切责堡。腾蛟每对客揶揄曰："吾荐拔将帅至五等多矣，能为我效一臂者，郝南安一人而已！"诸将以是怨望解体。腾蛟之下湘潭也，无一人从者，以及于难。

腾蛟既没，友龙乃赴阙自讼，上召见，恻然闵之，慰问殷勤，为之泣下。仍给敕印，令收兵复楚西。友龙至新宁，诸部曲及土汉义兵闻友龙复至，皆响应，数月间，收兵得万余人。将出宝庆，永忠惧，乃遣使谢友龙曰："吾前得罪于公者非己意，为督师所迫尔。今督师没，实自悔艾，愿自新，与公通好。"因赍遣友龙仆妾马仗归友龙以饵之。友龙自念受上眷注最笃，思恢复自效，不欲与永忠久相仇杀，致沮大计，遂欢然许和。永忠乃率轻骑诣友龙营，奉金币，交拜酬酒，约为兄弟，尽欢数日而别。友龙报谒，永忠盛张设筵，入居。次日，张乐饮，永忠忽自坐捽之，起，磔杀之。急攻其军，众仓遽奔窜，追及，纵兵击杀，众皆歼。永忠遂引军走施州入峡。友龙死，湖南北尽裂，遗民至今追思之，谈者无不欷歔。

起义应友龙者，刘克安最著。

刘克安，武冈人，字绥邦。世为武冈巨族，团聚乡里，捍苗贼。袁有志作乱，起义兵应刘承胤，诛有志，承胤结为兄弟。张献忠陷宝庆，克安兄弟捍紫阳固守。

克安故为诸生，稍工制艺，中隆武丙戌乡举。上在武冈，授克安职方司主事。武冈陷，承胤招克安降，不听。已乃与友龙应，复武冈，擢太仆寺少卿。郝永忠欲捕杀之，克安故结诸苗，得匿免。李定国下湖南，从定国为幕属，未几病卒。

卷十二　王杨皮列传

王祥者，故大学士王应熊之苍头也。弘光元年，诏应熊出督蜀师，开藩遵义，以御张献忠。祥干敏有机智，应熊宠任之，假以威福，札授至副总兵。

永历元年，应熊病没，祥素得其军要领，遂统有部曲，益收诸溃军，至数万。已而献忠遣孙可望、李定国、刘文秀略地滇黔，祥不能御，退壁土司中。俄而献忠败死于成都，可望率众入云南不返顾，祥乃复出。收遵义，擒斩伪吏，定泸、叙以西。以功奏上，遂擢总兵官、右都督，骤封忠国公。

献忠之在蜀也，杀掠尤惨，城邑村野至数百里无人迹。民逃入深山，不得食而死者委填岸谷，或采草木叶食之，得生者久乃化为野人，裸处林栖，体生白毛，遇人则搏杀之而吮其血。祥收川西南，延袤千里，然无安辑略，骄倨纵意。李乾德、范鑛以兵部尚书，杨乔然以侍郎，朱容藩以副都御史为督抚，祥睨傲其间，不受约束。兵部侍郎程源奉敕联络，与祥忤，祥怒，系其势于马尾，驱马以驰，源踯躅仆地，曳踏几死。故蜀人怨之。清兵自破杀张献忠，即旋师，未能收蜀，吴三桂居陕西，遥为控制，而栈道横绝，竟空蜀境。乃朝廷一以蜀事委祥及杨展，祥、展卒不能保险抚民。而范鑛昏耄，乾德巽懦，乔然轻率，容藩有小智而不知大体，荏苒三年，郡县皆为茂草。行在阁部诸大臣嚅嗫粤、楚间，置蜀若遗。迨刘文秀败于保宁，而全蜀始陷，良可憾也！

祥始受封爵，颇感激，思自效。屡遣使自平越、庆远进马进金，中道辄为陈邦傅所劫夺，复轻赍诣阙，兼馈问诸大吏。王化澄、朱天麟利赖之，拟旨褒奖逾量。祥素从应熊，知朝廷旧典，骤见诏敕猥亵，已知国家无人，愈偃蹇，奏报罕至，设施皆无意绪，偷安川南而已。永历五年，为孙可望所并，执祥杀之，其军皆涅刺面间作“王”字。

杨展，四川人，故为重庆副总兵曾英部曲。崇祯十七年，张献忠入蜀，英整兵御之于重庆，展以战功札授副将，为英中军官。献忠尽锐来攻，援绝，英战死。重庆陷，城野屠杀殆尽。展收英余军，退保山谷。已而献忠败死，孙可望入滇，展复出，收重庆，郡邑皆赤土，无一民斗粟可据。退屯川南，以收蜀闻，授总兵官、都督同知，封宣平侯。

时寇退土荒，横尸腐骼载路，金帛委野，而无从得粟，斗米至白金十两。展部曲皆拥厚资而馁，辗转向番中易荞穄，往还千里，半不得达，展以是势益不振。时出兵向川北，又绝食而返，退屯川、黔间，与王祥相颉颃。屡遣使请命行在，十不一达，朝廷亦无以收之，委全蜀为瓯脱地者逾三载。展时赍送蜀中士大夫赴阙求绥理，而蜀人猥陋，至则自为骤迁计，无能为蜀事画者。赵昱、程源、辜延泰、刘尧佐皆躐九卿台省，留粤不归。尧佐疏言："张献忠辇金银至峨眉山，瘗之普贤峰顶，宜敕展发窖赍送赴阙，以供国用。"王化澄以为奇策，票旨行之。其俚媟狂诞率此类也。

永历四年春，胡执恭假敕封孙可望秦王，统理天下文武将吏兵马钱粮。可望得伪敕，即飞檄召展，以兵属己。展得檄驰奏："臣茹荼辟草，为陛下收蜀固黔，方日望朝廷发遣大臣，指授方略，进收川北。乃可望忽以檄至，举陛下所有土地甲兵尽授之可望。臣誓不与贼俱生久矣，无难焚其檄，杀其使，出兵东川、乌蒙，与可望争一旦之命。顾以可望抄誊敕稿若果出上命者然，是以不敢卤莽为先发后闻之事，今特驰奏请命，将无可望之伪乎？抑岂皇上果举六御以授贼乎？如皇上果有此敕，则臣等从此皆可望之臣而非皇上之臣。在廷孰为此谋，以断送皇上大宝于片纸者乎？若命不出自朝廷而为可望所伪传，则臣愿首戎行，与诸勋镇执大义以讨可望。乞赐速为传谕，以安文武兵民之心。"时执恭与朱天麟、陈邦傅谋甚秘，行在无一知者，卒得展奏，不知所从。上但敕展朝廷初无此命，令展固守封疆，勿为摇惑而已。已而在廷藉藉，稍知执恭奸状，吴贞毓、万翱多方为掩护之，莫能诘也。展得旨，遂发兵守滇黔，御可望，相持久之。永历五年，可望自将尽锐出攻展，展屡战皆败，兵尽溃降，展被执不屈，遂遇害。

皮熊，字玉山，四川人。幼育于罗氏，冒姓罗，名联芳。既显，乃复本姓。以行伍起家，历授援剿副总兵。弘光元年，擢都督佥事，充总兵官，提督贵州军务。时天下扰乱，贵土粗安。熊通文墨，知名义，能以节制治军，不为民扰，土汉安之。

永历元年，熊恶刘承胤之奸，欲迎驾，未果。张先璧入贵，开屯镇远，熊据贵阳自守。上由武冈奔柳，道苗峒走靖州、古泥中，远近不知上所在，贵土恇扰。韩王□□者以失国迁流，侨居贵阳，熊厚奉之。王纳熊女为妃。王故出入患难间，稍习戎伍，恒挟关陇健儿自随。至贵，颇招募成军，及是，遂有监国心。熊亦以乘舆蒙尘为疑，谋之杨鼎和、范鑛、冯洸，踌躇未果。已而上出怀远，间道遣诏谕熊，事遂寝。然已藉藉传闻。廷臣以是为熊罪，熊勿知也。熊援覃恩求封诰，中书舍人吴其靁当直，草制有“丸泥封谷，夜郎自大”语，熊乃奏白：“流言无根，污辱臣节，乞赐改正。”上从之，而心犹弗善也。

张献忠掠地至黔，黔中初受兵，军民汹惧。都御史杨鼎和、御史冯洸恇掉先走，遂至惊溃。熊素与水西安氏交好，得其欢心，退屯陆广，与安氏犄角。贼至，不能留，熊复入贵阳。贼自毕节入滇，黔土少靖，用是积功封匡国公。

熊以韩王事，重为上所疑厌。熊故坦易，王亦轻率，往往因王入奏，叙将士劳勚，求升赏，朝廷类多不行，以是视诸将权藉尤轻。熊亦以身为守土帅，无恢剿任，遂拥兵晏居，不与粤、楚战争事。黔之东北陬，与楚塞犬牙者，马进忠、张先璧、郝永忠、王进才，往来屯合平越、都匀间，则有张登贵、莫宗文，各拥部众屯聚，皆躐封伯爵。其西接蜀、泸，则杨展、王祥时往来掠食。熊藉居中以自安，而地逼粮少，亦莫能自振，惟联络土汉，保境自固而已。

孙可望自滇出，张先璧、王进才皆为所并，熊亦不能与争，而不欲下之，遂偕韩王退屯水西，安氏纳之，可望莫能致。居数年，韩王薨，吴三桂既陷云贵，遣使招水西，水西姑阳下之，而与熊誓约，欲相机收黔以待时。丙午岁，吴三桂大发兵攻水西，灭安氏，熊被执至云南，伉直不屈，粒米滴水不入口。诸降将往省之，熊慷慨论辩，称引古今忠义，追叙国家败亡之故，凡八日夜，语不绝声。忽反手据床，舌蹇，大叫一声而绝。

卷十三　高李列传　牛万财附

高必正，初名一功，陕西米脂人，李赤心之母舅也。赤心者，初名过，眇一目，号“一只虎”，李自成之族子，蚤从自成起群盗。自成僭号，以过为权将军，一功为制将军。

弘光元年春，自成再败于秦，由商洛走襄樊，追兵复至，自成仓皇渡江，过、一功与田化龙、贺锦、党守素、刘芳亮、刘希尧、李来亨、刘体淳、袁宗第、牛万财、张光翠、塌天豹等皆从，自白螺山至城陵矶百余里间截江求渡。左良玉已弃武昌下芜湖，何腾蛟走江西，武汉为墟，长沙守备单弱，侦探者不敢逾洞庭，皆不知贼所在。而贼自起兵以来，蹂躏尽西北，南阳淮汉，未尝一骑窥江。江南奸民为贼导者率附革里眼、张献忠，亦与闯部漠不相知闻。自成既东渡，南望大江苍莽，山川缪错，卒不知所向。惟见清骑西来，则益东走，遂由巴陵北境奔入江、楚界，南渐浏阳，北迄通山，东抵宁州。鸟惊兽逸，掠食千里。武、岳间居民惊贼猝至，亦不知所自来。五月，自成至九宫山，食绝，自率轻骑野掠，为土人所杀。过等追及，良久乃知之，益恇惧不知所为。

天启间，河南河滨沙碛中涌出玉玺，抚臣以献，廷议知其为宋哲宗时获得者，非秦玺，亦姑藏之内府。自成陷北京，获而宝之。自成死，一小竖负以走，田化龙夺而藏之。

诸部从贼久，颇厌剽徙，为清所大挫，心魂俱褫。闻南京立天子，欲归附，不知所介绍。擒田野民问之，乃知何腾蛟为楚抚，遂欲因腾蛟降，顾因缘无由得达。方腾蛟之弃左军而逸也，从九江斜走瑞州，由万载入湖南，亦不知贼渡江事。猝闻平江、浏阳间有贼野掠，意为土寇，遣长沙知府周二南帅黄朝宣部兵二千人往击之。过、一功既欲降，无格斗志，按兵徐退。二南误以为怯，麾兵进薄其营，刃数贼，贼乃合战，俄顷披靡，二南坠马，死之。贼追溃卒，呼欲与通语，皆益丧精魄，骛走归长沙。腾蛟知为大贼，惴惴惟婴城守。过等敛兵不欲迫长沙，执土人纵之诣腾蛟所道意，土人得释即走，亦不为通。久之，稍传闻至腾蛟所，腾蛟乃募人持白牌赍手书往，过等大喜，遂举军降。腾蛟以便宜各授总兵官。李过之属，推一功为总统。凡八部为一营，刘体淳、塌天豹、袁宗第、宗第之弟宗道合为一营，张光翠、牛万财合为一营，王进才、郝永忠于贼中为偏裨，其主帅死，因得其军，为过等所不齿，又各别为一军。湖南民瘠赋薄，黄朝宣、张先璧、曹志建分处长、衡，刘承胤据武、靖，日益召募，至数万人；马进忠、王允成、卢鼎自江汉来归，亦数万人。腾蛟既受诸降，益无以支。诸军散处岳、长间，野掠而食。会过、一功闻贼余众不及渡江者星散湖西北，乃自请渡湖，出荆州，收其军。腾蛟大喜。思文皇帝已立于闽，遂飞疏入奏，请为加恩。诏赐一功名必正，过名赤心，各授都督同、佥有差，名其营曰忠贞，拜堵胤锡为楚抚，监督之。胤锡为制进贤冠、袍笏、舆伞、仪仗以宠之。诸将皆轻脱弃鄙，始受命服冠带，皆如负芒刺，惟必正与党守素、李来亨稍治威仪。

八月，必正、赤心率诸部渡湖，屯公安、江陵间，连营百里。刘体淳、袁宗第亦渡江趋江陵之西，略夷陵，过荆门、郧西，渡汉北掠兴安，侵汉中，为清兵所败。南归，自夷陵入巴东，依蜀东塞，据险而居。惟王进才、郝永忠依腾蛟留长沙。堵胤锡分治湖北，稍用辰、常赋及鬻将吏及纳弟子员所得饷金，输忠贞营充馈劳。然无能饱也，率掠公安、松滋、澧州、安乡民以食。民皆怨苦之。至隆武元年冬，腾蛟与胤锡分道出师，会清兵大举攻忠贞营，腾蛟前部遇之于岳州，不战而退，清兵遂渡江。胤锡方帅必正诸军围荆州，诸老营留屯公安之草坪。荆民苦掠者导清兵径袭草坪，轻骑潜抄，越两日，夕拔三营，而余营尚不知也。已而惊扰，自相践蹂，骛散而西。必正、赤心大惊，撤围走，荆州守兵开门蹑之，全营大败，弓仗马骡夺弃滨尽。自是，忠贞营之精锐耗矣。遂敛余兵走夷陵，与体淳、宗第合屯蜀东徼，惟牛万财随胤锡退屯常德。牛万财者，眇一目，驻暴猥鄙，多掠人以为兵，众至数万，自号“牛十万”。以与高必正有隙，故为屈下依胤锡，而胤锡信爱之。

永历二年夏，马进忠复常德，胤锡率万财自永定卫山中出，会进忠守常德。俄而胤锡恶进忠之待腾蛟也，遂携郑古爱、毛寿登间道走巴东，要必正下楚。必正等方苦粮尽，遂拔营随胤锡薄常德。进忠惊怼，尽焚刍粮庐舍走湘乡。必正诸部至，无所栖食，胤锡遽帅之攻长沙，围数日不克，退次湘潭。张光翠、牛万财、刘体淳、袁宗第分掠衡、宝。湖南千里，尸横蔽野，原野无烟火。何腾蛟方下衡州，大惊，轻舸至湘潭安插之。

永历三年春，南昌围急，金声桓驰乞援师。上敕朱谋垔趋腾蛟援江，腾蛟乃与胤锡议，分胤锡统必正诸军自袁、吉入江西。因为奏封必正郧国公、赤心邓国公，刘体淳以下皆封侯伯有差。体淳者，故干贼中与赤心号“刘李二将军”，拷杀降臣陈演、魏藻德以下数十人者也。必正等既渡湘，涉茶陵、衡山境，徘徊不进。已而闻湘潭陷，腾蛟没，遂卷营南走。至衡州东岸，清兵遽蹑及之，益骇奔，由郴、桂取山道入贺县，趋梧州。行在惊遽，上命大学士严起恒、佥都御史刘湘客驰谕之。

兵部主事郭如泰先至其军，宣上旨，必正赧惧谢罪，敛兵求屯浔州。自言："自草坪之败，盔甲弓刀皆丧，仅存者亦已窳敝，乞权住岭外一年，就铁冶胶角，稍治器仗，方可为国家效死力。"上亦从容慰劳而已。

陈邦傅忮李元胤而仇金堡，厚奉必正，舅事之，劝令举兵入肇庆劫驾，并元胤军，杀堡及刘湘客、丁时魁。必正佯诺，退谓其客曰："吾虽尝为大贼，亦自磊落行志，安能作此狗彘行乎！"以是恶邦傅而狎之，稍稍夺其兵粮马仗殆尽，邦傅乃窘。刘希尧、刘芳亮与赤心不协，率其军自梧州而北，转掠贺县、广宁、四会，至宜章。所至剽杀，粤、楚间人尤苦之，呼为"白毛毡贼"。通粤将杨大甫，欲叛降清。朝廷执大甫诛之，希尧、芳亮恇慑失据，而彭嵩年、向文明屯郴南，阻其北降路，日渐溃散。清兵遽至，不及纳款，遂皆败死。是年冬，堵胤锡奉龙旗至浔州，调必正诸军出楚。赤心病，未有行意。未几，赤心死，必正兼统其军。田化龙亦死于南宁，所藏玺或窃去，不知所终。既连丧大帅，兵士合离不一。十二月，胤锡又卒，益无趋令北出者，遂逗留左江。

永历四年夏，上在梧州，必正偕党守素入见，请身为诸将倡："以兵归兵部，赋归户部，简汰疲弱，分汛战守，较勘功罪，则事尚可为。如因仍离析，兵虽众，将虽尊，皇上求一卒之用亦不可得有，主臣皆陷而已。”朝廷翕然歆动。而户部尚书吴贞毓、兵部侍郎万翱庸猥嗫嚅不敢任，必正太息而已。时金堡等诏狱未解，贞毓、翱、程源、郭之奇、鲁可藻闻必正入觐，密遣使迎之于藤县，丐必正入，杀堡，逐严起恒、瞿式耜。必正皆佯诺之，贞毓等踊跃以俟。必正、守素方陛见，趋班候驾，贞毓、可藻越班就揖之，喜溢眉宇。必正、守素奏对，出，即拏小舟诣金堡，握手欷歔，言：“中外想望者惟公一人，今公杖创若此，其如社稷何！”贞毓乃大沮。御史吴象玄疏言：“之奇、可藻越班私揖，蔑礼慢上，宜加勘问。”必正闻之曰：“吾入行在，惟闻吴道长一言而已，此外皆不知何等语也。”已而贞毓等集必正舟，方行酒间，必正出贞毓等手书一一示客，曰：“此诸老先生命必正入朝杀人者，不知文天祥、陆秀夫曾如此否耶？”贞毓等皆俯首汗出，不能语。必正间谓郭如泰曰：“朝廷不诛夏国祥及吴、万、程、鲁四尚书，必不能待明春而亡。”如泰以意告朝士，欲奏上行之，朝士有识者以为不可因将帅杀内臣。如泰以语必正，必正曰：“吾误矣，存亡在天，朝廷事固非我所当与也。”必正知事不可为，意大沮丧。廷议欲遣之援广东，马吉翔、陈邦傅在肇庆，不欲其来，阴令夏国祥持两端止之，无诏促必正行。必正乃请归南宁。

必正虽起群盗，为李自成爪牙，而雅有志义。赤心之降，皆必正怂恿之。赤心狡犷，必正恒加抑沮。及赤心没，必正愈折节戢其军，思自效纾国难，而群小噂沓，为必正所轻，莫能用也。自必正之入粤也，与袁、刘、牛、张相失。体淳、宗第与宗道、天豹自宝庆西北走，过常、澧，仍归荆西。张光翠自衡州西走，壁沅、黔间，后李定国下湖南，光翠亦出宁乡。定国兵退，光翠溃败死。牛万财自湘乡西走，大掠新化、溆浦，攻下苗寨据之，为清兵所困，降于清。清夺其兵，万财与部曲贩鱼盐以自食。时忠贞营诸部存者，惟必正、守素及贺锦、李来亨四将，屯浔、南，日益弱。是年冬，两粤陷，清兵犯浔、南，必正自庆远走黔，孙可望薄险要击之，转战旬日，所部多为可望劫降。必正、守素、锦皆殁。余军推李来亨为帅，由黔走施州卫，遂至巴东之西山屯焉。刘体淳、郝永忠皆先在，连寨相结，凡十四年而后亡。

卷十四　李定国列传

李定国，字宁宇，陕西榆林人。本农家子，十岁为张献忠所掠，喜其貌度不恒，养以为己子。献忠养子四：孙可望为长，定国次之，刘文秀、艾云枝次之。可望狡谲鸷忍，常为献忠掌老营，号“一堵墙”。献忠之降也，左良玉固欲杀之，可望为通赂于熊文灿，馈文灿碧玉长尺余者二，径寸珠二。可望陈说诡媚，得文灿欢心，保献忠逸去。由是尤为献忠所信倚，威亚于献忠，定国等皆为之下。定国长八尺，眉目修阔，躯干洪伟，举动有仪度，于群盗中独以宽慈著。喜接文士，通兵法、纬象，读《通鉴纲目》，略通大义。不乐为盗，以幼鞠于献忠，莫能自拔。所部将二万人，随献忠驰突豫、楚。崇祯十七年，破四川，献忠惑其客汪公子言，日务屠毒，猜忍暴噬，可望、定国皆重足立。

永历元年，献忠僭大号，建伪都于成都，分遣可望、定国、文秀、云枝攻贵州，遂窥云南。献忠猜杀益剧，可望等不敢北归，掠东川、乌蒙间。会黔国公沐天波以年少轻倨，侵虐土汉，巡抚吴文瀛媕阿不能裁正，土司沙定洲举兵反，攻云南府，天波弃城走，定洲据云南。时上方播越，威令不能及，天波势蹙。澜沧道副使杨畏知迎天波居腾越，檄土汉郡县讨定洲。兵未集，可望探知滇乱状，乃倍道趋攻云南，定洲迎战，大败走，被擒见杀。可望既定滇，驰报献忠，献忠益媢之。可望乃与定国、文秀、云枝相结约，屯滇自保。献忠孤立成都，清兵乘虚来攻，献忠兵溃，自刎死。沐天波闻沙定洲败死，意稍安。可望因遣使诱天波令附己，与合兵定诸土司，而还天波邸第庄田。天波既童騃为所惑，畏知亦力弱不能抗，遂与偕诣可望。可望羁縻之，使居民舍，月给粟以赡之，门置兵锢其往还，而胁畏知为己用。已乃自称平东王，而定国为安西将军，文秀为抚南将军，云枝为定北将军，犹仍献忠所伪署号。詹事雷跃龙出降，以为伪相，绅士皆伪署司、道、府、州、县吏。以甲子纪年。既灭沙氏，益攻诸猡猡部，收其军，有众二十余万，厚敛民田租以赡之。定国所部汉猡兵亦逾五万。献忠之死也，可望欲臣属诸部，而与定国辈素相颉颃，不能讽令尊己。定国倦于为盗，思自洗濯归正，可望知其情，念所以笼制之，乃与定国等谋归附朝廷，定国欣跃从其议。可望之欲归附也，意假王命自尊，雄长三部，定国揣知其奸，亦姑因之以自达。

永历三年夏，可望修书称“平东王孙可望、安西将军李定国、抚南将军刘文秀、定北将军乂云枝献书大明皇帝阙下”，求封王爵，献金百两、马十匹，请出兵击清，词多桀骜，名而不臣。遣杨畏知与前行人龚彝赍诣肇庆。畏知、彝入见，上稍奖慰之。下廷臣议。大学士严起恒，给事中丁时魁、金堡交以为不可听，乃封可望景国公，定国以下皆侯爵。遣给事中赵昱、司礼太监杨起春赍敕印冠带袍笏往。可望念不得王，无以慑服三部，遂止昱、起春于驿舍，不与相见，而令部将来相恫喝，探昱、起春意。昱、起春相抱而泣。可望知状，乃遣令归，要易王爵。昱、起春狼狈而返。昱留南宁不入朝，起春归，奏可望言："不得王封，当出广南趋行在，劫车驾。"严起恒曰："可望若欲犯顺者，何所忌惮而不前？彼方畏清，资我为外御以徐养其羽翼，岂敢效李自成速毙乎！朝廷但当讲自强之术，姑置可望，迟之，且摇尾复来矣。"可望果不敢动，但寄怨于杨畏知而杀之。

陈邦傅患高、李，媢李元胤，而怨金堡，与朱天麟谋挟可望并忠贞营及元胤军，劫天子以杀堡。乃诱堵胤锡龙旗往调可望，而令胡执恭偕往，阴纳降款。会胤锡卒，执恭遂报邦傅，使诈作敕册，铸藩王宝，制龙袍、翼善冠、琢龙玉带，封可望为秦王，总录天下文武将吏兵马钱粮，专征四方，行大元帅事，公侯阁部以下皆称臣，启旨行事，不必关奏朝廷。时艾云枝已死，封定国为安西王、刘文秀为抚南王，各授册宝。可望大喜受命，而朝廷初未知也。可望遣使诣阙谢，执恭为他词缓之，密报邦傅，遣执恭子钦华赍金航粟赂王化澄、夏国祥、程源、万翱，请封可望如亲王，以实其诈。朱天麟嘱吴贞毓为之主，言可望必欲得秦王，则旦夕可复南都，不然即引兵出南、太犯车驾矣。化澄、翱力为之请，严起恒固执不可，夏国祥居中两解之。奏上，以朱敕付内阁，封可望荆郡王，定国、文秀各国公。化澄、翱但以谢钦华之赂，亦不知其必得秦王之何意也。惟贞毓知之，密约给事中朱士鲲等具称臣启，因钦华赴可望所纳款，诉起恒亢执状。荆郡封使至广南与可望使遇，执恭奸尽露。可望怒，杀执恭，而据伪敕宝称秦王，专征如故。驰金龙牌，抄敕册文，遍调土汉官军，皆为之下，众益强盛。遂出黔、蜀，收杨展、王祥、马进忠、王进才、张先璧、张登贵、莫宗文之军为己属。祥、展不屈，皆遇害。自是天子自扈从外，无一卒一民为朝廷有矣。

永历五年，上在南宁，可望使其将吴都督率兵二千人至行在，击杀大学士严起恒及给事中吴霖等三十人，胁上，求加敕实封秦王，令百官皆称臣。上不得已，皆从之。未几，清兵攻南、太急，上走泗城州，适可望逻骑至，侦知上所在，遂拥上入其营，驰报可望。可望令居上于安隆卫，月进膳金二十两，米十石，宫眷内臣皆啜薄粥，内臣负薪汲水，宫婢自炊之。可望自构宫殿于云南，黄屋双阙，出入皆建葆羽、日月旗、孔雀扇、屈柄幢盖，乘金龙步辇，名其亲军曰扈卫，铸印仍献忠式，作七叠篆，帝制自大。岁遣军戍安隆，讥禁从官出入。定国大恶之。其幕客金维新，忠谅有志略，从容称大义，说定国尽忠本朝，特以方见挟持，故犹佯奉可望。

永历六年春，可望乃分遣刘文秀自成都攻川北，白文选、张先璧副之，定国自贵州出黎、靖，马进忠、冯双鲤副之。定国以进忠为朝廷宿将，加意结纳，合军十万，战象五十。四月，驰攻黎平，克之。五月，至靖州，清将张国柱合许、魏二将之兵迎战，急击，大破之，斩馘五千余级，国柱弃马走。两日夕，驰下武冈。清续顺公弃宝庆走。定国收宝庆，遂自东安南攻孔有德于桂林。有德遣其将孙龙、李虾头拒守严关，定国大败之，斩孙龙，虾头中箭死。有德大惊，自将迎战于大榕江，复大破之，弃甲断骼遍于溪谷。有德走，闭城守，遂围之。肉薄登城，王允成开门纳兵入。有德自焚死。执陈邦傅，数其矫诏怀奸、叛主迎降之罪，并其子磔杀之。七月，收平乐、梧州。马雄、線国安走广东，遂复柳州、南宁。时刘文秀出川北，亦复潼川，进攻保宁。吴三桂驰救之，迎战大败，退师川南。定国既平西粤，整饬军政，于民一无所犯。招兵部尚书刘远生、中书舍人管嗣裘、兵部主事朱昌时于山中，与议兴复，共奖王室。尝置酒七星岩，酒酣，谓远生曰："君读史，以曹操、司马懿为何如人，奸耶？愚耶？”远生踟蹰未对，定国曰：“操、懿有戡乱之才，喋血百战，摧大敌，扶弱主，以垂令名于后世如探囊取物，而顾以此博万世笑骂，犹持黄金换死铁，农夫樵竖之所不为，而操、懿为之，非至愚而何！”八月，举兵出楚，复永州，遂下衡州。出马宝军于连、阳，收曹志建故部于贺县，遣马进忠、冯双鲤北取长沙，召张光翠出宁乡，进复常德。十月，进忠略地岳州，所至披靡。别遣军攻永新、安福，下之，遂围吉安。兵出凡七月，复郡十六、州二，辟地将三千里，军声大振。

定国至衡州，下令所司粪除端皇帝潜邸宫殿，为望幸地。今上以十月十九诞辰，定国率绅吏将佐耆民诣邸宫，班朝拜贺。届冬至，复趋宫行礼。郡吏设可望位于学宫，将导群官往拜，定国大言曰：“文武官非秦王选授者，既拜圣上，不当复拜秦王。”时可望遣其腹心杨中书者来觇定国，即尽以驰报可望。可望怒且惧，遂自贵阳帅兵出，将至湖南，欲夺定国兵柄。凡可望发兵胜败进止，一切皆不遣上知闻。定国收复粤、楚，乃草奏遣赴安隆报捷，并令马进忠、马宝及故从官寓行营者通奏起居。杨中书者归，遇可望于沅州，尽以告。会清敬谨王率三贝勒、八固山大举兵向湖南，时定国屯衡州，马进忠、冯双鲤屯长沙，前军下岳州。定国知虏至，与进忠、双鲤谋，令弃长沙，诱敌渡湘江，进忠、双鲤退伏白杲市，须敌过衡山，乃绕出敌后反蹑之，定国夹蒸水拒之，须蹑兵至，夹击，当尽歼之。议定，进忠、双鲤退。可望至武冈，知状，不欲定国之成功，而思陷之败死，密令双鲤径退宝庆。双鲤至湘潭之花石，得可望令，即走湘乡向宝庆，马进忠不知所为，随之而西。秘不遣一人报定国以误之。

十一月己丑，有彗星出天街间。清兵薄衡州，定国夹蒸水而军，接战，自日晡达庚寅旦，数十合，斩首□千余级，定国军亦颇有杀伤。敬谨王者，素以骁勇闻，冠七宝金兜牟，揭金顶，交龙绣纛，率铁骑二十余，登蒸水旁小山觇定国军，山下僧进茗饮，方啜，伏兵从山后竹筱中出，挥刃击之，自顶达项分为二，从骑皆歼。清兵不知敬谨王死，犹殊死斗。马宝骑出掠阵，流矢中颊伤宝，军遂却。定国方待进忠、双鲤，不至，颇疑怵。俄而侦骑返自白杲市，言二将已走湘乡，定国大惊，遂收兵走邵阳，敌亦不敢追。湖南复陷。定国既屯宝庆，侦知清兵放牧湘东岸，将间道往夺其马，将发，可望驰召定国返武冈会议。三昼夜书七至，定国不得已西行。将见可望，至紫阳渡，刘文秀之子密遣人走报定国，言可望俟其至即收杀之。定国大惊，遽引兵东走，缚筏为桥，渡湘水，渡已，桥绝。可望追兵趋永州。遂自永明走平乐，下梧州，进围肇庆。计欲取东粤，与郑鸿逵、朱成功合，迎驾，自闽、浙图南京。肇庆城小而坚，清将许尔显死守不下，围三月不克，师渐老，援兵大至，定国乃退，自平乐屯永安州。

定国之自紫阳东走也，可望良久乃知之，遣骑追之不及。清兵亦方自衡州西南进，可望遂举兵下宝庆拒之。可望耻定国有杀两王之功而己不逮，抑见定国之杀两王而谓敌易与也，遂欲独战以求多。清兵自祁阳舍宝庆，将斜趋武冈，出可望后，可望乃自宝庆旋师迎战，遇于岔路口。可望骄媢，自倚必胜，令白文选、冯双鲤、马进忠各将其军，因山为垒，戒不得动，动者斩。而自率其所谓扈卫军者仿戚继光法，用藤牌间长矛前搏战。战浃时，雁行不进，敌铁骑四合，横蹂可望军。阵乱，可望遽单骑走，遂大败，积尸塞野。双鲤、文选、进忠坚壁候令，令不至不敢发。可望走浃日，三将乃引退。是役也，精锐挫衄濒尽，退守武冈。可望归贵阳，不敢议北出矣。清兵遂陷武、靖、辰、沅、黎平，大掠千里，民死者将百万人。可望以是愧憾，益忌定国，然知其不定国若也。稍思羁縻之，复遣使持刘文秀书劝定国，令修好如初。定国亦姑应之。

永历八年，定国复攻桂林，穴隧道，瘗火药，碎其城。骁将王国仁入隧视，火遽发，死隧中，定国惊惋大恸。兵遂乱，引归南宁。遂从土司假道，密遣使具方物诣安隆，候上起居。上遣兵部侍郎萧尹赍血字诏诣定国，述可望僭逼状。定国奉诏，伏地恸哭不能起，遣使贡上服御物，并奏："臣誓死先为陛下除逆臣，后议恢复。"已而可望微知其状，遣人至安隆，以不逊语胁上，取从官萧尹、雷德复等杀之。可望据贵阳，前军守镇远，扼险自固。清调其贝勒等北归，以洪承畴经略湖南。承畴议守永、宝以困可望，可望因复下靖、武，相持于紫阳。贵州初安，可望遂治宫殿于贵阳，开科取士，涂饰以欺黔人。

永历九年，定国遂举兵自泗城州入滇，袭云南府，据之。治城郭，缮甲兵，迎上于安隆，奉居可望所筑宫。具卤簿，立朝仪，建置侍从文武官吏，军行进止，一以诏敕从事。驰敕召可望入朝。可望大惊，自率其军，与冯双鲤、白文选、马维兴攻云南，而别遣骁将张胜率骑两千，由间道直抵昆明城下。李定国起兵御之于高山寺。胜先至，纵火大噪，定国自军中率铁骑潜还击胜，大破之，擒胜献于上，诏磔之于市。定国持胜首示可望，可望恇惧。定国大呼告诸军曰："天子在是，可望欲行弑逆，汝等何所利，而为逆贼受恶名，反天道耶？"文选等皆趑趄不进，可望军遂溃。反走，归贵阳。上欲息兵，合谋下黔、楚，以命定国。定国听命，诏刘文秀和解之。文秀刺血书告可望，可望复书狂嫚，文秀泣曰："自作不靖，以召外寇之侮，吾死无日矣！"遂仰药死。可望频岁侵云南不已。

永历十一年，定国乃奉诏数可望罪，举兵出毕节讨可望，可望帅双鲤、文选、维兴拒战，定国奉诏谕三将，令归顺，各封郡王。文选、维兴皆举军降，可望与双鲤军皆惊溃，定国兵蹑之。兵士家口皆居云南，定国入滇，悉予存恤，至是，皆反走赴定国。双鲤不得已，亦降。可望入贵阳，不敢留，携妻子、宝玉及亲信二百余人北走。十一月，至武冈，遂降于清。定国定贵州，归云南，安插诸军。

萧尹之至南宁也，上封定国晋王，定国辞不受命。及是，白文选等皆爵郡王，上乃固命定国，定国始受晋王之命。间道遣使赍黄绫小诏及定国书，下海约郑鸿逵，以明年夏会南都，驰檄荆西，约王光兴、李来亨等会荆州。号召四出，期大举出楚，而诸将吏兵民见可望北降，知虚实险易尽输于敌，皆摇摇无固志。可望之降也，因洪承畴请兵取云、贵，尽图山川迂曲及诸将情形、兵食多寡献之，清封可望为义王，如其策，大发满汉兵二十余万，一由川南东川入，直冲大理；一由建昌入，攻腾越；一由广西庆远入，捣平越；一由泗城州袭广南，而洪承畴率大军从黎、靖先入，诱定国出黔应敌，乃使奇兵绕出反攻之。

永历十三年，承畴兵薄贵阳，定国保毕节，扼关索岭，沿菁涧设伏，连战二十余日，杀清兵万计。而泗城兵已达临安，川南兵侵腾越、大理，定国三面受敌。可望又遣人赍手书，招诸将帅，言："已受王封，视亲王，恩宠无比，诸将降者皆得予厚爵，非他降将比，惟定国一人不赦。”刘文秀之子及马维兴、马宝等皆为所訹，先后举兵降。定国军大溃，乃退师，奉上奔永昌。追兵益至，定国奉上奔缅甸。上至缅甸，定国自出收兵。缅甸人叛，逼上，送诣吴三桂所。三桂犯顺，上崩于云南府。是日，烈风黑雾大集，飘屋瓦翔空如鸟，满汉兵十余万皆震悼悲号，三桂杀数百人乃定。定国闻变，还兵至缅甸，已无及，因缟素发哀。定国披发徒跣，号踊抢地，吐血数升。遂杀妻子，焚辎重，举兵攻缅甸，屠之。率其军居徼外两年，愤恚呕血卒。

卷十五　李来亨列传

王光昌　王光兴　郝永忠附

李来亨，始以降附功授总兵官、都督同知，既而封□□侯。永历五年，高必正率党守素、贺锦及来亨自黔走蜀，为孙可望所遮杀，独来亨力战得脱。必正诸军受并于可望，良久，或逸去，皆依来亨。来亨所部尚数万人，自黔东北走入巴、归间。

王光兴者，与其兄光昌皆起群盗，崇祯十二年降于熊文灿。已随郧抚王梦尹守襄阳，屡战有功。襄阳陷，光昌兄弟与荆西道徐启元死守郧阳。李自成攻围浃岁，坚守不下，往往挫自成军。弘光元年，吴三桂以清兵追自成，由汉中东出荆西，三桂驰檄召启元、光昌会师剿贼，光昌困贼围中，匝两载，不知南北情形，猝得三桂檄，犹意为大明兴复，欣然举兵赴之。既见三桂，乃知已移明祚，顾弗能前却，不得已，恸哭剪发，附于清。光兴方城守，见光昌陷，遂率其军走屯房县，依山自固，与清所遣守郧者相持十余年，大小百战，不下。上即位于粤，遣间使赍表诣行在，特敕授光兴总兵官、都督同知，封南漳伯。光兴孤军悬汉北，拒战益苦，粮盐布缕无所取给，时往来郧、襄、荆、夔间，攻下州县就食之。南至夷陵，迎大学士文安之、侍读黄灿督理其军。已而刘体淳、郝永忠先后自湖南来。永历六年，来亨间关亦至，遂与光兴连寨相犄角。巴、巫之间，万岭插天，中有僻壤曰九莲坪，来亨据之，大起营舍，建帅府其上，稍招居民与士卒杂处。光兴屯江南，永忠、体淳屯其西。安之既薨，灿亦卒，群帅推佥都御史毛寿登监督联络，遥禀正朔。

孙可望既叛降，上居云南，李定国遣使间道四出联络诸故将，来亨亦遣使诣定国相结纳，定国报馈殷勤，承制晋来亨、光兴、体淳、永忠爵皆上公。来亨等势稍振。屯耕山田，岁收麦粟草绵，供粮食衣履。亦私遣人市盐铁。荆西居民，或与往来市贩，来亨等亦不夺掠，惟截长江邀抄清官吏归帑及远商。间四出剽杀南漳、房、竹及夔东鄙。清楚、蜀守将不能御。居数年，定国败，清人宣上凶问，以招来亨等，来亨不应。方会诸帅，议求宗室辅立之，而光兴意移，密遣人诣清乞降。光兴久据荆西，来亨等皆以残余远附，居久之，势出光兴上，主客不相浃，而安之、灿先后物故，寿登庸诞，无忠义志，不能辑和诸将，顾潜有乞活心，故怂恿光兴叛众纳款，而来亨之势孤矣。光兴自崇祯十六年来，未尝一由朝廷鼓励，转战寇虏间，垂二十年，天下想望其气义，晚节不终，以速李来亨之败，故闻者莫不惋惜之。

光兴既降，清遂大举兵攻西山。癸酉春，楚督张长庚自夷陵进，蜀将李国英自夔门夹攻之。楚兵入九莲坪，来亨退据山寨，清兵不能进。来亨尽诱其兵入，乃使其兵剃发，杂负贩中，入清兵营，良久，尽得其虚实。来亨自寨发兵下攻，清兵方迎战，顷清营中忽揭大旗，号呼起，火发，爇营舍。清兵乱，来亨纵兵乘之，清兵大溃，杀伤万计。长庚走保夷陵，蜀兵亦为郝永忠所败，楚、蜀震动。清乃遣兵数万，分从楚、蜀逼诸寨，立垒围困之，尽起楚、蜀丁夫，挽粮赴军为持久计。来亨屡下寨索战，皆坚壁不应，来亨乃窘。甲辰春，蜀兵攻体淳、永忠，皆陷下之。体淳、永忠死，来亨粮亦濒绝。而清兵督挽运，丁夫死者积崖谷，益峻法驱里民三千里外诣军负挽，披蓑笠，缘绝巘峭壁，蚁行延绵，弥望不绝。来亨知不能久存，会诸将饮，大哭，分遣逃散。来亨母老矣，其中表舅有为清将者，曾招来亨降，不应。至是，乃遗书以其母托之，遂举火焚寨，与妻子亲信投火中死。

来亨部凡三万余人，来亨死，或死或逸去，就俘执者百五十人而已。余众散入秦、蜀山中，不知所终。来亨败没，中原无寸土一民为明者，惟诸郑屯海外。

郝永忠者，李自成别部之偏校也。初为贼大旗手，号郝摇旗，未有名，既降于何腾蛟，易其字曰遥期，已而思文皇帝赐名永忠。永忠当李自成之殪也，杀其主将而夺其室，故李、高诸部恶之。永忠无所容，倾心附腾蛟以自安，腾蛟深委信之。有众万人，马三千匹，腾蛟厚给其糈。李、高诸部渡江而北，永忠留长沙，腾蛟为题授总兵官、都督同知，为援剿右部，张先璧为左部。

隆武二年，思文皇帝恶郑芝龙，欲出楚甚，日促腾蛟迎跸。腾蛟固无迎意，姑遣永忠名扈跸，发衡州，称取道郴州趋赣，腾蛟密喻意，令务必往。永忠至衡州，趑趄不进，为暴于衡、郴间，凡三阅月而始达郴。思文皇帝凶问已至，永忠遂返兵。闻桂阳州之险，趋据之。州人畏其暴掠，城守不纳，永忠攻破之，屠其城，磔杀前罗平知州夏九庚，流血染衢，婴儿妇女无免者。腾蛟不问，复为榜数桂阳士民之罪，为永忠饰恶。永忠益无所戢。

永历元年，湖南陷，永忠躏入桂林。上在桂林，腾蛟为请封，遂封南安侯。全州陷，卢鼎、焦琏东西支守，永忠遽返兵大掠杀，走柳州去。明年，陈友龙复黎、靖、武、宝，将出长沙，腾蛟以私憾嗾永忠攻之，楚西南千里间，掠杀几空。永忠从无一矢功，惟残毁内地，屠士民，尤为诸将所恶。给事中金堡请因人心之公愤，下诏讨之，朝廷既不能用，而惮腾蛟之护爱之也，为下诏切责堡。已而腾蛟陷没，永忠遂自为军，奏报皆绝。

永历四年，掠武冈西走，自沅镇益北，达楚、蜀界，会刘体淳于荆西。体淳虽雅恶永忠，而以孤悬，故相倚。已而北出房、竹，至南漳，野掠而食，转徙无恒。永历十一年，驰入襄阳，城中清守者惊走。留一日，清援兵至，复退入南漳山中。清盛兵扼郧、襄，永忠、体淳不能出，食且绝，复南会李来亨、王光兴，结寨于巴、巫之西山。壬寅，王光兴降清，清大发兵楚、蜀，夹攻之，永忠败死。

卷十六［阙］

卷十七　晏黄二刘列传　晏霈明　钱秉镫等 黄公辅　陈世杰　蔡之俊　管嗣裘　朱昌时附

晏清，字玄洲，湖广黄冈人，中万历己未进士。宽和朴易，不立皦皦之名，而独操不乱。释褐，授吴江知县，以廉能上最，擢吏部验封司主事。天启间忤魏忠贤，削籍归里。崇祯初用原官起用。时诸以忤珰去者，皆竞起骤登清显，而清高卧不赴召，徘徊十余年。征旨屡下，乃起。历验封司郎中，资望最深，应主铨政。

吴昌时者，当清令吴江时，以诸生为清所拔赏。及是，因周延儒结太监王化民，躐入吏部，遽掌铨政，居清上。忌清雅望，畏物论之不容也，辄用年例，奏迁清为广东盐法道佥事。清在吏部十八年矣，即外迁，亦当得副使。昌时欲重抑之，才改五品，清顾夷然安之。昌时诛，廷论欲召清，清居岭外两载，未尝通一函于燕邸，遂不得召。弘光元年，量擢尚宝司卿，隆武二年，再迁太仆寺卿，皆不赴。时江、黄沦陷，清解官侨寓海北，翱翔无宦情。

上即位，擢吏部左侍郎，辞不至。已而李成栋破广东，清避地浔、南，上在南宁，擢吏部尚书，敦趋入陛见，以足疾不能朝请力辞。上益向用之，特旨免朝参，专理铨务。不获辞，乃受事。清恬淡简易，以病不见客，门无私谒，行在翕然推重。吴贞毓以主事躐吏部侍郎，趋权利，深忌清，而无能与竞，乃自请视师岭上，去。时江、楚避难出者，争称起义求进，屐履相接，牍满公车，朝廷无能辨。清知其诞，为分别用舍，群不逞者皆怏怏造蜚语，谓吏部悬榜，有"'破家起义，全发效节'八字，见之令人欲哕"语。贞毓倡言"如此则流传江、楚，解散人心，为祸不小"，以摇动清。然清实无此语，而公清为端士所推重，贞毓无能如何也。铨郎施兆徵颇通苞苴，扞格清所为，清以持重沮抑之。兆徵敛而改节。

永历四年，吴贞毓为户部尚书，与王化澄相表里以逼清。清屡乞骸骨，疏上，犹未许。会诏狱起，清谏不听，遂移病不起，拜表即行。居浔州，未几卒。年七十有三。子霱明。

霱明，字云章。少以文名于楚，思致韶令，与麻城曹胤昌相颉颃。尤工为诗，清茂有远致。两赴乡举，未第，补贡，随父宦岭外。永历二年，授太常寺博士。四年，进仪制司郎中。安雅远权势，僦庵居，闭户读书，非朝参不出。扈跸至梧州，病卒。

上之立也，朝廷草创，文物简略，诏令鲜所缘饰，间关楚、粤，侍从零落。及幸肇庆，四方收复频仍，人士稍集。瞿式耜留守桂林，尤加意延恤，一当品藻，即予奏荐。操觚胜流，日以宾集。安庆钱秉镫诗体整健，宜兴李来年少善组饰，皆授庶吉士。苏州汪郊，吴中宿学也，官吏部主事。三原温溥知强识有才思，官礼部员外。而楚士之以文名者，则霱明与孝感彭焱称焉。焱思致明敏，工行草书，官兵部郎中。其制诰撰文，则编修安福王华玉、中书舍人吴县吴其靇、礼部主事休宁吴霖、待诏仁和姚端，亦皆彬彬焉。华玉晚归隐，注《易》。其靇擢兵科给事中，监桂林军，桂林陷，不知所终，或曰殁于阵。霖改给事中，为孙可望所杀。

黄奇遇，字□□，广东东莞人。中崇祯戊辰进士，选庶吉士，改编修，历官少詹事。上即位于肇庆，召用未赴。时广东诸荐绅何吾驺、黄士俊、李觉斯、叶承裕、郭之奇、曾道唯与苏观生比，立唐王聿𨮁，诩拥戴功，尽力西犯。及清兵猝至，城门不守，唐王见杀，观生殪，诸拥戴者皆惊靡，就李成栋乞降。所不与观生比者，虏至，亦遁海澨不屈。然广州仕宦林立，能自立节概者，惟奇遇与大学士陈子壮、春坊张家玉、检讨陈世杰、副使黄公辅、推官陈子升、举人黄维璟而已。成栋驻广两载，子壮、家玉皆殉难，购捕奇遇颇急。郭之奇与同井里，乡会试皆齐年，忌奇遇异己，欲思陷之，奇遇因匿海岛，得免。

永历三年，成栋反正，上幸肇庆，乃召奇遇，擢詹事府詹事、礼部左侍郎，掌部事，充经筵讲官。奇遇端和凝重，进止有度，为上所优礼。时江、楚渐次收复，所在以捷告。有张充美者自吴来，伪作吴三桂奏，言举三秦反正迎驾。姜瓖起兵大同，已败没矣。一妄男子自言从大同来，伪作瓖血疏求援。又或投疏，易名姓，称常州蒋拱宸举义复东吴者。朝廷遂诧谓旦夕奏廓清。马吉翔首为导谀，修卤簿，备法驾；戚畹王维恭，债帅侯性、严云从，辄矜豪侈。李元胤以将家子官环卫，军中故有乐部，吉翔与诸戚弁日酣歌纵饮，卿贰台省稍相师，中夜炬烛相望，识者为之寒心。奇遇进讲《孟子》"禹恶旨酒"义，极言酒之为害，能令人忘大忧而致大患。禹为司空之日，值时雍之世，及为天子，文教敷于四海，犹凛凛于杯酌之间，不忍释其三过之劳。后世得此意者，惟晋陶侃，是以能再造晋室，底定江东，而怀、愍之仇尚未能复，雒、秦之都尚未能返，若欲以狂歌痛饮，而坐收匡乱救亡之功，亦必不可得之数矣。上知奇遇意，屡为称善。明年，晋礼部尚书，经筵如故。郭之奇亦以杜永和荐，且入矣，而畏奇遇。永和出师守岭，之奇乃随之赴阙。时诏选庶吉士，令三品以上各荐主事以下由科贡出身有文行未从贼虏者一人就试。奇遇

从驾至桂林。

上至武冈，远生恶刘承胤，不入，与瞿式耜协守桂林。上在南宁，远生陛见，授刑部左侍郎，随上幸肇庆。远生熟谙典章，朝廷草创，一切未驯雅者，远生皆议正之。器宇开亮，与人无回护。所至辄为诸武帅所慕重。吴贞毓诱李成栋迎驾居广州，中外疑汹，远生奉命犒师，与成栋语，成栋惭惧，乃止。永历三年，迁兵部尚书，提督京营戎政，与大学士严起恒、给事中金堡议，为上开武备库，节用储饷，招练禁旅，奉上亲征出楚，督诸将为死战计。是年十月朔，上为下诏亲征，远生日夜规措，稍有绪。马吉翔忌之，通内竖夏国祥，频以太后旨取库金他用，起恒力争之不得，事遂渐寝。

永历四年正月，南雄陷，马吉翔訹上西奔，杜永和请留驾。上疑惧，遣远生及堡驰谕永和。远生冒风涛，冲乱军，以轻舸至广州致命，归而奏言："永和奉诏，固不敢阻留陛下行止，但涕泣为臣言：'上西去，则竟弃广东，付之还虏，诸忠义士随成栋反正者，亦付之还虏，令其杀戮。为皇上画此谋者，亦何其惨也！'臣闻其言，恻然无以对。今或请两宫暂移梧州，而车驾暂留，号召援兵，永和他日之必不敢阻驾，臣请以首领任之。"上闻其奏，欲勿行，而夏国祥遽奉慈圣步辇，待于行宫门外，传懿旨，促上登舟矣。

上至梧州，诏狱起，湘客逮问，群不逞嫉远生甚，而远生素行敦重，勿能伺其短隙者，故免于难。然浮沉怨忌间，无能复自效见。乃自请出，催桂林诸将兵出楚，得敕遣之。远生至桂林，居两月，桂林陷。远生走匿灵川山中，茅屩布衣，与弟湘客泊中书舍人管嗣裘、兵部主事朱昌时，悲吟唱和。孔有德闻其名，欲招致之，远生益匿瑶中，得脱。永历六年，李定国攻复桂林，远生就见之。定国以专征自大，倨见文武旧臣，远生至，肃然起迎。远生与抗礼，无所诎，从容劝定国尽忠戴上，定国尤钦信焉。定国下湖南，留远生守桂林，激励士兵，控扼平、柳，捍全、线、马三将之兵，屡击却之。定国战于衡州，不利，线国安乘胜复拔桂林，远生退入溪峒。忧恚成疾，卒。

湘客，字客生，别号端星。少为名诸生，博浃治古文词，尤工为诗，楷草书皆入能品。壮游燕、吴，交四方搢绅人士，谙习朝廷典故。陕西陷贼，湘客避乱出。兄远生，官于赣，遂依以居。慷慨有当世志，为赣抚李永茂所器赏。隆武中，荐于朝，授汀州府推官，考选，擢山西道御史。闽陷，走广东。上践祚，湘客与拥戴，李永茂疏荐湘客为三秦人望，可大用。王坤恶其不谒己，假御笔抹斥之。永茂怒，致仕去。瞿式耜尤重湘客才，奏改翰林院编修，充日讲官。坤复阻之，为辍日讲。

上自桂林出全州，刘承胤以兵入见。马吉翔与相比党。承胤奏请封吉翔及郭承昊、严云从伯爵，御史毛寿登疏论之。侍讲周鼎瀚，故与王坤交善，与湘客有隙，乃谓承胤曰："寿登疏，湘客所草也。湘客与诸台省在外谓公为董卓。"承胤怒，奏："给事中万六吉、御史吴德操及湘客、寿登号四虎，把持国政，裁损功臣。"矫旨缚之阙下，将杖之，廷臣跪救，不释。承胤佯跪伏求免，乃释之，湘客落职。时承胤欲邀上幸武冈，湘客与瞿式耜言："上宜返跸桂林，中制粤、楚。"式耜驰疏，谏上西行。承胤怒，湘客系罢，而上遂决入武冈，在廷无敢止者。

湘客既斥，避兵居柳州。承胤降，上奔柳，乃复湘客职。敕往桂协赞留守军务。上幸桂，进中允。郝永忠溃掠桂林，上幸南宁，敕湘客返桂，安抚乱亡，募义饷，赞战守。湘客殚力与式耜为死守计，桂、平、全皆底定。及广东反正，上出肇庆，湘客入见，擢侍读学士。朱天麟、王化澄以湘客非科目，不当入内制，忌摘之。湘客不自安，请外除，遂用前御史积资改都察院佥都御史，协理院事，与都御史袁彭年秉宪纲，裁正冒滥，奏汰钱匡、吕尔玙出台。匡、尔玙皆因马吉翔进，吉翔故怨湘客，至是，益甚，遂日为蜚语，称湘客与彭年结科臣丁时魁、金堡、蒙正发，结党把持。流传宫中，慈圣太后信而恶之。

永历四年，上奔梧州，吴贞毓等奉吉翔意，率群不逞交参湘客、堡、时魁、正发，遂逮下锦衣狱，掠治之，革职胥靡论。湘客出狱无所归，客桂林。远生奉敕至，因依以处。数月，桂林陷，丁时魁降，邀湘客出，湘客不应，匿缁流中，因剃须发，得免。李定国复桂林，远生赴之，湘客以曾与金堡议，不与孙可望王封，疑，不见定国。定国顾往往就远生问湘客、堡甚挚。其后桂林再陷，远生卒于瑶中，湘客崎岖葬远生，匿贺县山中。未几，亦卒。

管嗣裘，字冶仲，湖广衡阳人。少英爽，有文名，谙壬遁象纬。中崇祯壬午乡举。张献忠陷衡州，购索人士充伪吏，嗣裘走匿深山，献忠促令捕杀之，其兄嗣箕为应捕代死，会献忠去，得免。已而游广东，故与苏观生善，及是，遇观生于广州。观生立唐王聿𨮁，授嗣裘给事中。嗣裘窜匿优人舍中，得不拜伪命，遂遁归南岳，与行人王夫之举义兵于衡山。战败军溃，走行在，授中书舍人，奉敕至平乐。广西陷，匿灵川山中。冬月，负败絮，采苦菜以食。与刘远生、刘湘客、朱昌时行吟溪峒中，以死自誓。

李定国复桂林，招远生洎嗣裘、昌时出，尤优礼之。嗣裘见定国赤心不随孙可望为僭逆，曲说定国决策迎驾，定国亦委意焉。居军中，与议机务。定国之东攻肇庆也，孙可望遣使羁縻之，定国亦以孤军外悬，所向未利，难即与可望亢，遂姑通好。可望故用张献忠七叠篆印，定国承制铸印给将吏。嗣裘谏，令皆反九叠。至是，仍销九叠印，复七叠。嗣裘日怂恿定国遣使安隆候驾，定国犹豫未遣。嗣裘大恚曰："吾立身十余年，滨死者数四，岂更从人作贼耶！"弃定国军去，将祝发为浮屠。至修仁，不知所终。

朱昌时，字若木，直隶广平人。父□□，为沅州判官。清兵至，城守，被擒不屈，遂遇害。昌时早为诸生，稍通吟咏。隆武中，大学士路振飞与昌时同里闬相知闻，荐授推官。

永历元年，擢兵部主事。丁艰，居桂林，筑草舍于灵川山中，读书自适。桂林陷，御史吴德操、给事中丁时魁、待诏姚端皆降，为孔有德所赡礼。昌时深匿不出，并日而食，以死自誓。李定国复桂林，昌时同刘远生守桂林。桂林复陷，益走瑶中，愤恚，饥病以卒。

卷十八　二张列传　朱嗣敏

万年策　揭重熙　刘季鑛等　周鼎瀚　田辟附

张家玉，字子元，广东东莞人。年甫十九，中崇祯癸未进士，改庶吉士，卓荦不随时俯仰。北都陷，家玉衣斩衰，哭思宗皇帝于东华门，扣额抢地，血出被面，宛转号啼不能起。贼守者义之，纵之逸，遂南奔归里。思文皇帝立于闽，以荐召见。上素重其节概，奏对尤称旨，授翰林院编修，兼吏户兵三科给事中，为御营赞画。俄奉使至广东，未复命，闽陷，家居。苏观生立唐王聿𨱇，要家玉同事，不听。

上自肇庆以左中允召，家玉乃拜命。道阻未赴。李成栋陷广州，家玉毁家招义兵，据东莞，与陈子壮相应。清巡抚王芋，当崇祯末，历官佥都御史，与家玉旧相知闻，至是，遣书敦劝家玉剃发出降。略云："杨子为我，拔一毛而利天下不为，轲也讥之。先生何爱一毛而不以利宗族乡党耶？"家玉得书大骂曰："老贼不死，乃敢侮孟子！"因答书责之曰："两都继陷，三君蒙恤，玉谓公为国大臣，必久已死，而尚存乎？公岂不闻哭先帝于贼廷者为谁？而今欲以淫词污君子之耳哉！”芋大怒，遣兵攻之，家玉扼险拒战，相持数□，芋益兵大至，家玉骑马督阵，过水次，马惊，坠水死。义军惊溃。芋进兵屠之，余众走入海。

永历二年，广东反正，家玉弟以事闻，诏赠家玉詹事府少詹事、兵部侍郎，谥文烈。家玉诗材亢爽，于军中作《悲愤诗》百余首，其弟梓行之，有云:“真同丧狗生无赖，纵比流萤死有光！”其志操可睹矣！

张同敞，别号别山，湖广江陵人，故大学士居正之曾孙也。少超隽，尚忠义。为诸生，有文名。工诗歌，悲壮开朗，不为近今之调。善行草及八分书。崇祯三年，上方崇综核，追录居正功，复其荫。同敞意在科举，迟回未就。久之，乃应诏出补中书舍人。崇祯十五年，奉敕戒谕楚、蜀宗藩，未复命而北都陷。同敞奉哀诏，哭踊绝食者数日。自以世受国恩，而蒙先皇帝祓濯家世，恩纪尤重，遂冠白网巾，衣布素，撤音乐，以终其身。所领朝参牙牌，佩之出使，未及缴，至是，中朝典物沦没，惟同敞牙牌独存，乃为庋阁悬奉之，每旦必鞠躬修敬焉。

弘光中，自以视居丧礼，不入朝。荆土陷贼，漂泊江湖间。思文皇帝立，乃就闽陛见，复追录居正边功，改锦衣卫指挥使，非其好也，以不欲没祖功，姑就之。奉敕使湖南。闽陷，谒上于全州，随驾入武冈，恶马吉翔、郭承昊，耻与同列，复就中书班，改编修，充诰敕撰文官，擢侍讲。不合于刘承胤，奉敕出寓靖、黔间。永历三年春，崎岖达桂林。会何腾蛟败没于湘潭，楚师惊溃，入广西，依何文瑞，文瑞不能礼。上命瞿式耜兼督楚师，式耜奏荐同敞忠勇，负宿望，当任以楚事，乃以少詹事兼兵部右侍郎，督师复楚。同敞至性过人，局度恢廓，每鼓励诸将，辄流涕被面，诸将翕然钦感之。楚西诸帅马进忠等皆奉节制。同敞尽瘁行间，身无余衣，厨无兼肉，尤为诸武人所重。

永历四年春，督诸军下全州，复东安，围永州，粮不继而退。朝廷自失腾蛟，经理错乱，散遣监督，事权不一。何文瑞以故督子仍督滇旅。朱嗣敏以御史擢佥都，监曹志建军。万年策以佥事自请缨，擢兵部侍郎，督王、马营。马进忠又自以意请毛寿登为其军督。唐诚、吴李芳皆居丧墨绖，用翰林兼部院衔，分督马进忠、王进才军。猥沓倚附，诸将尤轻狎之。同敞亦为所摇掷，莫能自行其志。每午夜秉烛起，欷歔悲吟以寄意。永历四年春，大学士严起恒奏："何文瑞忠勋之裔，年少文弱，当令读书史馆，为皇上亲臣，不宜遣亲戎行。当举楚事一委之张同敞，则于国家大计与笃念世臣之恩并行不悖。"上乃解文瑞兵柄，一付同敞。然所督者滇、杨及马养麟而已。

同敞行视严关，与胡一青议守桂之策。阻要害，树栅立垒，以待马进忠之东。方图进取，会梧州诏狱起，同敞疏言：“朝廷方在危迫，不宜用北寺狱拷掠言官。”王化澄怒，拟旨答云：“诏狱廷杖，祖宗旧制。尔独不念尔祖居正之杖邹元标乎？”同敞大恚，以辱诋其祖，抗疏伸理，尤为化澄所恨。会于元烨自楚西来，诣阙求督楚师，化澄遽擢元烨兵部尚书兼副都御史，尽督王、马、滇、杨之兵，以夺同敞权。元烨者，故大学士慎行之孙，昏耄猥墨，尤为物论所不齿。既至桂林，饰女以嫁赵印选，印选遂拥之为军主，与同敞抗。减胡一青军食，严关守军皆馁，一青退屯大榕江。清孔有德来攻，印选不援，一青孤军溃，印选遽携帑走。有德进兵，薄桂林，同敞单骑麾兵，兵皆骛散不听。同敞驰入城，见瞿式耜曰：“同敞不死于阵者，为不欲暧昧自毙耳。愿与先生同死城中。”式耜起，执其手曰：“吾固死此，正待君尔。”乃秉烛行酒，各赋绝命诗。是夕有德屯兵城西北，火光烛城中，城门无守者。同敞据枕酣卧，鼾声如雷。黎明起，与式耜沐栉整冠服，坐署中。从者皆散。清兵入，被执，见有德，同敞瞋目戟手向有德曰：“麾下从毛将军起海上，受朝廷恩命，官三品。今国且垂亡，吾以麾下为久死矣，而尚存耶？或者吾殆见鬼乎！”有德大怒，命壮士曳之仆地，捶之，折一臂，一目突出。同敞大呼曰：“叛国贼，速杀我！国士不可辱也！”有德知不可屈，命曳之出，与式耜同系。

有德遣降吏彭而述、王三元来劝降，式耜言：“四世受国恩，为朝廷大臣，但祈一死，必无降义！”同敞曰：“先生奈何以此与戴犬豕头人语，迅雷岂为蛰虫设耶！”系间，与式耜唱和诗各十余首，流传人间，金堡集而行之。

居旬日，有德复召之。入，置酒与饮，肴肉置地，铺毡命坐。同敞植立不揖，以足蹴肉倾之，曰：“此犬豕食，何污吾目！”有德令置绳床食案，同敞不肯就坐，曰：“囚首短衣，岂饮食时耶！”有德命取巾衫与之，同敞正冠整襟，向有德揖称谢。有德曰：“汝固不揖我，而今何揖也？”同敞曰：“麾下惠我以冠服，我将服之以死，上见先皇帝于在天，下见先人于九原。麾下真善我死者，吾知己也，故揖谢。”乃就坐，举酒属式耜曰：“先生且强饮，座中孰为□□，□□皆我中国文武衣冠吏士，特一念之差，遂成□□。使孔参戎一转念，庸讵不可同为社稷死乎！”有德目摄之。明日，遂遇害。桂林不见雪者十五年矣，同敞临刑之日，雪霰杂下，林岫皆白，雷电交作。同敞顾谓式耜曰：“此岂非先生及敞乎！”式耜笑而颔之。同敞姿干清伟，目灼灼光出睫外，言笑轩爽，文笔遒劲。给事中陈泰来殉难于闽，家人避难楚西瑶峒，游兵或扰之，同敞大书其门曰：“忠臣孝子之家，烈风雷雨且将听命，而况人乎！”掷笔顾坐客曰：“此志气之必然，无足疑者！吾辈死，当有以验之。”其刑也，果如其言，致雷雪之异焉。同敞晚生一子，方在褓，桂林陷，不知所之。

朱嗣敏，字兼五，直隶怀宁人。颇工诗，善行书，以诸生参江督吕大器军谋，用功贡，授衡阳教谕。中湖广丙戌乡举，严起恒奏授中书舍人，历粤、楚军中，改御史，监焦琏、曹志建军，擢佥都御史。方受命，桂平陷。上奔南宁，嗣敏崎岖走贺县，入志建军中，鼓励志建固守不降。未几，以疾卒。

嗣敏文辩有余，非军旅才，其为监督也，坐啸而已。顾守正不媕阿于强帅，张同敞重之。

万年策，字献之，贵州平溪人。以乡举任郧阳府同知，守郧有功，擢监军佥事，丁忧归里。年策历官疆场，与马进忠相知闻。及进忠湘潭衄，退屯武、靖间，年策赴之。进忠自失何腾蛟，无所推承，意年策习行伍，可与共事，年策亦歆然自任。入见行在，自请督楚师。朝廷意其能得王、马诸军要领，遽擢兵部侍郎兼副都御史，赐尚方剑，出。

年策既无殊才，抑老矣，不能驰驱。奉命，至靖州，进忠屯新宁，与相左。清兵猝至，惊遁归里。自何腾蛟没后，楚兵星散，请缨监督者凡十余人，皆无一兵可将，求附于诸将，寓食而已。其自以起义召募成军者，惟刘季鑛、揭重熙。

揭重熙，字祝万，江西临川人。早岁文思敏赡，与同邑陈际泰齐名。以五经应乡会举，中崇祯丁丑进士，官主事。弘光中，抚、建、汀、赣之阎、王、宋三姓据帘子洞，倚山为寇，张肯堂、李永茂剿抚之，未定。隆武元年，江西陷，重熙乃诱令归正，为义军以抗清兵。以事上闻，授重熙佥都御史，督江、福义旅。重熙以便宜授诸渠帅札官，遂据抚州。

金声桓反正，檄重熙解兵，重熙姑令退屯山中。声桓之自赣归守南昌也，留刘一鹏守抚、建相接应。既而清兵围合，一鹏不能赴援。南昌陷，一鹏弃抚州走，就重熙于山寨。重熙收辑之，与义军合。出攻临川、永丰、兴国，迭有收复，未能守也。重熙间道入奏，诏加兵部侍郎，便宜行事。军既孤悬，莫与策应，兵冗粮绝，众渐离散。清兵四面来攻，大败，兵溃衄，重熙遂遇害。

刘季鑛，字安世，江西吉水人。大学士刘同升之子也。隆武中，以贡授翰林院待诏。归里。吉安陷，季鑛走湖南，谒上于武冈，改检讨，寻擢中允，与周鼎瀚不合，触刘承胤、马吉翔怒，有旨谪外，季鑛遂请终制。已乃奉敕复原衔，兼佥都御史，联络江、楚义旅，墨缞行事。季鑛志节清峻，高自标举。故娶李元鼎女，元鼎降清，季鑛遂出其妻。顾年少喜功名，无持重意，轻何腾蛟，与不相下。衔敕，间道走衡、永，所至慕义者津送之。至酃县，遂纠众起，号召响应，复酃、茶陵、兴宁、永兴、常宁诸县，以便宜铸小印如拇大，辄授副总兵、职方主事以下文武吏及群邑守令。颇不择人而授，渐失物望。何腾蛟厌而裁抑之。

永历三年春，腾蛟败没，江西再陷，季鑛所统义兵多骇散。堵胤锡标将彭嵩年、向文明及金声桓部将盖遇时，屯聚郴、韶间，季鑛收抚之，尚未能得其要领。南至韶州，将入见，朝廷以其陈请繁叠，薄之不召，以兵部侍郎仍兼原衔，出图江、楚。帅标兵数百人，至黄埠司，民变起，围季鑛，兵溃败，遂遇害。

季鑛兄伯钦、仲镎，皆清节士也。伯钦字安期，尤敦长者行，仕至太仆少卿。以不剃发为清吏所执，系南昌狱，不屈。久之释归，卒。仲镎字安礼，举于乡，亢节不仕清，隐于梅川。

吉安人士慕文山遗烈，不肯屈节者比肩相属。诸刘而外有庐陵甘永，安福周翊、欧阳霖、陈觏、周鼎瀚之弟鼎泗，皆乡举也。甘永字方不，从万元吉军中，题授兵科给事中，兵败走死。周翊字以连，文笔清放，气致超隽。庐陵举人黄震象、鼎象兄弟固摔闟士，南昌陷，遽遣信纳款，翊知其实，请于万元吉、杨廷麟诛之，廷麟不听，翊拂衣去。震象兄弟果献城内应。吉安陷，震象必欲杀翊，翊走行在，授行人，不就官，退隐乐昌山中，卒。觐字二止，甘贫砥节，自吉安陷，与妻子诀，寓食攸县山寺，粗粝不给，或饮水以终日。鼎泗字畴五，授中书舍人，亦未就官，退隐梅川。欧阳霖初名介，字方然，以泸溪教谕升北流知县，擢户科给事中，车驾幸肇庆，请西出桂林，与杜永和廷争，弃官归里，闭户食贫，不通人事。

周鼎瀚，字浩若，江西安福人。都御史□□之孙也。以荫官南京刑部主事。家藏书数万卷，多诸秘本。南曹简暇，鼎瀚开水阁于秦淮，辇藏书其中，四方人士借读者皆得就读，仍为资给之。以是得交游誉闻。北都陷，思宗皇帝讣至，鼎瀚恸哭投淮水，人吏掖救之，不死。南都陷，走归里。今上立，鼎瀚间关陛见，改翰林院侍讲。顾不能自坚，与刘湘客不协，遂附王坤倾湘客。已为刘承胤所诮擿。复因马吉翔与承胤比，遽授侍读学士，进少詹事。时内阁缺员，马吉翔以意答章奏，不复票拟，直朱批行，时召鼎瀚缘饰文句，鼎瀚即自称直文渊阁。以是尽失素望，为中外所轻。鼎瀚不自安，请敕联络江、楚，带兵部侍郎衔出。复自署视师阁部，为何腾蛟所厌薄。翱翔郴、桂间，号召义兵，瞿式耜疏纠之。鼎瀚不得志，就盖遇时，监督其军。遇时瞋其亢傲，遂见杀。

鼎瀚夙以志节风操见重时辈，驱驰思报国，滨死无降清志。然不谙大体，欲因缘就功名，见嫉，失所而死，闻者莫不惜之。

时有田辟者，字茅公，河南人。中崇祯甲戌进士，官广东监司。广东陷，匿韶、郴间，纠义旅，自署督师阁部。引兵至桂阳县境，兵不戢，民稍患苦之。民变，起兵围辟，遂见杀。

卷十九　袁洪曹列传　戴国士　萧琦附

袁彭年，字介眉，别号特丘，湖广公安人。父中道，万历丙辰进士，礼部仪制司郎中，工诗，与兄弘道齐名。彭年亦与兄祈年早立文誉，以制义名家，诗宗北地、信阳，辟为公安诗，学者排诋备至。时武陵杨鹤，子嗣昌，父子好恶相径庭，议者谓楚人父子喜于相反，亦习气然也。

彭年中崇祯甲戌进士，授淮安推官，以法钩致陈启新，褫衣杖之，启新恚死。由是名动朝列，以卓异征赴考选。薛国观恶台省异己，间奏上暂罢考选，征至者皆授部郎，或补沿边知县。明年，上召对廷试进士，授以科道官，考选遂停。彭年授礼部主事，请告归里。荆土沦陷，彭年避地江淮。

弘光初，诣阙见，乃改礼科给事中。时楚事方棘，彭年与御史江陵徐养心奏："恢复大计，根本在楚，乞以前顺天巡抚杨鹗督楚豫军。"诏从之。而马士英方向用何腾蛟，中格不行。彭年故以亢直名，既居省中，与陈子龙、吴适、章正宸齐名。时马士英、阮大铖尤忌姜曰广，建安王府中尉朱统𫔵应募上疏，攻曰广有逆谋，词连史可法、吕大器、张慎言。彭年上言："祖制，中尉有奏请，先令长史司具启亲王，参详可否，然后给批赍奏。若以换授候考吏部，则与外吏等，应从通政司封进。今何径何窦，直达御前，微刺显攻，捕风捉影，陛下宜加禁戢。臣，礼垣也，事涉宗藩，皆得执奏。"不听。马士英欲以从逆为驱陷东林名，疏请诛逆，言从逆诸臣，强半是正人君子之流。彭年抄驳，言："从逆姓名，传播不一，佥人乘间，阳为正人口实，阴为逆党解嘲，借今日讨逆之微词，为异日翻逆之转语，不至淆国是而倾善类不已。夫从来善类所归，间杂匪德，东京盛名，岂无逃死之张俭；元祐锢籍，亦有幸免之元章。二十作朋，管、华分席；七贤寄傲，山、王同列。岂因郧宫一姓之恶，遂毁铜台全部之音。唯是温公一信蔡京，而绍述之祸旋起；唐室一进逢吉，而兴复之业不终。孔子曰：'君子而不仁者有矣夫，未有小人而仁者也！'今日何独疑之？"由是为马、阮所深忌。已而诏锦衣都督冯可宗遣役缉事。彭年上言："高皇帝时不闻有厂，相传永乐十八年始立东厂，命内臣主之，此不见正史。后唯万安行之，一盛于成化，然西厂汪直，逾年辄罢，东厂尚铭，有罪辄斥，当时不得称纯治矣。再盛于正德，则丘聚、谷大用等倚附逆瑾煽虐，酿十六年之祸，天下骚然。三盛于天启，逆魏之祸，几危社稷。是厂卫之兴废，而世运之治乱因之。先帝亦尝任厂卫访缉矣，乃当时无不营而得之官，有不胫而走之赂。故逃网之方，即从密网之地；作奸之禁，适以资发奸之人。始犹帕仪交际，为人情所有之常；后乃赃贿万千，成积重难返之势。岂非以奥援之涂愈秘而专，传送之津愈曲而费乎？徒使刁风所煽，官长不能行法于胥吏，徒隶可以迫胁其长上，不可不革。”疏入，严旨切责，谪浙江按察司照磨。

彭年既废，翱翔浙、福间，思文皇帝召补原官。闽陷，遂降于清。彭年以伉直鸷击，负时重望，然挟谋数，工揣持，不能淡于权势，故死生大节无足取者。李成栋荐之，为清广东提学副使。阅两岁，江西反正，举兵围赣州，岭海大震。彭年故楚人，闻何腾蛟、堵胤锡渐次复湖南北，彭年与李元胤交善，知成栋有反正意，因怂恿之。成栋召彭年入密室定计，遂决策以广东归顺。上至肇庆，录彭年功，擢都察院左都御史，掌院事。彭年娴典制，喜操切，金堡、丁时魁亦以其素望，稍引重之。遂奏请厘纲纪，慎黜陟，重名器，为激励忠义之用。首疏参朱谋墾由宗室径授佥都；钱匡以金声桓书办，无出身履历，又无尺寸功；吕尔玙假称举人，鬻身缇帅，混迹台端，皆非法，宜速黜之。谋墾主马吉翔，匡因缘吉翔，得敕旨，尔玙，吉翔狎客也，彭年故力攻之，以裁吉翔权。疏入，诸躐级用者皆惴恐，匡、尔玙遁去，谋墾以出楚催援江军，得不夺职。彭年既以主持台纲、裁抑恩幸自任，而以意授李成栋，令具密疏攻击，故上亦薄而忌之。群失职者怨彭年，彭年抑善为推却，移怨于金堡，故堡敛怨尤深。何吾驺干李成栋，荐入政府，堡、时魁恶之。吾驺结通政使毛毓祥、给事中李用楫，与堡、时魁相龃龉。彭年与吾驺皆因缘反正功大用，行止略同，冀彭年之援己。彭年耻与吾驺伍，亟思自异，乃疏攻吾驺奏引私人，紊乱国政，吾驺亦讦其把持。李元胤为平之，皆不听。吾驺称疾谢政去，彭年亦不自安，乃以慈母死乞假治丧请。旧制，大臣请治丧者，皆如丁忧例，三年不得销假。得旨，准假。彭年遂解官，居广州。彭年母与死者皆中道姬妾，偶有拊摩恩，未尝受父命令慈养己，于礼当服小功。彭年以忿争失望，缘饰为引退计，遂为制服如生母，其矫谖类如此。

永历四年春，南雄陷，上将西奔，彭年入见，惧上西去，必有攻己者，乃请敕督元胤军援广州。上既至梧州，吴贞毓等交攻彭年及堡、时魁、刘湘客、蒙正发，疏十余上。有诏，彭年有反正功，置勿问，而逮堡等下北镇抚司狱。狱既成，李元胤入见，彭年附元胤至行在，疏言："臣与四人同罪，不当独从宽宥，请自诣廷尉服罪。"上优诏答之。彭年返肇庆，是冬，广东再陷，彭年匿民间，已复出，投款，言李成栋胁己反。賮缘得免，归里，挟策游潜沔，以诗自鸣。未几死。

梧州之狱，彭年首见攻而独见原贷。议者谓五人同案，而堡等素节未亏，重罹刑戍，彭年独以曾为降清，畏之不敢谁何。当国者颠倒至是，欲救危亡，宜不得已。彭年早树声望，弘光中尤以伉直为天下想慕风采，既而隳节贪荣，遂为士大夫所厌憎。瞿式耜、严起恒、堵胤锡皆重恶之。彭年知物望不餍，益为奡岸，文过自矜。金堡始以其习知国宪，不畏权幸，独与交好。既而随元胤赴阙，要君请罪，既得优旨，施施自得，堡亦自悔其失交。

时有戴国士者，字初士，江西南昌人。中天启辛酉乡试第一。颇有文誉，善结纳为声望。解学龙巡抚江西时，降礼与交。学龙以荐黄道周被逮，国士经营其间，因以清流自标榜，驰书四方，迎送宾客，日不暇给，时称其家为“东林茶馆”。相传其缄书糨日用面五升。南昌陷，国士降于清，为辰沅道兵备副使。已见江西反正，湖南恢复，陈友龙兵且压沅，遂举沅州归顺。上疏行在，自署衔云“比例部院举人臣戴国士”，奏称：“袁彭年为总宪，曹烨为枢部，臣始未视彭年、烨，宜得如二人官。”知者莫不笑之，并为彭年愧。内批以朱斥其衔。彭年顾不恤物议，为之护饰，授巡抚偏沅佥都御史。湖北再陷，国士复据沅州入于清。自言通权变以缓明兵，为保全土地人民。事觉，为清所杀，没其家。

洪天擢，号西崖，直隶歙县人。中崇祯丁丑进士，由部郎升武昌知府，以清刚子惠宜其士民。崇祯末，兴国土寇吕瘦子作乱，袁继咸平之。余党犹蠕动不息，天擢抚慰安插，乃大定。崇祯十七年，擢副使，分巡下江防道。武昌兵寇频仍，天擢自以恬素，非御乱才，欲致仕去。已而南都陷，归路绝，不果。移海南道，驻琼州。天擢以琼海阻大洋，谓可粗安，便之。莅任两载，辑抚黎汉，得安堵。隆武中，求崇阬者旦暮九卿，天擢处海外，为安身计，不通请谒，故不迁。

隆武二年，上即位于肇庆，安南请封，给事中李用楫受命往，归至廉州。清李成栋攻陷海北，用楫走渡琼州。成栋驰檄招琼崖降。天擢会用楫，议阻海抗之。用楫对琼士民大言曰："今天下已尽去，更为谁守？唯宜早遣纳款以全百姓。"用楫方服所赐一品服，天擢怒，揽其玉带曰："公此带出谁所赐，而作此语也？"拉碎之，奋臂批用楫颊。部民噪起，逐用楫。顾用楫以此渡海，走钦州，清兵不至，遂得至南宁，达行在。而天擢阻海守，成栋盛兵来攻，城垂陷。天擢投缳，坠地不死。成栋雅重天擢，调护备至。天擢不能自坚，乃请以降顺归农。成栋留之军中，未遣归。既反正，天擢以与谋归顺功，特诏起用，擢吏部左侍郎。天擢素无宦情，又以名节不全，用反正功居卿贰，悒悒不自理。恒称疾不视事，绝荤酒，闭户诵佛书。李用楫怀见逐之怨，又畏其扬己海外大言也，每朝会，必以气凌轹之。天擢积不能忍，顾用楫叹曰："天擢不幸，求死不得耳！公言天下已尽去，更为谁守，今日已得主公，勉力尽忠，玉带尚可补也。"用楫赧退，由是恨天擢刺骨。

永历三年，天擢九乞骸骨，得请去，寓高州。高州守将李明忠骄愤无度，以贿结用楫为兄弟。用楫为之地，遽以无尺寸功加宫保，封恩平伯，因与用楫为腹心交。用楫谓明忠曰："天擢旧官海外，有异宝，为少宰，复受多金，可袭杀之，我保其无他。"明忠夜发卒攻天擢，杀之，歼其家，童稚无免者，掠其赀，不满百金。明忠叹曰："给事第欲报私怨，而使我杀此穷老措大耶！"事露，用楫方与王化澄、吴贞毓比，遂无致诘者。天擢门人武昌郑古爱欲击杀用楫于廷，用楫匿免。

曹烨，河南祥符人，中崇祯辛未进士，历官分守苍梧道按察副使。隆武二年冬，上即位于肇庆，烨与府江道唐绍尧同与拥戴，绍尧擢户部侍郎，烨佥都御史，巡抚广西。已而广东陷，上西幸，留烨守梧州。

永历元年正月，李成栋遣副将杨大甫、张月自高州进兵来攻。师甫至郊，烨出迎降，檄所属守令归附。郁林知州王华玉、北流知县欧阳霖抗节不屈，烨遣兵捕之。华玉、霖走南宁，得免。成栋仍留烨署巡抚。已而清遣巡抚耿献忠至，烨乃客寓广州，依成栋以居。会成栋反正，烨、献忠皆不次擢用，献忠拜工部尚书，烨兵部左侍郎，掌部事。华玉、霖交疏攻之，诏不问。时江、楚、闽、蜀大镇数十，拥兵殆百万，四方绅士义民起义者接踵，闻上出肇庆，将度岭亲征，皆踊跃请命，奏报填委。烨才既猥下，又以降吏依成栋，得掌枢政，益淟阿苟容。凡疆场战守机宜，驾驭爵赏，部署兵马，皆惛惛弗能理；奉行诏旨，给与札印，日匆匆不暇给；下慑科参，持两端。职方郎中南海唐元楫与烨同年进士，又尝与烨同降清，相为比昵。元楫尤贪猥不知耻，堂司互相盖覆，四方奏使，排阖叫号，凌轹无纪，烨愧受而已。

自隆武来，诸帅进退不复咨中枢取决，率以意为行止，积成瓦解。上即位，始用林佳鼎以左侍郎掌枢务，稍务振摄。未几，佳鼎亲帅兵与苏观生战，败没。王化澄继之，茸阘无度，部权复替。化澄入直，萧琦继之。萧琦者，字韩若，江西庐陵人。素有文望，颇自矜名节。及骤迁九卿，遽以贿为命，鬻武弁札，至十余金而得副总兵衔。积金帛巨万，以数舰载至象州。舟覆，尽没于潭。琦亦病没。至是，烨愈窳坏，日奉诸将鼻息，彼嫌此碍，怨恶丛之，烨亦窘。由是四方益轻朝廷，分崩销蚀，以迄于亡。

永历四年春，南雄陷，上西奔梧州。烨遂不从，请敕督东粤诸军，留守肇庆。是年冬，肇庆再陷，烨走死。

卷二十　童郭吴万程鲁列传

童天阅，湖广施州卫人。中崇祯庚午乡举。弘光中，以推官请缨，因马士英得陛见，擢兵部职方司主事。归施州，调募楚、黔土汉兵入卫，未赴，南都陷，遂入闽。上疏自陈，思文皇帝召见之。天阅躯干魁伟，言论夸诞。思文皇帝悦之，擢佥都御史，监御营军。闽陷，走归施州。

上至武冈，天阅入见。与刘承胤比，遽擢户部尚书。武冈陷，复走归施州。永历四年，复入见于梧州。吴贞毓欲逐晏清，天阅与贞毓相结纳，拟贞毓旦夕迁吏部，则己复户部。时天阅方居母忧，适二十五月，遂亟欲除丧。自著《禫论》一篇，谓“禫者淡也，孝子之心至此而可以淡，则除丧受王事正其时矣”。见者莫不憎笑之。俄延间，清兵逼梧州，上奔浔、南。天阅走，将归施州，中道死。

郭之奇，字菽子，广东东莞人。中崇祯戊辰进士，授河南□□知县。崇祯八年，特诏推知行取者考授词林，之奇得改翰林院检讨，渐升侍讲。之奇既以贿得史职，迫不能偿其所贿，乃缘例乞外迁典文，得改副使，提督学政。被劾，褫职家居。

弘光初，下诏起废。之奇以不谨削夺，不得与。久之，乃因马士英赴阙，遽自削革中用内批擢詹事府少詹事、礼部侍郎。南都陷，走归里。隆武中起用，未赴。已同苏观生拥立唐王聿鐭。清兵至，遂就李成栋乞降。

永历二年，广东反正，上在肇庆，之奇屡求入，朝廷以其忮竞贿谒，不之召。明年，内降敕以原官召用。之奇恐入而不见容也，遂结杜永和为外援。永和出守梅关，赴阙陛辞，之奇随之入，忌黄奇遇之清望轧己，而欲夺之，与万翱谋，思所以陷之。奇遇应诏，奏荐举人黄维璟品行文学，应阁试，得俞旨。之奇乃与翱宴永和，酒酣，具言维璟以美妾一、金千两，贿奇遇荐己。永和遽恚曰："吾辈出死力为朝廷守一隅土，坐令人雍容受贿耶！"顾谓之奇："公胡不言之？"之奇曰："吾与奇遇同官，言则嫌于相轧，公为朝廷虎臣，当击去之，即扑杀于廷，亦无不可。"永和曰："文臣不言，则人将谓我越俎。"之奇顾翱曰："万司马愿为公先驱，然非公露章，奇遇党援甚固，莫能动也。"翱亦知事无根甚，顾之奇对永和属己，王化澄力怂恿之，且恃永和威力，谓必济，遂疏攻奇遇，如之奇言。永和疏继入。上素知奇遇端介，得疏骇怒，姑令奇遇回奏。奇遇疏称："维璟之文行贫富，与臣荐维璟之为公为私，天地鬼神鉴之，臣不屑辩。惟是之奇、翱结勋帅，要朝廷，诬斥经筵近侍，不知何心？”上并令之奇回话。已而永和知其诬也，自悔为之奇所绐，面奏请其疏勿行。上切责之奇，姑置勿问。奇遇事得白，遂请告去。之奇乃与吴贞毓、程源、万翱比，兴大狱于梧州，驱逐异己。之奇遂拜礼部尚书。

之奇之将入也，朝士皆知其险陂冒竞，将益坏国事，故沮折经年。顾之奇营交内外，终难抑止。而朝廷建立三四年来，搢绅衰落，吕大器、李若星、李永茂既以志不行，无意再起。北方久陷，寂不知有岭海立国事。吴、浙阻远，旧臣或潜避山谷，略闻音息，终莫能起，唯南望忾叹，或赋诗寄意而已。当上初立，旧臣如万元吉、杨廷麟、刘同升、郭维经皆旋死事。诏征用者文安之、王锡衮、郭都贤、李陈玉、印司奇、尹民兴、刘若金，俱中道阻，不得达。熊开元、倪嘉庆辈，又皆披缁放浪江湖，无兴复志。闽、蜀搢绅稍有至者，率庸猥无足采，或复寒士起草茅大用之类，皆斗筲劣琐，自媒踊进。故仟佅空匮，列位多虚。严起恒、金堡皆以清品汇求实材为务，而猝不得应者。故之奇、贞毓、源、翱等自以甲科资阶求入，当宁亦莫能废也。之奇居礼部数月，飘摇苍梧，日唯毁击贞介、拔引匪类为事。已与化澄比，受胡执恭赂，力请封孙可望真王。方嚣讼间，两粤皆陷。之奇遁，复降于清。死。

吴贞毓，字元声，直隶宜兴人。中崇祯癸未进士。避乱江西，依族叔炳。

永历元年，随炳诣行在。炳骤登政府，贞毓亦擢吏部文选司主事。随上武冈，骤迁郎中，掌铨政，唯刘承胤意，不能为短长。上南奔柳州，贞毓达行在，遽自太常寺少卿擢吏部右侍郎，以冢宰自期。会召晏清至，清以二十载旧铨曹，清望久著，上意倾委。贞毓不能猎夺，遂怏怏求出视师。上发南宁，出肇庆，使贞毓先。贞毓见李成栋，曲意结纳，诱成栋使治行宫于广州，要上东幸。成栋惑之。瞿式耜疏言："楚、黔诸师，翘首威灵，如望云霓。驾既东幸，将谓朝廷乐新复之土。成栋亦有邀驾之嫌。非特失兴复之望，而偏处海澨，将有进退维谷之忧矣。"上意亦不欲行。会遣刘远生劳成栋军，远生开陈利害为成栋言。成栋感悟，乃罢奉迎之议。贞毓益失意，难于返阙，遂请督视岭上，翱翔韶州。居数月，成栋益知贞毓奸状，礼意寖衰。贞毓进退失据，怨朝廷之不召也，谓金堡等阻己，恨之日甚。久之，自请入朝，擢户部尚书，日思逐晏清而代之。清屡乞骸骨，上不听。贞毓益怏怏。时朝廷方清流品，抑躁竞，袁彭年、丁时魁、金堡力持行之。郭之奇、万翱、程源、李用楫、张孝起、朱统锖皆不得志，洎以军事自陈、请求敕印、糊口行伍者藉藉怨望，贞毓率与结纳，约以己得秉铨政，当咸恣如意。贞毓之成进士也，出朱天麟门，思援天麟复入直，为己主盟。王化澄利天麟之入，相为首尾，乃因天麟外结陈邦傅为援，而内以夏国祥、马吉翔为主，故群不逞者奉贞毓戴之，日嗡呲思逞意，江、楚沦陷，岭上东西交棘，勿恤也。

永历四年春，上在梧州，贞毓因国祥请敕召化澄入直，贞毓遂露章劾堡等，群所与党者踵之，疏十余上，堡等下诏狱。贞毓由是益骄，与化澄内外应，攻击异己者，将逐严起恒、晏清，而以天麟及己代之。高必正入见，贞毓遣客迎候于道，通殷勤，请必正杀堡等，逐起恒、清及都御史余炌。必正既薄贞毓，露其言，贞毓乃沮。胡钦华辇金粟入行在，赂化澄及诸部科，为孙可望请封秦王，总理天下。贞毓为之主，严起恒执不从。贞毓乃密具启称臣于可望，疏沮王封者姓名为一册，起恒为首；其尽心倾戴者为一册，己为首。其后，可望遂怒杀起恒二十余人。胡钦华劾瞿式耜老奸误国，王化澄调严旨切责张同敞授兵柄于于元烨以坏桂林，皆贞毓嗾之也。贞毓外默中险，与夏国祥称乡里，尤委曲，故为群不逞者所宗主。得志不半载，行在遂瓦解。

明年，上入滇，如寓公，以迄于亡。梧州乱，上奔浔、南，贞毓走，死于乱军。

万翺，字九皋，江西南昌人。万元吉之族子也。短小轻冶，喜游狭斜间。中崇祯癸未进士，授杭州推官。城陷，遁归里，从元吉义军中。隆武元年，擢兵部主事，已改兵科给事中。元吉守赣州，翱浮寓吉、赣间。赣州陷，元吉殉难，然江、楚间往往有绅士义民团聚不下，翱得依之以居。密奏为诸义旅间道求联络，升太仆寺卿，监江西义军，已擢兵部右侍郎。江西再陷，翱走赴行在，即以右侍郎留部。翱意犹怏怏。王化澄罢相，怨望，因结翱为朋党，遂与郭之奇比。因杜永和诬讦黄奇遇，有旨令翱回奏。翱惊惧，自陈出于传闻。朝廷方务姑息，置勿问。

永历四年春，上西幸，兵部左侍郎掌部事曹烨留守肇庆，翱自以为当得中枢。时枢政陵替，阃外无所禀受，顾以冒功请敕印黄札者皆有馈遗，勋帅陈请非分，亦有私贿，故翱与程源、鲁可藻俱垂腴焉。上素薄翱，不欲授，乃以枢篆付严起恒摄理。翱以是怨起恒而疑金堡等之持之也，遂与王化澄、吴贞毓谋兴大狱，杀堡以摇起恒。因与可藻约，令可藻因夏国祥求授兵部尚书。期一月后，可藻出督西师，夺瞿式耜兵柄，而翱代掌中枢，遂嗾给事中雷德复诬奏起恒二十四罪。会可藻谋泄，廷臣大哗，可藻不能得，而起恒称疾，力谢枢政。王化澄入直，力为翱主，内批升翱兵部尚书。胡钦华挟贿为孙可望请王封，翱力主之。起恒坚不从，翱再三执奏，恫喝上封可望荆郡王。然可望已据伪册称秦王，弗受也。

居两月，两粤陷，上奔浔、南。翱弗从，携两妾匿梧州山中。已乃就马蛟麟乞降。蛟麟狎而留之，为幕宾。李定国复桂林，下湖南，翱乃走衡州见定国。定国以其曾屈节，待之甚倨。翱因入达定国，自陈主可望王封为己功，尤为定国所厌恶，乃言于庭曰："万尚书朝廷大臣，宜加优礼，然曾诖误，未奉明旨复职，故不便与抗礼。"闻者咋舌，翱故施施无愧色。定国兵退，翱又降于清，洪承畴为请，得授参政。未几，以罪废。

程源，字金一，四川江津人。初举于乡，以制义交吴士顾梦麟，为之延誉。源愔愔自喜，遂以天下士自居。中崇祯癸未进士，方观政，孙传庭败于陕州，都下藉藉，知其必偾。源上书言："歼大寇必因大举，合数十万之众，八面而齐攻之，使之疲于奔命，然后可一举成擒。乞敕传庭凭关固守，勿事浪战。"书奏，不省。居数日，传庭败问至，三秦陷没。源以是得知兵名，然实疏暗气矜，无能为也。弘光中，授中书舍人。隆武元年，擢兵科给事中，使四川，联络御寇。源至遵义依王祥，遣使奏收川南功，擢佥都御史。与祥浸有隙，祥困辱之。已而释之，又佯谢过，与饮。源展转得脱，遂走诣行在，家留祥所。源尽匿祥跋扈状，亟称祥忠勇，知者哂之。

源既诣阙，自谓宜拜中枢。一时游士以起义自衔者，皆倚源为重。既陛见，升兵部右侍郎，留部，部权不属，诸附源者稍谢去，源乃恚。曹烨解部务，源谓己必得之。上特令严起恒摄理，源以是忌起恒而怨丁时魁、金堡。源故与吴贞毓、万翱比，贞毓、翱以源气魄粗戾，乐排击，尤推奉之。遂与贞毓等连章攻击，下金堡等于诏狱。源揣不得中枢，遂自请出督蜀师，加兵部尚书，赐尚方剑、便宜行事以行。然源故与王祥交恶，不能复入蜀，趑趄梧州，日鬻将吏札，招无赖客以自张。既陛辞，逗留两月余，日与贞毓、翱疏攻朝士。敕趋遣就道，不得已乃行，至浔、南，粤西陷，不知所终。

鲁可藻，直隶和州人。初为诸生，附吴下诸士，标榜立名誉。顾暗劣不通制义，徒以征刻社文，居劳自衔，出入佥都御史全椒金光辰之门，因缘附弘光拥戴，以功贡谒选，授湖广新宁知县。何腾蛟不遣之官，辄以便宜札改推官，管东盐税，开署于湘潭。干没狼藉，为同官郑古爱所恶，奋拳击之，坠齿，遂走粤西。

会上践阼，与拥戴，附马吉翔，擢监察御史，巡按广西。出入乱军中，颇有劳勚。未逾年，擢佥都御史，巡抚广西。广东反正，瞿式耜檄可藻驻梧州，严守以防不虞。可藻遽自称总督两广，式耜劾其帝制自命，贻新附者笑。可藻不自安。其母死，已逾小祥矣，乃请服丧终制。未逾年，即称服阕。诣阙，补兵部右侍郎。与夏国祥结乡曲好，欲得本兵。与万翱比，嗾雷德复讦严起恒。奸露，不得逞。万翱既拜中枢，不欲负可藻，姑为虚名以谢之，特敕授南京兵部尚书，通国笑之。粤陷，不知所终。

卷二十一　金堡列传

姚湘　印司奇　丁时魁　张孝起附

金堡，字卫公，别字道隐，浙江仁和人。为诸生时，孤介旷远，不屑为时名。弱冠博通群书，熟知天下利病。文笔清坚，度越溪径。应崇祯丙子乡试，五策谈时政，娓娓数万言，危词切论，直攻乘舆无讳。主者奇之，举于乡。闱牍出，天下拟之罗伦廷对。已中崇祯庚辰进士，授临清知州。擿发奸猾，安抚流离，士民欣戴之。山东盗起，临清豪族故习为响马贼，应盗起者众至数万。堡肩舆从数胥吏扣其垒，慷慨为陈大义。盗魁感泣，叩头请死。堡慰安之，皆解散归农。堡耻以抚盗功自见，遂不叙。崇祯十五年，刘泽清以兵入卫，驻临清，骄悍蔑文吏，渔猎百姓，堡抗言责之。泽清赧恨，乃假新制，以属吏礼折堡。堡与遇于道，鸣驺过之，不为下。泽清擒其驺卒，扑之。堡亦擒泽清前驱，杖之，如其扑。泽清怒，鼓噪起，将攻堡。堡尽散胥隶，启廨门，公服据印，坐以待之。泽清不敢动。堡所招降盗魁闻堡受胁，率健儿数千，关弓怒马，里民持白棓踵之，殆十万人，至城下，围泽清军三匝。泽清恐，因巡臬使以求和，请与堡相见。堡单骑往会泽清于僧院。因共歃血，约泽清不得犯临清一草，泽清许诺。堡乃麾健儿及里民散，皆大欢呼，声震数十里。上吏终惴惴畏泽清，谓堡曰："君自不畏祸，勿贻我辈忧。君姑以疾请假归，需大用，可乎？"堡知上官相掣，志不得行，遂移疾归里。临清民哀号送之，数百里不绝。堡里居，亦以伉直折势要。仁和令刘尧佐与在籍主事姚奇胤因缘为奸利，堡对巡按御史廷擿之，尧佐罢去。里人皆钦爱之。

弘光元年，南都陷，张国维戴鲁王监国于浙东，堡弃家奔依之。已而知鲁王无远志，而思文皇帝立于闽，声望远闻，乃间道走闽。陛见，授礼科给事中。堡抗疏言："郑芝龙拥兵自大，无效死兴复之志，而骄蹇无人臣礼，陛下不可恃之，以致不测之虞。"思文皇帝心善之，弗能用也。顾惜堡，虑为芝龙所害，寝其奏不发。已而以母忧解官。全浙已陷，不能归，遂浪游湖南，依举主学使周大启避地沅州，知天下将亡，恒自祈死。

永历元年，辰、沅陷，堡匿黔阳山中。清辰沅道戴国士素慕堡名，驰书请堡相见。堡抗书答之，婉切峭厉，自称无路之人金堡。国士知不可屈，乃止。永历二年，楚、粤稍定，上在肇庆。堡在沅服阕，值郝永忠之乱，遂出山，达桂林。瞿式耜奏请召堡入朝，有旨召见。堡诣阙上疏言："今日天下败尽，陛下据一隅而望中兴，非有夏少康、汉光武之忧勤刚断，终无济理。

如欲为晋元、宋高，因人成事，即不可必得之数，而亦何者为可因之人也！今日之大患，莫甚于阃外不知有朝廷，而朝廷复以匪人持政柄，贻阃外轻。郝永忠残贼已复之土，杀掠空武、靖，宜削爵暴罪，檄楚督擒之正法，以张国威，而为残黎救一线之命。陈邦傅无尺寸之功，爵上公，假敕自称世守，隶视抚按，宜褫其爵，勿使与效死疆埸之臣齿。马吉翔扈从之劳，在所当念，然爵列侯、官锦衣，酬之足矣，宜勿使与国政，扰乱是非，为附膻之薮。从此收拾威灵，一归之陛下，庶几人心可一，天命可延，不然，臣不知所终也。”疏入，吉翔大怒，为危词激两宫，思以陷堡。上召阁臣朱天麟赴暖阁，厉声问曰：“金堡何等人也？”天麟对曰：“堡在隆武中为给事，直谏，以参郑芝龙为思文皇帝所倚用者。”上变色曰：“卿谓郑芝龙为可参耶？当参耶？”天麟知上意，遽震掉不敢言，遂票严旨切责堡，令安静供职。自上之立，群臣率苟容无敢昌言者，堡疏入，举朝惊愕，诋堡狂躁，惟袁彭年、丁时魁知推重之。堡孤立，遂与彭年、时魁相得，相与严抄参核宪纲以裁恩幸，抑冒滥冀重主权。故忌者亦众。严起恒以厚重详慎居政府，瞿式耜疑其委随，意稍不相得。而朱天麟由旧词臣入直，颇有物望，式耜意其可与言也，称之于堡。堡遂意天麟可倚，共图整饬，因刘湘客道意。至是，天麟慑马吉翔之威，又知上意不喜堡，乃对上言：“堡使刘湘客至臣所，请与臣同心去马吉翔，臣几为堡所误。”上顾笑之，而起恒于上前力称：“堡言虽过当，然皇上起多难，欲收人心，万不可谴斥直臣。”上意稍解。故堡、彭年、时魁请刻功罪、裁侥幸诸大计，亦稍稍得行。而天麟以反复消沮自惭，谢病免。

陈邦傅尤怨堡甚，两疏攻堡，请堡为监军，辞尤不逊。堡奏：“邦傅何人？尪羸伏处之兵，亦何所监？而敢请天子从官为其监军，妄意臣且惧之，得复其矫诏称世守之罪。乞追原敕，视有无世守字样，令罪有所归。”得旨，取邦傅原敕复勘，果无“世守”字样，邦傅乃詟服。自邦傅承刘承胤之后恣睢跋扈，诸将皆挟意凌蔑，及邦傅屈抑，楚、粤诸将皆渐敛戢听命。曹志建于诸将中尤狂诞，顾语人曰：“使朝廷惟严阁老、金掌科之言是行，吾敢不以死自效乎！”吴贞毓、程源、万翱以新进躐九卿，犹不自满。江、楚、川、黔起家监纪，率皆落魄书生，依诸将自售，遽欲得部院衔，陈乞敕印，糊口行间。又闻清有投诚官视原衔降级授职之例，益思躐尊贵，为他日自鬻计，干请不遂，则号哭阙下，横诋部科，谓己毁家出万死，为国家图兴复，而屈被挫抑。堡成进士十年，历中外，入谏垣且五载，稍改工科左给事中，官不逾七品，诸忌者益以是恶其异己，谤讪腾沸。堡闻而叹曰：“今吾辈七尺，将不知齿谁利刃，而犹以虚名竞耶！”堡居省中，谢绝馈问，乃至不能豢胥吏，科抄皆手自录，行朝参惟一青纻衣，寒暑不易。

永历三年，孙可望使杨畏知奉书内附，求王封，书词倨慢，朝议疑之。堡上言："今谓不当吝王封鼓励可望者，其议不一，臣请分别为陛下陈之。谓不以王封可望，则可望且逆颜行，而重上南顾之忧，其说似也。然可望之顺逆，以时以势，当内谋之心久矣。使其思顺也，虽不王，犹景附也；如其尚存两可之疑，以观望事势，则虽王之，徒益其骄。他日且进王而有求，其亦将从之乎？说者又谓不以王予可望，难禁可望之自王。夫自王，则谁能禁之耶？虽李自成、张献忠之自帝，亦无有禁之者。顾可望业已乞灵于宠命，则授我以禁之之权，而何弗不可禁之乎？说者又谓可望举全滇土地、十万甲兵以归我，功在可王。乃江、粤之土，我已失之土也，滇，未失之土也。金声桓、李成栋举已失之土而效顺，且不敢邀王封，而廷议亦惟祖制是守。今乃举而授之可望，则何以谢声桓、成栋于地下，而激励其部曲乎？说者又谓汉高帝尝以齐封韩信矣，汉文帝尝以王假尉佗矣，而卒得二人之用。此尤谬也。汉高之于信，臣主未定之日也。尉佗与汉并起争秦鹿，而可望所争者，谁之鹿耶？且汉文席天下一家，全盛之势，行阳与阴取之术，以消战争而使其自服。今陛下自度能如盛汉，姑予之，而可望将自戢焉否也？至或谓唐之郭子仪、李光弼，宋之岳飞、韩世忠，皆尝王矣。则唐、宋无异姓不王之制而王轻，祖训昭垂，一旦而王之，则真王矣。且郭、李之王，犹待两京收复之后，岳、韩之王，亦在百战折兀术之余，而可望之在今日，固未尝有一矢之功也。或曰昭代之制，异姓不王，而徐、常、汤、李皆王矣。乃彼以赠死而非以宠生，无亦姑留以待诸将之有大功者于异日，而今胡以死者之荣加生者哉！抑或曰金忠尝王矣。夫忠者□□也，因其王而王之，则亦左贤、谷蠡之称耳！今可望据滇，顺则归本朝，逆则折入于虏，处两可之势而决意效顺，无亦耻为□□乎？而我以金忠之例待之，则是可望欲迁乔木，而我固纳之幽谷也！大抵今日之以怀可望而使为我用者，不在可望，而在陛下控御诸将以图恢复。如恢复之势已定，虽不与之以王，可望焉往？如其日迈月征，进寸退尺，国事日非，则陛下徒隳祖制，以解诸将之体，而可望既王之后，更有不忍言者，稍有识者，固能逆睹之矣。”疏入，中外以为允，乃罢王封之议。

时两粤画岭而守，兵老粮匮，诸将迁延苟安。严起恒与堡谋，谓国势垂垂日蹙，诸将益懈，唯有上亲征鼓励之一策耳。顾所患者扈卫空虚，请开事例，以两殿中书、鸿胪、上林诸冗官，许衿士纳赀，立御营库，得十万金，可募丁壮五六千人从驾，安奉两宫于内地，而上历诸营，相机策厉，事犹可为。堡力赞之。乃改刑部侍郎刘远生为兵部，督理戎政，移堡兵科，将渐次行之。马吉翔阳喜从之，而阴使夏国祥挠乱之。不一月，御营库将贮五万金，国祥皆以两宫旨取宫中别用，事不得就。

朱天麟居南宁，日与陈邦傅谋所以倾堡者，欲因孙可望以胁上杀堡，乃遣胡执恭作伪敕册，铸宝，封可望秦王。事既成，会梅关告急，夏国祥以敌兵旦夕至怵上，且曰李元胤、杜永和将挟上为复降资。两宫震惧，遂西奔。诸不逞者之欲攻堡也，谓必以袁彭年反复无恒节，倚李成栋父子挟制朝廷为名，而惧东将不敢发，故欲上去肇庆而西，则可挟陈邦傅以钳上。且以东粤不保为堡等谋国无状之罪。吴贞毓与马吉翔、夏国祥内外合谋已定，故上踉跄弃肇庆。瞿式耜、严起恒交谏不听。既至梧州，吴贞毓、张孝起率其党数十人连疏攻堡及袁彭年、刘湘客、丁时魁、蒙正发把持国政，裁抑恩纪，谋危社稷。遂褫职，逮下锦衣卫拷讯。严起恒率群臣跪伏求贳，不听。马吉翔嗾其党以生棒扑之。诸刑皆备，而堡刑尤独酷，瓢血冲胁脊，几死者数四。瞿式耜亢疏申理，不听。曹志建、焦琏、胡一青、杨国栋、马进忠、王进才、马宝交疏申救，乃下法司定罪。进忠复上言：“臣等于堡，从无阃外之交，但缘皇上今日具官济济，而中外舆论，谓可心膂寄者唯一金堡。乃忽举此崇祯、弘光取败之敝政，而加诸直臣，军民之心无不惊骇。乞速宥堡，置之言路，以回天意、收人心。”上意亦动。高必正入见，吴贞毓等迎谒，请为杀堡。必正既陛见，出即就堡舟次，抱堡恸哭，贞毓等始戢。遂得减死，论谪戍清浪卫。堡赴戍，不得达，留客桂林，瞿式耜馆之。堡左足创挛，须杖而行，遂绝意世事。故喜读《庄子》，及是稍习浮屠书，衣衲衣。桂林陷，遂与通政使印司奇祝发为僧去，世所称澹归大师者是也。

堡文笔宕远深诣，诗铦刻高举，独立古今间，成一家言。行书入逸品。名位利禄妻子皆不系其心，唯微有酒过。

其友人姚湘，字梦峡，余杭人。清兵陷杭，不肯剃发，随堡出，漂泊楚、粤。丁时魁欲官之，湘骂曰：“吾死为大明一秀才足矣，何用此腐鼠为！”诗文亦亢爽有气，然亦颇有酒过。

印司奇，字雪浪，湖广桃源人。峭直廉介，使气，不为物下。中崇祯辛未进士，授南京兵部车驾司主事，迁员外郎。南京吏部尚书谢陞奉召掌北铨，司奇以新例裁其驿卒。陞僦夫以行，微辞责之。南都僚属送陞祖道，司奇独不往，陞顾重之。已除镇江知府，温体仁欲陷钱谦益、瞿式耜，募无赖子击登闻鼓讼之，下抚按，檄司奇会鞫。司奇擿无赖子奸状，体仁怒，镌司奇级。已而与推官雷起剑交恶，巡抚张国维右起剑，交讼于庭。谢陞已拜大学士，当拟旨，知司奇抗直，黜起剑而司奇降论，送归里。顾其自镇江归也，囊无十金，清名甲于江表。隆武中起用，赴闽。思文皇帝曾寓东吴，知司奇清节，擢佥都御史，协理院事。闽陷，走归里。清兵破辰、常，司奇弃家南走，崎岖苗瑶间，马进忠津送之。

永历四年秋，至桂林，瞿式耜奏司奇清节旧臣，间关依主，宜即召用。乃擢通政使，特敕召见。未赴，客寓草庵中，与金堡同居。桂林陷，司奇遂与堡除须发为僧。司奇不喜习浮屠法，遂返湖北隐焉。

丁时魁，字斗生，湖广江夏人。中崇祯庚辰进士，授礼部主事。丁忧归里。两都陷，江汉大乱。时魁间道避寇，陛见思文皇帝于福州。改礼科给事中，奉敕出，劳军湖南。湖南陷，走沅、靖。

上在桂林，敕召入见，改吏科左给事中。上疏陈新政八策，以重爵赏、揽威福为要。当时谓为硕画。上奔南宁，瞿式耜留时魁协守桂林。两粤定，上出肇庆，时魁赴行在，擢吏科都给事中。裁抑恩幸，剔除冒滥，深为不逞者所忌。时魁力持行之。居两载，升太常寺少卿，仍理科事。已为吴贞毓等所攻，王化澄、马吉翔尤衔之，下锦衣狱，掠治毒楚。时魁愤叹曰：“吾以间关从主故，虏执吾弟系于狱，榜掠无完肤；吾在此亦系于狱，榜掠无完肤。朝廷亦何忍耶！”已而论戍镇远。至桂林，张同敞馆之。桂林陷，见执，孔有德召为幕客。居数月，病死。黄冈何履仕为治丧，割其辫掷棺外，曰：“斗生不戴此辫以死，可不负梧州一顿棒，而今不免也，惜哉！”

张孝起，字将子，直隶吴县人。中崇祯壬午乡举。被□，走闽，授□□知县。李成栋陷广东，分兵略地，孝起婴城守。民溃，敌兵且至，孝起与其妻引缳自缢。其小胥奔救之，其妻已卒。小胥舁孝起走，得达行在，擢吏科给事中，颇以清直著。已而忌丁时魁之先己也，遂与王化澄比，陷时魁、堡，因升都给事中。以意行刑赏，国事爚乱，两粤垂危不恤，师师为狂嚚，以迄于亡。孝起逃去，不知所终。议者谓小胥之救，差之俄顷，孝起与城俱亡，虽与日月争光可也。晚节不终，徒乱人国，人之不得终为君子，岂亦有命耶！

卷二十二　死节列传上

侯伟时，字异度，别号令丘，湖广公安人。中崇祯辛未进士，授□□知县。以清望征，擢吏部稽勋司主事，历验封司郎中。会北都陷，伟时变服南走，得免。贼之破北都也，官要职者皆责其胥役钩致之，无脱者。伟时当崇祯末，士风竞躁，独恬淡退处，胥役皆感其德度，故独得逸去。

既归楚，荆土沦陷，浮沉湖湘间，不复有当世志，买田南岳，将安置妻子，自披缁去。而湖南兵乱，不能容，遂走粤。会上自粤往武冈，伟时陛见，超拜吏部右侍郎。李若星为尚书，恶刘承胤，解官去，伟时遂秉铨政。未匝月，孔有德犯武冈，刘承胤降。上奔靖州，伟时追从驾不及，遂见执。吴炳、傅上瑞皆降附，独伟时不屈。见有德，嶷立直视，不交一语。遣剃发，不从，遂遇害。永历三年，给事中尹三聘奏伟时清望奇忠，宜得恤典。诏赠礼部尚书，谥忠靖。

傅作霖，字润生，湖广武陵人。亢爽有志略，喜功名。中崇祯壬午乡举。张献忠陷湖南北，钩索士绅，作霖走桃源，结乡兵抗贼。弘光元年，南都陷，堵胤锡征湖南人士纠义旅勤王。作霖应辟召，题授监纪推官，奉檄联络常、澧乡团。已而忠贞营降，作霖言于何腾蛟曰："东南兵势之重，无如楚者。上远处闽海，威令不能远及，恐此诸军益骄，不能唯公所用，诚迎上驻跸长沙，鼓励诸军，东下武昌以图陪京，西取荆州以出襄、邓，诚千载一时也。"腾蛟初无迎上意，闻作霖言颇动，遂遣诣阙迎驾。思文皇帝召作霖陛见，敷奏详切，请上必出楚。上大悦，擢作霖职方司主事，监楚兵赴赣扈迎，加恩腾蛟、胤锡及诸将有差。作霖归楚，亟以迎驾促腾蛟。腾蛟意移，漫遣郝永忠、张先璧移兵茶、衡，称扈迎，皆越趄不行，亦不遣作霖往。作霖再三为腾蛟言："天子望公如渴，公当使霖勿负天子。"腾蛟怒其相切责也，檄遣作霖监王允成军于湘乡，风令湘乡知县刘宗陶激士民噪之。作霖窘，遂走宝庆。刘承胤迎监其军。作霖性伉直忠果，而竞于自见，卞急不能为物下。起书生，游军旅间，不谙大体，暗于知人。自闽归，为腾蛟所忌，重见挫，颇衔腾蛟。堵胤锡以门生畜之，作霖自以亲受思文皇帝知遇，亦弗善也。至武冈，承胤倾心结纳之，作霖遂与交好。承胤举军听作霖节制，作霖遂欲怂恿承胤成大勋。上即位，遣敕使劳承胤军。使归，以作霖能得承胤军心闻，改监军御史，俄晋太仆寺卿。

永历元年，上在桂林，征承胤入卫。作霖陛见，超擢兵部右侍郎。已而上幸武冈，改左侍郎，行尚书事。承胤骄恣日甚，阁部大臣皆恶承胤，不入。李若星、杨乔然与承胤忤，皆挂冠去。作霖总理诸务，时与票拟，然动为承胤所掣，往往惟承胤意。四方奏报，或寝不行；人士进用者，皆不择人而授；马吉翔、郭承昊、侯性，皆与奏封五等。何腾蛟入见，承胤重挫窘之，作霖亦以故隙稍见颜色。由是诽责交起，而作霖未之知也。及清孔有德犯武冈，承胤以重取怨于诸将，退无所往，潜作降计。作霖方竭意尽力劝承胤死战，承胤佯诺之，而自赴石羊渡军中，密遣使通款，遂举军降。上遽夺门出奔，作霖大惊，轻骑从上行，不十里，扈从诸吏士稍有诟作霖者。作霖愕眙，走山中，自以为承胤所绐误，大愧恨，欲自裁。已乃叹曰："吾既不惜一死，何忍耻死草中，不与逆贼面折也。"居数日，承胤遣使邀作霖出。作霖至，见承胤骂曰："吾为汝受不令名，岂附汝求富贵者，将不惜身名，买汝一死战耳！今若此，吾且与狗彘交，见汝面目，正令我惭恨，汝况敢衣□□至我前耶！"因嚼舌出血，噀承胤面，挥拳击之，不中，以头触承胤胸。承胤走。有德再三使承胤劝作霖降。承胤见，即哭骂不绝声，承胤噤不敢言而退。有德闻而壮之，召之见，问："傅尚书欲何为？"作霖直视曰："欲死尔！"羁之月余，作霖终不肯剃发。有德知不可屈，乃遇害。尚可喜尤慕其义，为买棺衾葬之，立庙武冈。永历三年，赠兵部尚书。

熊兴麟，字石儿，四川永定人。中崇祯癸未进士。隆武中，为试御史。

永历元年，实授监察御史，巡按贵州。值张献忠遣孙可望寇贵阳，黔土扰乱，迟回未赴，留黔阳县。清兵至，走山中。已与兵部主事李芳先同被执。清黔阳令劝之剃发，大骂，不从，遂系解常德。舟行至中途，守者钦其志义，宽械系。夜静，守者酣寝。芳先将逸，蹴兴麟起，与谋去。兴麟曰："死，吾分也，逸而追，追而后见杀，是幸免而不免也。君勉去，吾精爽已驰赴武陵刀下矣！"芳先强之，遂酣睡，不听。芳先执手垂涕而去。兴麟至常德，孔有德令剃发纳款，不屈。自言："吾与李职方同执，中途可去而不去，欲死于青天白日下尔！岂从汝犬豕求活耶？"遂遇害。

李兴玮，字天玉，湖广巴陵人。弱冠以文藻清拔，推重流辈。应湖广己卯乡举，为章旷所赏拔，用副榜生贡，入太学。假归，值张献忠陷岳州，索举贡充伪吏。兴玮以渔艇走江北，请兵恢复，遇左良玉前部李成名，因邀与同复岳州。已而献忠来争，成名兵退。兴玮走，仅以身免。贼擒兴玮父母兄弟宗族凡二十余人，皆杀之。

弘光元年，李自成渡江，群贼大掠巴陵，兴玮走湖南依章旷，留参幕府。旷以兴玮年少儒弱，不习驰驱，请于何腾蛟，檄补临武教谕。临武令贪婪无状，榜掠庠士，兴玮愤之，言于腾蛟，罢令去。临武士民戴兴玮，请即摄令事，兴玮不从。应乡试于衡州，中丙戌乡举。腾蛟悬临武印固待兴玮者四月，遂题授临武知县，以简淡为邑民爱戴。

永历元年四月，衡州陷，章旷退屯永州，使人召兴玮弃城从己军中。兴玮辞曰："兴玮不欲受民社，而先生强我；既已膺百里之命，则早盟之五内，期以颈血溅城头土耳！不能应先生教也。"督士民婴城守。时湖南北六十余州县，望风靡走，无一守者，惟临武不下。清兵来攻，乘堙距战，凡五昼夜。清兵佯退，兴玮督民兵开门蹑之，伏起，民兵溃败，兴玮被执。送孔有德，令下吏索降。清巡使李茂祖劝诱之，兴玮大骂曰："李兴玮□□男子，读圣贤书，岂汝辈从□□求食者所能诱耶！"茂祖怒，系之狱。

兴玮未有妻子，惟一髯苍头相随，亦不肯剃发，自请同系。兴玮于狱与闻大成唱和，作诗数十篇，佚不传。茂祖知不可屈，报有德，杀之。兴玮将赴刑，南向叩首已，顾大成曰："吾与君今日乃得毕此一大事！"遂遇害。其髯苍头自请同死，刑者以无杀苍头令，不听，苍头夺刀斫杀兴玮者，遂亦见杀。

闻大成，字子上，湖广罗田人。江北陷，人士多受贼伪命。大成弃家走湖南，以贡受监纪推官。湖南陷于清，大成于酃县山中招义旅。将起，清兵至，被执，与李兴玮同系衡州狱。大成因狱卒沽酒与兴玮饮，醉则悲歌慷慨相唱和。无纸，皆裂襟裳袜布书之，多佚不传。惟《题狱壁》一篇，好事者为诵传之。云："读书怀古道，服官素所期。论文惭太傅，舞剑学要离。忠孝千古事，生死旦夕之。不共戴天日，从容就义时。"亢志不剃发，与兴玮同日遇害。临刑，从容引颈就刃。见者皆为垂涕。大成顾挥手谢曰："无劳诸君以泪送我。诸君悲我死，抑知我之悲诸君生乎！"

朱□□，字维四，广东清远人。工诗文，为岭海知名士，所著有《禺峡志》行于世。补弘光恩选贡生，素结海上豪族。广东陷，与清远卫谭指挥纠众起义。陈子壮帅义兵围广州，□□举众自上流应之，断飞来寺峡口，拒北兵援路，南攻三水县，下之。子壮檄授兵部主事。子壮败没，义旅骇散。李成栋来攻，拒守清远县，城破被执，不屈，死之。

周师文，字期岐，湖广大冶人。以制义名家，兼工诗，豪隽不屑羁绁。武昌陷，匿兴国山中，潜招义旅。江西反正，师文起兵应之。军败，走九江，文德翼资送之。至吉安，刘季鑛为题授职方司主事。时耒阳义民谢焻、龙尚可等纠众起抗清，师文入其军，尝以身先士卒掠阵。何腾蛟顾不喜之，师文乃返酃县。盖遇时自江西奔酃、郴间，师文与遇时遇，说令收溃卒，联义旅，图复吉、袁。遇时奉师文监其军。已而遇时意变，欲降清，师文涕泣，称说大义以止之。遇时怒，遂见杀。遇时降。

鄢见，字无识，江西丰城人。中崇祯己卯乡举。隆武元年，南昌陷，见走抚州，与佥都御史傅鼎铨同起义兵。鼎铨以见老成刚介，恒所谘行。事闻，授职方司主事。已而鼎铨败没，见走吉安东界，与刘季鑛同图复楚。湖南再陷，见遂隐湘、醴间。经十余载，衣冠不改，训村塾以给食。壬寅岁，为茶陵人所讦，清吏捕系之。至则自请一刃以死。清吏诮之，遂大骂不绝口。清吏怒，捶之，系狱中，不食死。

是岁有陈有功者，亦江西人，不知其所自起，曾授监军、职方司主事。时天下已尽沦陷，有功怀敕印流寓郴、耒间，衣冠不改，卖药以食，为清吏所执。自言："国亡，愿一死久矣！今日且得明白领取白刃，所志得就，更复何辞！"系送武昌，遂遇害。

卷二十三　死节列传下

萧旷，字逸然，湖广汉阳人。以武举授黎靖中军都司。刘承胤为黎靖参将，旷属焉。从承胤征峒苗有功，历升至副总兵。上在武冈，承胤为总镇楚黔，挂大将军印，解黎靖事，旷遂以总兵官、都督同知行黎靖参将事，守靖州。

永历元年秋，武冈陷，承胤降。上南奔至靖州，旷迎跸，具备勤敏。上大悦，召旷陛见，谕令解黎靖，扈从入粤。旷奏言："臣职在守土，自当以死谢国恩，扈跸非臣职也。臣以死捍靖。追兵至，当杀臣而后能进，则大驾达柳州矣。"上既行，旷督其标兵，乘堙修守具。召部民至庭，涕泣劝慰，勉以死守。已而承胤驰书召旷降，旷大骂，焚其书。俄而清兵大至，兵民惊溃，旷独率内丁十余人登城射之。敌冲郭门入，旷短兵接，巷战。力尽，遂遇害。

旷虽武士，而志慕文雅，颇读书，知大义。为承胤属，能不附承胤意。见承胤骄悍，意欲自远，故请守黎靖以避其熏灼。尝曰："我受朝廷命为刘公属，固难与刘公所置私人比。"其雅志如此。故承胤全部皆随承胤降，而旷独不屈。

朱旻如，字宗臣，广西临桂人。中武举，部除把总。候选归里，随焦琏起兵定靖江庶人之乱，琏用为左部营将，题授游击将军。粤、楚乱，琏益召募，旻如散家财万金，号召丁壮成一军，马仗精好，为琏一军最，琏甚倚之。旻如短小精僄，两目奕奕有光。性戆直，慕义折节下文吏，尤恭谨，循法度。

永历二年，从琏复阳朔、平乐，战甘棠渡、大榕江，皆有斩获，以功历副总兵官、都督佥事。琏下攻全州，留旻如守平乐，辑兵政，民得安堵。时何腾蛟率赵印选、胡一青及马养麟、周金汤、熊兆佐之兵下全、永，留老营于桂林，骄纵为暴于城野。给事中万六吉奉敕至桂林催师，出榜饬责之，语侵腾蛟。腾蛟闻之大怒。六吉旧以劾马吉翔忤刘承胤，有旨降处，部拟谪经历。未几，仍复职用。腾蛟驰檄召经历万六吉赴军前效用，令材官健儿数十人往召，密令捶械之，即死勿论。时六吉已去桂，居平乐，未知也。旻如侦得其详，大怒曰："督师乃欲捕系天子近臣，无人臣礼至此极乎！欲作曹操杀孔融、朱温诛清流耶？此义士致命之秋也。"请六吉至其署，置酒饮以待，部署甲士于门。腾蛟所遣捕六吉者索六吉，知在旻如署，扣门求入。旻如佯为不知，延之入，同酣饮。持檄者见四壁甲士皆露剑立，旻如亦目眦欲裂，时时援佩刀，不敢动。旻如顾问曰：“君奉何令？欲何为？当以相告。”持檄者色动，起立曰：“督师令请万公。”旻如索请启，持檄者奉檄示。旻如读未半，碎檄，拍食案起，大叫曰：“万公天子言官，以军政戒饬士卒之暴民者，惜未执杀之尔！督师庇骄卒虐民，惜未参劾尔！区区一榜文，而督师遽欲遣狗鼠辈持牒辱之，置天子于何地！督师反耶？旻如破家捐身为朝廷效死，督师蔑天子，即旻如敌仇。狗辈敢衔人衣，当齿我刀。”拔刀斫持檄者，六吉掣其袖。持檄者脱走，甲士噪起，旻如介马弯弓追之，至郊外，擒一卒，捶而告之曰：“狗子！速归告督师，朱旻如不畏死，为一隅君臣存分义，督师若欲杀我者，我自来。万黄门已赴行在，不可得也。”遂送六吉诣南宁，而自署其门曰：“旻如得罪督师，为朝廷存一线君臣之义，故不敢拥兵以自求活，重挠军政。今解兵待遣，诸军愿归农者听，愿充伍者赴焦公听调度。”遂尽籍其粮储、甲仗、马匹、旗帜以归焦琏，而自葛巾布衣诣平乐知府听羁。持檄者归报，腾蛟大怒，方食，堕杯箸。然腾蛟能以威钳士大夫，而慑于诸将，畏琏，不敢逮治旻如，而以书诉之琏，求杀旻如为己刷耻。琏遣摄旻如，旻如囚服就琏，琏诘之，对曰：“旻如以一时之义激，不自量，为朝廷存纲纪。今已使督师无擅执言官之愆，旻如之志已伸，唯求一死以正军法，为裨将亢督师者之戒尔。”琏心重怜之。瞿式耜亦重旻如之义，语琏宽贯之。琏收其军赀而别责二千金为腾蛟寿。腾蛟喜，遂移书琏，令释旻如，而谓旻如能，劝琏仍令将兵。旻如由是以义侠知名。顾畏腾蛟衔己，谢事闲居者久之。腾蛟败没，琏强之起，奏复旻如职，使统旧部守平乐。时诸将卒虐民侮吏，而旻如独以谦谨有节制闻。加总兵官，挂镇西将军印。

永历四年冬，清孔有德犯广西，遣马蛟麟间道攻平乐。琏方援曹志建于贺县，敌猝至，旻如独率麾下健卒城守。兵民皆惊溃，敌兵大至，战不胜，敌乘城入。旻如乃入署中，杀妻子，南向拜，焚敕毁印，易进贤冠、大绛袍，手剑端坐署中。清兵入署，望见旻如如塑神像，愕眙不敢进。旻如大呼曰：“身是镇西将军朱旻如，□□何怯，不前杀我也。”清兵自堂下射之，中颊。旻如复呼曰：“□□不济事！”遂援剑自刎而死。

满大壮，湖广辰州人，故太常寺卿满朝荐之族子也。满氏世以武传家，朝荐以刚直居谏垣，益用名节劝奖其子弟，故大壮慷慨慕义。何腾蛟开府长沙，召募将材，大壮奉檄招练辰、麻峒兵两千人为腾蛟亲军，随章旷守湘阴两载，拒清兵于新墙，大小数十战，清兵不能南犯。复与覃裕春大破清兵于潼溪，斩获数千计，积功擢副总兵官、都督佥事。

永历元年二月，孔、耿、尚之兵大举南犯，攻湘阴，大壮方拒战，王进才之兵先溃，烧湘阴城，大掠而南。大壮遂不能支，战且走，至长沙，腾蛟已走衡州，大壮奉旷屯湘潭，求救于腾蛟，腾蛟已不能令其军。清兵尽力攻大壮，遂大败，蹑追二百里至衡山。大壮收余兵转战，麾下士死殆尽。大壮谓旷曰："公且先走，为卷土重来计，大壮为公力拒后，终不再见公矣！"旷去，大壮北驰迎敌，敌纵骑乘之，马尾相衔，走二十里，短兵接，格杀十数人。马中矢踣，乃遇害。

杨进喜，陕西延安人。与马进忠俱起，为进忠前营副将。进忠之擒杨么与麻河之战，皆进喜先陷阵，骁勇为三军最。永历三年春，随进忠会何腾蛟于湘潭。清兵猝至，进忠军惊溃。进喜方理发，闻兵溃，大叫起曰："朝廷不惜高爵养我辈何为？况吾营迎何公至而忍弃之乎！"约发，不及戴兜牟，挥刀驰马出，求腾蛟，与清兵巷遇，相格斗，手刃数人。露额中流矢，贯颅，死。腾蛟遂陷。

惠延年，陕西西安人。少客湖南，有拳勇，习骑射，应募为曹志建裨将。志建驻镇峡关，倨怠不亲军旅。延年恒率兵出，复道州、宁远、江华、郴、桂，围永州，下之，皆延年功最。屡擢总兵官、都督同知。

卷二十四　佞幸列传

马吉翔，顺天大兴人。通文墨，工将迎挟持。以武进士出身，历官至广东都指挥使。弘光元年，罢官。闻郑鸿逵拥思文皇帝至福建，吉翔往依，附推戴，擢锦衣卫都督佥事。与锦衣郭承昊比。奉敕至湖南劳军，福建陷，吉翔走广东。至肇庆，会上践阼，复与定策。事王坤、庞天寿，皆得其欢心，遂升左都督，掌卫事。从驾至全州，结刘承胤。承胤为请封伯爵，御史毛寿登驳参之。吉翔与周鼎瀚构蜚语，激承胤怒。奏上，系寿登及刘湘客、吴德操、万六吉，削其职，由是深为瞿式耜所恶。已而与承胤比，胁上幸武冈，吉翔遂封文安伯。武冈陷，上自靖州走苗峒，出柳州，两宫泊车驾蒙尘草莽。上不能骑，吉翔奉篮笋，步行扶掖，行羊肠，夜则通夕巡警，勤敏有加。慈圣太后与上益眷倚之。加少保，晋封文安侯。上在柳、象，敕旨皆出吉翔手。其幕客吕尔玙，狭邪子也，稍知文义，与吉翔共操大政。瞿式耜疏："请上揽大权，明赏罚，严好恶，亲正人，闻正言，以服远近。"上嘉纳之。吉翔因夏国祥诉之太后，谓式耜间己，不容皇上有患难亲臣，言遂不用。桂林溃，上在南宁。吉翔虽委票拟于内阁，不合其意，辄以朱批改票。结陈邦傅为外援，王化澄倚之为重。广东反正，李成栋迎上幸肇庆。瞿式耜请出桂林，节制江、楚、黔、蜀，迎使络绎。吉翔惮式耜，遂结王化澄、朱天麟，力劝上东幸。楚师解纽，何腾蛟莫能弹压，以至偾败，皆吉翔酿之也。

上在肇庆，吉翔犹执朝权，金堡入奏，谓吉翔有扈卫之功，酬以侯封足矣，不当使与国政。吉翔复因左右诉，上切责堡。吕尔玙市权招贿，由中书舍人内批擢监察御史。堡两疏力攻之，尔玙落职。吉翔愈怒，挑陈邦傅与堡相讦奏。廷论不平，邦傅辞诎。严起恒从中裁制，吉翔稍戢。以是怨堡入骨，并衔起恒。时上立三扈卫：李元胤督禁旅，庞天寿督勇卫，吉翔督戎政。吉翔所部步兵二千人，皆市井乌合，不堪见敌。起恒乃请上开事例，节冗费，立御营库，招练亲军，从上亲征。以刘远生协理戎政，金堡改兵科，监纪之。吉翔恶其分己权也，嗾夏国祥以慈圣宫旨取库金縻之，事遂寝沮。吉翔屡于太后及上前言堡结袁彭年、刘湘客、丁时魁、蒙正发把持国政，目无君上。太后及上惑之，诸不逞者皆依附之。吉翔为言除去堡等，则皆如其愿。吉翔又乘间言式耜、起恒皆主张党人以挟持上，使不得有为，且沮抑忠义为国家，离人心，不如化澄能爱君忧国。上素贱化澄，至是，遂向用之，而薄式耜、起恒，言皆疑沮。

永历四年春，清兵陷南雄，吉翔乘之为蜚语达内廷，言杜永和、李元胤心不测，且要驾为降资，两宫震恐。吉翔欲杀堡，逐起恒，夺式耜兵柄，而以陈邦傅为外援，藉之胁上。欲上至梧，密迩浔、南，使邦傅得逼朝廷处分，遂嗾夏国祥以太后驾先登舟，胁上必行。严起恒、瞿式耜交谏上不宜弃广东，不听。吉翔念诏狱且兴，而已欲避其名，乃自请留肇庆督援东军，以锦衣卫印授其党康□□，使得逞。上至梧州，吴贞毓等遂群攻堡等，下锦衣卫掠治。王化澄复入直，召朱天麟、雷德复讦奏起恒，起恒称疾求去。胡钦华奏式耜老奸误国，以于元烨督楚粤师，夺式耜权，以至于亡，皆吉翔主之也。

吉翔外巽内惨，以曲谨奉慈圣，凡所欲为，皆令夏国祥达太后，令必行。上虽知其不可，而慈圣命严，上不敢违。物论起，则慈圣于帘中引群臣涕泣，言："予唯一死以殉社稷，不似尔等可去可降，以国家为戏。"群臣莫能对，上亦不能以意行也。吉翔以援东为名，翱翔肇庆，所将兵既寡弱，不敢出峡，而畏忌诸勋帅，不欲朝廷调发东下，虑致轧己。唯陈邦傅率舟师数千至，亦羸疲，畏见敌。吉翔日与邦傅征乐纵酒，遥执朝政，置广州不恤，杜永和困久不能支。清兵复西破平、梧，上奔浔、南，吉翔之师遂溃，南走浔州。上奔南宁，吉翔知大势倾覆，遂不复从。匿浔州山中，久之，出降，挟重赀北归，不知所终。

郭承昊，江西泰和人。故都御史郭子章之孙也。以子章军功荫授锦衣卫千户。崇祯间，谄事内竖，屡官至都督同知、太子少保。驰驿归里，以货殖豪纵为乡里患。

隆武元年，赴闽陛见，以积资掌锦衣卫事。闽陷，走粤，依附拥戴，加左都督。与王坤、马吉翔比。从上至全州，结刘承胤。承胤为请封伯爵，御史毛寿登参劾之，被削。承昊遂得封泰和伯。承昊挟宝玉金币巨万金，女乐十余人，从上至武冈。以女乐分馈承胤、吉翔，相比为奸，江、楚无赖求仕进者皆附之。已而随承胤降清，见杀。

严云从，江西分宜人。严世蕃之曾孙也。以武进士历官参将。上即位，云从依附拥戴，擢锦衣卫指挥使，加都督同知。与马吉翔、郭承昊比，事刘承胤为外援。承胤为奏封清江伯。毛寿登疏言："云从等无一矢之功，而援边镇例晋封五等，何以鼓人心而匡国难？"奏上，寿登夺职。

武冈陷，云从随上走粤西，加太子太保、左都督，掌后军都督府事。自以一品覃恩，乞封其高祖嵩、曾祖世蕃。部议：严嵩父子为昭代奸臣称首百年，公论不容，世蕃身伏诛谴，国法昭垂，云从即功侔李、郭，亦不能翻七朝之国宪，而以恩纶被戎首，况其羁绁之劳，承恩受爵者乎？乃但封其父祖，而不及世蕃。

云从视吉翔差谨，不敢执朝权，碌碌充位而已。上自梧州奔浔、南，云从北走，匿怀集山中，将取道归江西。李定国收粤、楚，云从致书馈求见。定国知其茸陋，不之答。云从展转岭南北，不知所终。

侯性，河南归德人。兄恂、恪，崇祯中皆官至九卿，与周延儒为死党。性家世豪贵，骄纵不法。补弟子员，粗通制义举业，习骑射，好纳响马贼，为无赖行。邑令梁以樟以法钤束之，性拳击以樟仆地，不数日死。性亡命走，从十余骑，劫商旅于河北，得资数万，用赂内臣王化民，恂、恪复为之地，窜军功籍，以白衣径授镇守广东西宁参将。

上即位于肇庆，性依附拥戴，丁魁楚庇之，擢御营都督同知。从上入武冈，谄事傅作霖，援马吉翔例封商丘伯。上自武冈奔靖州，性与车驾相失，先由新宁至柳，于右江劫行旅，得金帛数万。上至柳，服御皆匮，性以其所劫献慈圣、慈宁两宫，上及中宫充服御，三宫大喜，加性太子太师、左都督，掌中军都督府事，从上自南宁至肇庆。

性素畜无赖健儿将百人，沿两江东至三水，劫掠仕宦商贾，多得金资。以豪侈与戚畹王维恭及马吉翔、李元胤日夕征歌纵酒，颇干预国政，引荐文吏。给事中金堡论劾之。书奏，不省。性黠慧，通文墨，堡所上章奏，性皆译解示吉翔，文稍深僻者则曲释之，指为诽讪两宫，以是慈圣恨堡，必欲杀之。性往往以珍异进奉内庭，尤为宫禁所喜。其母奉佛，自剃为尼，敕赐号静慧大师，紫袈裟，金钵盂，出入以朱棒前驱，入宫禁，称说外事，慈圣信之，往往辄强上行。国事之坏，性实阴持之也。梧州陷，性降于清。

卷二十五　宦者列传

李国辅，顺天人，为司礼太监韩赞周养子。崇祯九年，授御马太监，奉命守沿北关口，已而撤回，随赞周守备南京。圣安皇帝立，国辅附拥戴功，改司礼监，提督勇卫。赞周于弘光中以伉直为群小所嫉，引疾乞休沐。国辅居宫中，常侍左右。马士英进秘戏，导上为淫乐，国辅每从容泣谏。士英忌之，而欲夺勇卫以授其幼子锡，乃奏上，徽、池、严、信之间有云雾山，乔木蔽山，宜采为大工用。遂请敕国辅往。国辅不知其绐，因欲行。给事中吴适奏云雾山必不可开采，国辅亦自悟，请勿行。乃遣人驰视，果如适言。然士英已夺勇卫，授锡以锦衣都督提督矣。南京溃，国辅随太后走浙，遂自闽入粤。

上践阼，国辅入见，请剃发变服往南京潜视孝陵，诏遣往。永历三年夏，国辅自岭北重跰微服赴阙。上召见，问孝陵状。国辅伏地恸哭，言："奴以去年夏至南京，私市香币，于星月下登钟山望陵，焚香帛泣奏：'高皇帝十一世孙嗣皇帝某，遣奴国辅候皇陵万安。'以次履行周视，殿垣陵甃毁坏无余。茅茨塞望，狐啸鳖吟，如荒山穷涧。所幸陵土巩固，梓宫燕安。其四山林木，问之都人，云南都陷后，虽清骑充斥，樵苏四出，犹无敢损一枝者。后洪承畴来，经略江南，见陵树菁葱，怫然遽怒，遂榜示居民，令樵采为薪。悬榜三月，民无应者。承畴益恚，骂曰：‘清兵入北都，未尝令居民伐陵树，不三日间，诸山皆芟刈无余。江南蛮子，已出榜令伐，而三月不伤一木，何愚呆至此！’因复榜令诸门，非伐钟山树者，不许通樵苏。城中几至绝炊烟，都民不得已，乃往伐，呜咽震山谷。今一片童山，无尺株矣。”因引额触地，号哭失声。上为泣下沾袍袖。国辅因奏:“奴今归，为皇上通一信，仍请以残骸再往。若上旦夕恢复，奴当至江干迎驾。如天讨有稽，奴愿以老骨头付老祖爷陵前，与狐狸餐，不复再见陛下！”复顿首大哭，起。上乃素服辍朝，就太庙哭，遂敕国辅赍香帛，再往省视。

永历三年十月，国辅至梅岭，剃发，携苍头三人北发。明年，两粤陷，更无有知国辅后事者。

王坤，顺天大兴人。为御马太监。稍习文字，阴鸷便巧。崇祯五年，敕遣阅视宣府，陷道臣胡良机。御史魏呈润劾其诬罔。呈润坐降职。坤益恣戾无忌惮，奏参大学士周延儒。左副都御史王志道疏言内臣不宜侵辅臣。上为御平台，召诘志道。志道曰：“王坤直劾辅臣，举朝皇皇为纪纲法度忧，臣为法度惜，非为诸臣惜也。”上震怒，切责志道。志道罢去。由是骄悍凌轹，与张彝宪、曹化淳齿，群臣莫敢言者。已而奉敕至淮扬，暴害商民。未返命而北都陷。弘光元年，因缘柄用，迁司礼秉笔太监。要敕往浙、闽督催金花银两供御用。大学士高弘图具揭谏止，弗听。坤因得留闽事思文皇帝。不得大用，邀敕出粤催调援兵。

闽陷，上即位于肇庆。坤因缘奉慈圣太后，遂掌司礼监事，秉笔执国政。坤以旧阉老猾，工揣合钳制，知内廷畏清，践阼无几，即劝上弃肇庆，移跸梧州。上顾以为忠，遂倚任之。瞿式耜上言：“今日之立，为祖宗复仇雪耻，宜奋大勇以号召远近，苟自弃门户，国何以立？”坤居中持之，上虽暂止，而日作西奔计，无固志。户部郎中周鼎瀚与坤交善，内批改给事中。式耜力争之，不听。未几，复改鼎瀚翰林院侍读。王化澄附之，内批授兵部尚书，已拜大学士，入直。大学士李永茂奏荐十五直省人士，坤以其不附己，假朱敕斥御史刘湘客，激永茂去，而坤自疏列海内大臣远莫致者，杂坤私人于中，共荐之。给事中刘鼒疏言：“坤内臣，不当荐人。”坤激上怒，将逐鼒，式耜力救之乃已。坤疑鼒疏出中允方以智手，复以停经筵激以智去。俄而清兵乘虚入广州，唐王死，坤遽邀驾西奔。式耜力请留跸，死守峡口，飞调援兵。奏甫上，坤已挟上驾小艇西上梧州，遂由桂林幸全州。刘承胤入见，首论坤弄权误国。上意动，乃罢其秉笔，以监事授庞天寿。坤被谴，出居柳州。

武冈陷，上幸柳州。坤复入，与天寿分掌监事。然权稍落矣。天寿以曲谨为上所信，坤遂疏。乃请敕监军恢复粤、楚，从何腾蛟军中。腾蛟颇与狎好。湖南复，坤以功赐一品服，从胡一青下衡州。坤故以斥刘湘客与外廷争，至是，乃上疏荐湘客词学擅世，宜大用，冀蔑湘客，使失望，湘客自疏论列之。大学士严起恒面奏坤反复倾诈，上乃绝意恶之。湖南再陷，坤走粤，顾不得入内，留居桂林，为瞿式耜所不礼。乃屏居苏桥驿，悒悒死。

庞天寿，顺天人。崇祯间为御马太监，颇见任使，然未尝与秉笔事。奉敕至南京。弘光中，备员，不见用。已走闽，事思文皇帝，改司礼监。敕遣至湖南，遂留粤、楚间。

上践阼，与拥戴。天寿在北都，权借故出王坤下，至是，坤秉内政，天寿弗能颉颃。坤骄悖日著，中外既侧目，慈圣洎上亦稍厌之。而天寿于诸阉中为淳谨，上意向用，及刘承胤逐坤，天寿掌文书房事。随上自武冈走柳州，蒙尘苗峒中，天寿与马吉翔皆有劳勚，由是益为上所亲信，赐一品服，提督勇卫。天寿粗识字，不习典故，其幕客徐湛以武英殿中书舍人晋秩至大理少卿，为代理红本。湛亦葸愿，不敢通外廷。顾天寿以朴率恒为夏国祥所给，颇推让国祥，故政渐归国祥，天寿以虚名为诸阉长。所部勇卫士仅千余人，亦尪疲市民，无能为有无。刑部侍郎朱盛浓疏言“内臣不宜典兵”，欲夺勇卫归李元胤。元胤初无夺天寿兵意。上切责盛浓，诘其何心，盛浓乃沮。天寿事上四载，为少过失，而内臣恇懦畏死，不知远计。上弃肇庆，走梧州，失东粤，遂蒙尘不返，亦天寿致之也。

天寿事天主教，拜西洋人瞿纱微为师。勇卫军旗帜皆用西番书为符识，类儿戏。又荐纱微掌钦天监事，改用西历。给事中尹三聘劾罢之。天寿随上走南、太，入滇，不知所终。或曰为孙可望所杀。

夏国祥，直隶宁国人。美姿容，以娈童游狭邪，然稍读书，习制义，应童子试，不得补诸生。闻圣安皇帝喜外嬖，乃焚书自宫，求入内廷。未及宠用，南都陷，走闽，事思文皇帝，为少监。已走粤，因庞天寿入内，得补司礼太监。天寿质朴，不习文墨，凡阅发红本，委之国祥。国祥工狐媚，有宠于慈圣，遂骎骎夺大权。外奉天寿，以虚名尊之，实自执政柄，天寿弗能为重轻。马吉翔谄事两宫，专制国事，结国祥为内援，凡吉翔所欲行，皆因国祥达慈圣，取必于上以行之。

永历二三年间，外廷稍持法纪，国祥不能尽如其意，日泣奏慈圣，谓金堡等把持裁抑，诋毁两宫，挟李成栋父子为势，心不可测。太后习听之，遂切齿堡等。吴贞毓、李用楫、张孝起、鲁可藻皆依附乡曲，与国祥交善。王化澄因戚畹王维恭结纳之，国祥日称化澄忠谨于太后及上所，维恭亦因皇后亟称之。上弃肇庆奔梧，逮治堡等，起用化澄，卒至倾亡，皆国祥为之也。江国泰者，亦宁国人也。自宫入南都求用，与国祥为死友。衔受意旨，通贿赂，阃外陈请，非因国泰达国祥，不得旨，以是四方镇将益轻朝廷，瓦解以亡。

国祥故无赖子，濒亡不悟，贪权势，行谗毁，沾沾自喜。庞天寿已乃恶之，无能制也。国祥随上奔浔、南，后不知所终。

上之居肇庆也，广西粮税尽给楚军，惟梧州府属听上征用。广东则以辽饷、练饷给李成栋军。而上征京仓及金花银为国用，顾皆内臣操其出纳，户部无所关与，日就虚糜，乃至欲募从驾军而不可得。每闻敌警，哨探无人，惟听马吉翔及内臣之意而已，皆国祥主之也。

卷二十六　叛臣列传

刘承胤，字定一，应天人。以膂力闻，能举一铁棓，号“刘铁棍”，为相扑师。应募为材官，从楚抚唐晖、余应桂援剿，守显陵。承胤多心计，善结纳，遂得实授参将，镇守黎、靖。崇祯十六年，武冈民袁有志作乱，攻陷武冈，岷王遇害。巡抚王聚奎檄承胤讨平之，出岷世子于难。是秋，张献忠破长沙，张先璧、黄朝宣焚宝庆，走武冈，承胤按兵迎之，二将敛兵入保。已而献忠破宝庆，游骑犯武冈，承胤击却之。献忠欲西入蜀，遂置武、靖，故全楚皆陷，惟西南一隅独全。沅抚李乾德依之以安，甚德承胤。献忠既渡江而西，乾德遣承胤合张、黄二营复宝庆。乾德茸懦，承胤倾心事之，乾德假借备至。承胤遂骄蹇自大，凌轹先璧、朝宣。乾德唯承胤意抑二将。二将怼恨，屯茶、攸间，与承胤交恶。

弘光初，乾德以承胤先后功次入奏，遂擢总兵官、都督同知。黎、靖旧统土汉诸军卫、所、寨额军万余，承胤部兵仅千余人，调诸屯军以自雄，絜岸谓诸将莫己若。所部绅士、编民皆慑其威。何腾蛟家黎平，子文瑞少不习事，承胤屡挫抑之。腾蛟抚楚，承胤深以为畏忌。及腾蛟弃武昌，开府长沙，调诸将守湖，先璧、朝宣先至，腾蛟礼之有加。承胤闻之滋怒，持文瑞阴事，与腾蛟相抗。久之，乃集兵万人赴长沙，饰旗帜器仗为烜赫容，实无意北出。居旬日，与先璧举兵相攻，腾蛟亲诣其军解之。遂托以苗叛驰归，留部将陈友功率兵数千守湘阴。承胤归，益横，要取宝庆租税为已饷。隆武元年，傅作霖入奏，称承胤功，遂得挂将军印，擢右都督，加宫保。稍益招募，有众三万人，据武冈，专制黔、楚间。

上即位，遂封伯爵。已而上自肇、梧西幸，征承胤入援。瞿式耜闻其虚名，亦雅望之。承胤遣兵至桂林，至，则凌轹焦琏，与相攻，大噪索饷而去。马吉翔前使楚，承胤与相结纳，至是，因内臣盛称承胤足倚，上遂敕召之。承胤意何腾蛟力扼长沙，已可藉以自保，遂欲迎驾居武冈，可挟上以制中外。傅作霖怂恿之，遂应召赴桂林，以上出全州。司礼太监王坤执权恣睢，周鼎瀚附之。承胤入奏逐坤，而对御叱责鼎瀚。廷士翕然称承胤公忠，不知其以胁主立威也。锦衣郭承昊以女乐一部贿承胤，马吉翔、严云从皆谄附之，承胤遂请封三人伯。御史毛寿登参驳之，承胤大怒。周鼎瀚惮承胤，曲意事之，遂相好如夙昔，乃与马吉翔谓承胤曰："寿登疏，刘湘客所作也。湘客与瞿阁老议，要驾勿从公出楚，今若不谴此二人，上必不得入武冈。”承胤遂面奏寿登、湘客把持误国，请逮问。万六吉、吴德操疏救之。承胤激上缚四人，将杖之，承胤伪为跪救，皆削职。以是势倾内外，遂拥上幸武冈。式耜力谏，不听。廷臣恶畏承胤，多四逸，不从驾行。承胤挟上，威福自恣，文武将吏予夺唯承胤意。恨太仆少卿赵廷璧，系而髡之。廷辱刑部侍郎杨乔然，乔然去，遣兵掠之于道。李若星为吏部尚书三日，承胤掣之，不得有所云为，若星大骂去。未几，清兵陷长、衡，张先璧自宝庆走沅州，承胤恐其至，夺己权，守险隘遏之。先璧奋击夺路去。先璧奏使至，承胤磔杀之。楚、蜀、黔、粤奏报者皆不得通。何腾蛟入见，承胤羁縻诮辱之。上命腾蛟督师出全、永，承胤伏兵于道，将害腾蛟。腾蛟不敢行。胡一青怒，拔营挟腾蛟去，乃不敢追。利吴炳脂韦，请以为相。票拟皆先呈承胤而后进。江、楚诸无赖子及武冈无行儒生，旦投承胤，夕授台省郎署。承胤部将皆封伯，幕客邹枚官至一品，赐金图书。清兵逼永、宝，承胤畏张先璧，不敢西走，忌瞿式耜、何腾蛟，复绝南奔之路，画武、靖、黎平，苟安俄顷，顾日渔猎货财，饰歌舞，识者知其必降矣。

承胤既挟上，敕使非承胤令不能出。马吉翔复为上称其兵强志决，旦夕复湖南。宫中遂恃以安。清兵已破永州，遂两道并举，攻武冈及紫阳江。守兵返走，保石羊渡。嗣通山王蕴钎急请对，言：“敌至三十里外，上犹不知，猝至，当如车驾何？”上惧，召承胤问之。承胤对曰：“敌犯紫阳，臣已大破之，北奔，旦夕收复宝庆。谁以此恐吓陛下者？”因叩头请诘其人，语不逊。上不得已，良久曰：“宗臣蕴钎。”承胤起，大言曰：“请陛下遣蕴钎出御敌，臣愿解甲归农去。”遂汹汹出，遇蕴钎于宫门，奋拳击之，堕齿。蕴钎遁去，中外无敢言敌将至者。八月，清兵扣石羊渡，承胤别将陈友龙死战不下，请承胤出援。承胤至，登高望敌兵。退坐营门，召诸将议，皆请死战，承胤不语。入幕中修降书，遣使诣孔有德降。使返，与承胤耳语良久，乃遣骑持片纸奏上，言：“敌势大，陛下宜自为计，臣不敢保。”上乃仓遽出奔。城门不开，庞天寿、马吉翔麾壮士以利斧断扃锁。上单骑走，太后洎中宫皆乘篮笋出，宫嫔徒步从，皇子幼在褓，乳母负之出，不知所往。承胤遂开关延敌入。有德从容宴承胤于军中。又明日，乃整兵入武冈。上驰至靖州，由苗峒达柳州。承胤请导有德军入沅、黔，追击张先璧。有德不听，挟承胤下长沙。明年春，遂与俱北。承胤故怨何腾蛟，乃请有德勒陈友龙俘其妻妾。友龙不能违。既北行，有德军泊汉口，承胤日从有德饮博。承胤平岷邸之乱，多得奇宝器玩，又擅西南财富，金币充积，每以宝器为博进。有德忌而羡之。会陈友龙反正报至，遂杀承胤，没其资。或曰承胤之降也，密白有德，请执车驾以献，冀得重赏。有德不听，密令承胤报上，俾逸去。故有德留石羊渡两日而后入，亦不遣兵追蹑。见承胤之狡也，惧至北而泄之，故杀之以灭口。同承胤杀者傅上瑞。

傅上瑞，山东武定州人。中崇祯庚辰进士，授黄州府推官。善事上官，为湖北巡抚王扬基所昵。李自成陷承天，黄州震恐，扬基调上瑞署武昌府事以避寇。张献忠自黄州渡江，将犯武昌，扬基又调上瑞往江北监军。武昌陷，随扬基避匿汉川。献忠入蜀，扬基被逮。上瑞返武昌迎何腾蛟。腾蛟复喜之，题擢分巡下湖南道参议，进太仆寺少卿，已升佥都御史，巡抚偏沅，督兵守平江、浏阳。上瑞家人自山东来，盛称山东缙绅降清者皆得朊仕。上瑞意动，遂弃平江，从醴陵南走宝庆，驻沅州，言偏、沅为已汛地，并携浏、澧守兵西去，腾蛟叹惋而已。永历元年，清兵犯沅州，上瑞遂举军降。孔有德挟之北去，至汉口杀之。

陈邦傅，字霖寰，浙江绍兴人。故富家子，有口辩，善逢合，以贿中武科。父事职方司吏胡执恭，居中为援引，历官分守柳庆参将。隆武元年，杨国威挟靖江庶人反，招邦傅，未赴间，丁魁楚檄邦傅讨贼。邦傅揣国威无成，守柳州，不为下。国威攻梧州，魁楚召邦傅应援，邦傅举兵掩其后，会焦琏自中起，与邦傅合，遂斩国威，戮靖江庶人。琏功最，而邦傅以结纳魁楚得录首功，即代国威挂平蛮将军印，擢都督同知。

上即位，以推戴加太子太师，封思恩侯。邦傅膏粱狭邪，上马必两人交掖，儒冠大褶，侈拜揖以为容。胡执恭自北走投邦傅，邦傅以为腹心。执恭故猾吏，漫不知兵。部将茅守宪，其妾父也，陈安国，其弄童也，贪庸委阘，以便佞挟持相尚。邦傅以鄙墨为土司所积轻，不听调遣。所部皆诸卫戍军，半老弱，折竹为矛，稍召募市井为亲兵，不满五千人。平蛮将军旧驻桂林，邦傅畏楚兵之逼，立帅府于南宁。上再幸桂林，调邦傅援楚。邦傅无以应，益交缇帅马吉翔，欲有请求，辄得俞旨。上幸象州，邦傅陛见，迎上居南宁，封庆国公，加少师，赐云鹤服，充班首官。执恭、守宪、安国皆冒伯爵。龙韬与覃鸣珂争战于象州，邦傅不能制，惟保南、太自固而已。邦傅生未尝见敌，徒以奉上为居停，位百僚上，遂执朝权，擅进退，与王化澄、马吉翔相为表里，士大夫无行者争依附焉。

清李成栋攻陷梧州，进逼浔、横，邦傅惧，遣书就成栋降。会成栋有反正心，不报。邦傅益迫，秘遣其幕客沈原渭赍土地甲兵籍诣成栋，请献乘舆以为降贽。原渭至梧州，成栋已下令反正，守将郡邑吏皆冠带，奉正朔。原渭遂焚降籍，驾小舟昼夜倍道归。揭旗于樯，署曰“招安粤东”。及至南宁，遂上书言已奉邦傅令，说成栋反正，事成归报。成栋所遣使入奏者乘大舰逆流上，会右江涨，不得卒达。上骤闻东粤平，大喜。邦傅益猎为己功，而荐原渭功侔隋、陆，遽擢佥都御史，联络两广。已而成栋奏使至，知原渭事，归报成栋。成栋深恶之，欲发邦傅曾约降状。马吉翔为弥缝之，乃止。上弗知也。

成栋迎驾东出，邦傅欲要留，恣擅威福。杜永和入见，语露邦傅降状。邦傅惧，不敢留，乃因吉翔求世守广西，视沐氏守云南。王化澄当敕，已诺允之，中书舍人张文光执不肯草敕，乃易称居守广西，以与瞿式耜留守相抗，便宜专铨，除粮税。执恭辄奏用其子钦华为佥都御史，巡抚湖广。钦华佻达恶少，举止妖冶，楚师大哗。何腾蛟、瞿式耜交劾，免之。上既东出，邦傅遂自称世守，檄下巡按御史吴德操，朱判如属吏。德操怒，笞持檄者，驰疏奏闻。上释不问。瞿式耜上言：“今日躐五等者相望，初未裂土而封。海宇剥削，止粤西一隅为天子之土，桂、滇数万之师日需食，邦傅辄称世守，将置车驾于何地？”廷议移罪文光。文光奏取敕视之，果无“世守”字及“视沐氏，擅财赋”语。邦傅乃沮。邦傅专南、太、柳、庆、浔、思、田七府土汉之地，每州县辄以部校率疲兵百余人据之，专置有司征贡赋。滇、焦、杨、马之兵麇集桂、平，捍御湖南，糗糒不给。瞿式耜征粮于柳、浔，邦傅攘为己故物。有司怙邦傅，抗式耜，不应。给事中金堡入见，首劾邦傅，请削其爵职，俾阃外知有国法。马吉翔力持之，诏切责堡。李成栋亦疏纠之。邦傅见廷论不容，乃稍割浔、柳赋听朝廷饷军用。顾由是怨式耜、堡切骨，而忌成栋，思所以贼害之。

忠贞营兵屯梧州，邦傅欲倚之蹂两广，并式耜、成栋军，逼胁朝廷。乃迎忠贞营屯浔、南，拜李赤心母为母，以舅事高必正，日夕怂恿赤心夺桂、平、肇、广，挟驾以号令诸将。赤心初佯许之，久之乃曰："陈兄劝我劫驾，是将终谓我为贼也。"邦傅惧，乃不敢复言，赤心死，必正尤恶邦傅而狎之，尽夺其马仗，曰："甥高枕居峒寨，何用此为！"邦傅恐而恚，乃迎朱天麟居其军中，与胡执恭共谋通孙可望，则逐高必正、兼李成栋诸部、逼瞿式耜、杀金堡一举皆可行。遂命执恭造伪敕册，铸秦王宝，诈称上命，封可望秦王，令专制蜀、黔、楚、粤文武将吏、兵马钱粮，生杀不待奏闻，以令旨行，百官皆称臣听令。可望大喜逾望。执恭恐可望使入谢，事发觉，乃驰报邦傅，令结吴贞毓等为内应，要求敕旨，以实其言。会贞毓等力攻金堡，欲逐严起恒，倚邦傅胁廷臣，互相资助。堡等下狱，起恒被劾。邦傅欲去南、太，以需可望之入，而己避其名，免必正之挟持，乃自请援东，率疲卒数千次于肇庆。

可望以朝命不继至，而执恭阻己遣使赴阙，乃拘执恭。执恭迫，驰报邦傅，令其子钦华遍赂王化澄、吴贞毓等，为可望请王封如其伪敕。严起恒执不从，化澄及万翱为调停之，封荆郡王。朱天麟与邦傅窘，天麟乃告贞毓，令具称臣启，疏百官从违姓名报可望。可望知其诈，大怒，杀执恭。顾已称秦王如伪敕，出黔，收王祥等军，不能下，然亦不肯为发兵南、太攻高必正。邦傅方忧惧不知所出，会清兵破平、梧，广州亦陷，李元胤之兵溃于肇庆，邦傅乃西还，欲犯驾以降，畏必正，不敢入南宁。而焦琏自贺县旋师，次永安州，邦傅遣书约与连兵固守，琏不设备，遂夜攻琏营，执琏杀之，献其首以降于孔有德。请有德兵速攻南宁，己为前导，犯车驾，可必得。有德姑诺之，不遣邦傅行，以平蛮将军印在邦傅所，土司必视此为从违，故待邦傅较优渥。邦傅献印已，有德狎而畜之，从居桂林，无所任使。永历六年，李定国复桂林，执邦傅磔之于市，传首黔、楚，见者莫不快之。

明代轶闻

[民国] 林慧如

目　录

序

夫史者包罗万有，天下之公器也。我闻三代之史至纤至悉也，司天有史，司祝有史，司历有史，占验有史，卜筮有史，祭祀有史，掌神事者史，掌人事者亦史。是三代之史，固合天人、神祖、君民而公有者也。仁和龚自珍谓周史之外无言语文字，无人伦品目，盖胥统之于史也。自孔子以大圣而作《春秋》，尚有为尊者讳、为亲者讳、为贤者讳之例，而中国无信史矣。秦汉以降，君主之势焰日张，更举天下之史而专制之。所谓“二十四史”者，《史记》而外，直官史、朝史，而我民无与焉。则后之人欲考察在野之言语、文字、人伦、品目，与夫民物之休戚、风俗之盛衰者，将何从哉？自非网罗放失于草莽私乘不为功矣，此亦礼失而求诸野之意也。余自幼笃志文献，于晚明之事尤为究心，颇欲有所撰述。十年以前，就乡邦之见闻辑为《金山卫佚史》一书，以作嚆矢。诚以明史成于清朝，彼以北虏而入主中夏，先有种族之见存于其间，故是非颠倒、功罪混淆者极多，尤不足以垂示于世，而必有冀于大力者之重修也。今社友丹阳林君晦庐有《明代轶闻》之辑，其缀拾丛残，可供异日者輶轩之采录，庶几陶侃之竹头木屑，弥可珍已。晦庐驰笺促余一言，余尚未见其书，然喜其志之有合也，故不辞而遽序之。

民国八年五月佚史氏金山姚光序

卷一　孤忠鉴

左懋第

懋第被拘于太医院，自题院门曰："生为大明忠臣，死为大明忠鬼。"洪承畴来说降，懋第掩面哭曰："此鬼也。洪督师在松山死节，先帝赐祭九台，今日安得更生？"洪惭而退。闻南都失守，痛哭呕血，誓不欲生，赋诗曰："漠漠黄沙少雁过，片云南下意如何。丹衷碧血难消尽，荡作寒烟总不磨。"拘见清摄政王，令剃发，曰："头可断，发不可断！懋第血性男儿，今日惟死而已，岂有他哉！"摄政王曰："汝等不怕死，皆忠臣也，然降亦不失富贵。左侍郎幸弗自误，今日若降，明日富贵矣。"懋第曰："我宁为大明忠鬼耳。"遂付菜市口就义。

傅作霖

傅作霖，字润生，武陵人。永明时官兵部尚书，从至武冈。时刘承胤擅政议降，公怒责之。承胤引清兵入城，公冠带坐堂上，遂遇害。绝命诗曰："戎马崎岖间道来，残花犹伴战场开。麻鞋两载奔天泪，白发孤臣抢地哀。莽莽故园何处问，滔滔逝水几时回。钟山风雨今依旧，夜夜铜驼泣草莱。"

金忠洁

金铉，字伯玉，武进之剡村人也。因殉节，谥忠洁。初以顺天籍领解成进士，时年十九，不习吏，请改教授。其大父户部主事汝升，旧多藏书，乃与弟镓日夜读之。继擢国子监博士，迁工部主事。先是时，明怀宗已诛魏忠贤，而太监张彝宪等旋用事。至是，而贼李自成兵始炽，添内饷，命彝宪总理户工钱粮，建别署。忠洁曰："此天下存亡之机也，奈何诛忠贤复任一忠贤。且我为工曹，必将属视我矣。"乃抗疏先言彝宪既有独踞之庭，必强二部郎官匍匐进谒，挫士节，辱朝廷。疏上不报，而总理已建署，果檄郎官以谒尚书仪注见。复上疏，固争之。旨谕职事相关，自当礼见，余不见通谒，金铉亦不得激呈。彝宪意甚得，与其党议侍郎官礼，或曰视尚书当稍倨，宪曰："吾当稍恭，而待金铉稍倨耳。"金遂集诸郎官倡议曰："职事可令掾吏移之，吾曹有一人登彝宪堂，即属彝宪假子，毋许入孔子庙，当提吾靴掷肿其面，辱之朝堂。”于是诸郎官诣尚书，各请以公事出。至期，彝宪坐堂皇，黄袗缇衣，倡赞毕，但见吏不见郎官，曰：“谒尚书始来乎，待午乎？”久之又不至，乃怒曰：“辟金铉不即来，待晚乎？”命小竖窃视门外，望扇导来即报。已而马蹄前后过，无一人入者，乃大惭愤，借验放十六门火器，诬指十八位无火门，劾以故误军机，曰必杀铉，会尚书争之力，仅削职归。家居，益与弟鋐尽读所藏书，尤善易学。而父汀州太守显、母恭人章更时时慰勉之。至父死服阕，复起为兵部车驾司主事，分守皇城，益修城守火器。时崇祯十七年二月也。李自成已陷大同，而宣府镇方有太监杜勋监视，又上疏曰：“宣府京城之蔽，宣府不救，虑在京城。抚臣朱之冯忠勇足恃，恐受内臣之掣，请亟撤之，并撤居庸关监视。”不听。至三月，果闻杜勋以宣府迎贼，朱死之。因哭语弟鋐曰：“目今我哭朱公，数日后，汝曹哭我矣。”及贼至居庸关，太监杜之秩、吴复迎降，遂进薄彰义门城下。杜勋缒城上，入见大内，惟张皇贼势以逼帝，遍语诸党，谓吾党富贵自在云。忠洁则仓皇点禁兵归，谋匿母，因哭告母曰：“铉守皇城，城亡，当与偕亡。今日从母乞此身殉王事。”母曰：“噫，久谓汝读书知大义，今日始向我乞身哉？且我命妇当与汝偕。”勉之：“汝魂归，可晤我于井也。”趋之出。又命仆追之，以朝衣随往。见贼已入京城，杀监察御史王章于城上。王章亦武进人，字芳洲，与忠洁素厚。方为之欷歔数声，见市中宫人遍至，言贼入皇城，帝后已死社稷。欲趋入宫，又传闻提督京城太监王承恩从死，喜曰：“微独吾乡王御史也，若辈中尚有一人知大义者。我乃后之，不已为若笑耶？”遂衣朝衣，投御河死。死时有吕胖者，亦内监也，儽然而至，两手反接而睆视之，曰：“是金兵部耶？是人素不居我辈于人面，岂渠能死，吾独不能死哉？渠生欲远我，我偏近之。”亦自沉于此。仆以奔告其母，母曰：“孝哉！铉也。既信于王公，又能激吕监死。吾安可以诳铉！”急正冠帔投井中，铉妾王氏随之下，遂与俱死。镓归收葬毕，焚其书而长恸曰：“吾母乎，吾兄乎，此时曾相依而相见乎。”哀号数日，又死井中。后清兵至，家人请入皇城，求得忠洁尸。已与吕监骨相杂不可分殓，而皇城又不得入榇，竟合两骸藁葬御河堤，而以王御史之丧归里。

阎应元

阎典史，名应元，字丽亨。其先浙江绍兴人也，四世祖某为锦衣校尉，始家北直隶之通州，为通州人。应元起掾吏，官京仓大使。崇祯十四年，迁江阴典史，始至，有江盗百艘张帜乘潮，阑入内地，将薄城，而会县令摄篆旁邑，丞簿选懦怖急，男女奔窜。应元带刀鞬出，跃马大呼于市曰："好男子从我杀贼护家室。"一时从者千人，然苦无械，应元又驰竹行呼曰："事急矣，人假一竿，直取诸我。"千人者布列江岸，矛若林立，士若堵墙。应元往来驰射，发一矢，辄殪一贼。贼连毙者三，气慑扬帆去。巡抚状闻，以钦依都司掌徼巡。县尉得张黄盖拥纛，前驱清道而后行。非故事，邑人以为荣。久之，仅循资迁广东英德县主簿，而陈明选代为尉。应元以母病未及行，会国变，挈家乔居邑东之砂山。是岁乙酉五月也。当是时，清朝定鼎改元二年矣，豫王大军渡江，金陵降，君臣出走，弘光帝寻被执。分遣贝勒及他将略定东南郡县，守土吏或降或走，或闭门抗拒，攻之辄拔，速者功在漏刻，迟不过旬日。自京口以南，一月间下名城大县以百数，而江阴以弹丸小邑，死守八十余日而后下，盖应元之谋居多。

初，剃发令下，诸生许用德者以闰六月朔悬明太祖御容于明伦堂，率众拜且哭，士民蚁聚者万人，欲奉新尉陈明选主守城。明选曰："吾智勇不如阎君，此大事，须阎君来。"乃夜驰骑往迎应元。应元投袂起，率家丁四十人夜驰入城。是时城中兵不满千，户裁及万，又饷无所出。应元至，则料尺籍，治楼橹，令户出一男子乘城，余丁传餐。已乃发前兵备道曾化龙所制火药火器贮堞楼，复乃劝输富室，令曰："输不必金，出粟菽帛布及他物者听。"国子上舍程壁首捐二万五千金，捐者麇集。于是围城中有火药三百罂，铅丸铁子千担，大炮百座，鸟机千张，钱千万缗，粟麦豆万担，其他酒酤盐铁刍藁称足。已乃分城而守，武举黄略守东门，把总某守南门，陈明选守西门，应元自守北门，仍檄巡四门。部署甫定，而外围合。时清军薄城下者已十万，列营百数，四面围数十重，引弓仰射，颇伤城上人。而城上礌炮机弩乘高下，清军杀伤甚众。乃架大炮击城，城垣裂。应元命用铁叶裹门板，贯铁絙护之，取空棺，实以土，障溃处。又攻北城，北城穿。下令人运一大石块于城内，更筑坚垒，一夜成。会城中矢少，应元乘月黑，束藁为人，人竿一灯，立睥睨间，守城兵士伏垣内，击鼓叫噪，若将缒城斫营者。清军惊，矢发如雨，比晓，获矢无算。又遣壮士夜缒城，入清营，顺风纵火，军乱自相蹂践，杀死者数千，清军却，离城三里止营。帅刘良佐拥骑至城下呼曰："吾与阎君雅故，为我语阎君欲相见。"应元立城上与语。刘良佐者，故弘光四镇之一，封广昌伯，降清朝总兵者也。遥语应元曰："弘光已走，江南无主，君可早降，可保富贵。"应元曰："某明朝一典史耳，尚知大义；将军胙土分茅，为国重镇，不能保障江淮，乃为敌前驱，有何面目见吾邑义士、义民乎？”良佐惭退。

应元伟躯干，面苍黑微须，性严毅，号令明肃，犯法者鞭笞贯耳不稍贷。然轻财，赏赐无所吝。伤者手为裹创，死者厚棺殓，酹醊而哭之。与壮士语，必称好兄弟，不呼名。陈明选宽厚呕育，每巡城，拊循其士卒，相劳苦，或至流涕。故两人皆能得士心，乐为之死。

先是，贝勒统兵略地苏松者，既连破大郡，济师来攻，面缚两降将跪城下说降，涕泗交颐。应元骂曰：“败军之将，被擒不速死，奚喋喋为？”又遣人谕令斩四门首事各一人，即撤围。应元厉声曰：“宁斩吾头，奈何杀百姓？”叱之去。会中秋，给军民赏月钱，分曹携具，登城痛饮。而许用德制乐府《五更转曲》，令善讴者曼声歌之，歌声与刁斗笳吹声相应，竟三夜罢。

贝勒既觇知城中无降意，攻愈急，梯冲死士，铠胄皆镔铁，刀斧及之，声铿然，锋口为缺。炮声彻昼夜，百里内地为之震。城中死伤日积，巷哭声相闻。应元慷慨登陴，意气自若。旦日大雨如注，至日中，有红光一缕起土桥，直射城西，城俄陷，清兵从烟焰雾雨中蜂拥而上。应元率死士百人驰突，巷战者八，所当杀死以千数。再夺门，门闭不得出。应元度不免，踊身投前湖，水不没顶。而刘良佐令军中必欲生致应元。遂被缚。良佐箕踞乾明佛殿，见应元至，跃起持之哭。应元笑曰：“何哭为？事至此，惟一死耳！”见贝勒，挺立不屈，一卒持枪刺应元贯胫，胫折踣地。日暮，拥至栖霞禅院，院僧夜闻大呼“速斫我”不绝口，俄而寂然，应元死矣。凡攻守者八十一日，清军围城者二十五万，死者六万七千，巷战死者又七千，凡损卒七万五千有奇。城中死者无数，尸骸枕藉，街巷皆满，然竟无一人降者。城破时，陈明选下骑传战，至兵备道署前被杀，身负重创，手尚握刀，僵立倚壁不仆；或曰阖门自焚死也。

赵景和

赵使君者，讳景和，字万育，钱唐人，天启丁卯孝廉也。夙与相国史文忠公可法相友善，尝抵掌时事，相对唏嘘，每至泣下。文忠曰：“今沧溟正沸，清晏难期，设遇时危，常山、睢阳，吾辈事也。”使君曰：“倘遇疾风，敢不为劲草乎！”初，使君教谕于禾，作人为盛。后授泸州州守，张献忠方踞蜀，不得进。俄而李自成犯阙，鼎湖龙去，使君北面恸哭曰：“君死社稷，吾将安归？”欲自刭，偕行者夺之止。还赴留都。时马士英柄国，引阮大铖为大司马，日与众正为仇，史相国督师江北，尤为所忌。有荐使君才可大用者，马知其为史友，勿善也，久之，调为广德州守。时睢阳围急，宁南侯请清君侧之贼，大理院姚思孝等请救淮南。

士英厉声曰："君臣宁死于敌，勿死于左！此皆良玉余党游说，不可听也。"于是调黄、刘诸镇卫石头，而北守易疏。文忠血书告急，弃勿顾。使君阅邸报大愤曰："惜吾友一腔热血，空付之马革矣。"扬城破，史相国立城上，拔剑自刎死。时弘光已出奔矣，士英惶急，惧宁南兵扼安庆，将走浙，挟母伪称太后，道由广德。其兵沿途杀掠，无复纪律，皆衣妇人衣，红紫绮绣，重袭一身，叠钏在臂，簪钿盈首，而犹涎州治，传檄谕守出库金以犒军，备法驾以迎太后。使君裂檄奋怒，因下令曰："有不奉诏而南轶者，毋许入。"士英于城下请守见，诱以甘言，使君叱之曰："尔为国元臣，不思报主，酿成覆败。国家何负汝，而若是邪？汝云保驾，驾今安在？不保上而保太后，人传若母，谁不知邪？汝速去，吾剑锋耻饮尔贼臣血。"士英命子都督锡腹背夹攻。民心甚固，州城旋毁旋筑，后力不支，为其乘闉而入。使君还坐厅事，士英至，不起迎。士英曰："尔小吏，敢抗我哉？"使君曰："尔蛮獠，非人类。广德州守今日为国死，然恨不死外难，而死贼相耳。吾今得与亡友道林践久要于泉下矣，吾且为厉鬼逐尔。"士英趋卒刺使君，使君挺身受创死。其妾秦氏死于井。是时其子苍璧方九龄，仆人钱义匿之，脱于难，戊午登贤书，壬戌成进士。其孙苏荃，诗文克绳家学，人以为孤忠之报。当兵马蹂躏广德时，忽雷雨大作，恍见使君毅魄在云雾中。士英惧，即卷甲去，去而武林不容，会稽不受，宵遁于闽。卒父子伏法，骈斩延津云。

黄石斋

黄冈杜苍略先生客金陵，习明季前辈遗事，尝言崇祯某年，余中丞集先与谭友夏结社金陵，适石斋黄公来游，与订交，意颇洽。黄公造次必于礼法，诸公心向之，而苦其拘也，思试之。妓顾，国色也，聪慧通书史，抚节按歌，见者莫不心醉。一日大雨雪，觞黄公于余氏园，使顾佐酒，公意色无忤，诸更劝酬剧饮，大醉。送公卧特室，榻上枕衾茵各一。使顾尽弛亵衣，随键户，诸公伺焉。公惊起，索衣不得，因引衾自覆荐，而却顾以茵卧。茵厚且狭，不可转，乃使就寝。顾遂昵近，公徐曰："无用尔。"侧身内向，息数十转，即酣寝。漏下四鼓觉，转头向外，顾佯寐无觉，而以体傍公，俄顷，公酣寝如初。诘旦，顾出具言其状，且曰："公等为名士，赋诗饮酒，是乐而已矣。为圣为佛，成忠成孝，终归黄公。"及明亡，公絷于金陵，在狱日，诵《尚书》《周易》数月，貌加丰。正命之前夕，有老仆持针线向公而泣曰："是我侍主之终事也。"公曰："吾正而毙，是为考终。汝何哀？"故人持酒肉与诀，饮啖如平时。酣寝达旦，起盥漱更衣，谓仆某曰：“曩某以卷索书，吾既许之，言不可旷也。”和墨伸纸，作小楷，次行书幅甚大，乃以大字竟之，加印章，始出就刑。其卷藏金陵某氏。顾妓自接公，时自怼，无何，归某官。李自成破京师，谓其夫能死，我先就缢。夫不能用。语在缙绅间，一时以为美谈焉。

周宗建

明天启时，御史周公宗建屡疏魏阉，夺职被逮，箠楚至不能出声。许显纯向公厉声曰：“此时复能詈魏上公不识一丁否？”卒毙于狱，六月洗狱，七月还尸，家中讣音未至。有清江浦舟子接一秀士，许以一金雇舟。问其姓氏，自何所来，曰：“我周季侯，自京师来。”又问吴中被逮诸公状，颦蹙曰：“俱死矣。”又问魏监，曰：“伊罪恶贯盈，不久显戮矣。”至吴江，入门不出。舟子呼之，家人出，询知其故，曰：“季侯吾主人也，赴逮在京，安有此事？”喧闹间，夫人急出曰：“良有是事。昨梦侍御还家，备言死状，且云上帝鉴其忠直，俾为神吴郡。‘舟子许酬一金，为我予之，勿失信也。’”乃出金与之。举家环哭，舟人亦哭曰：“吾得载忠魂，生平奇事，肯受金耶？”夫人曰：“侍御生平清介，汝不受直，非其心也。”舟人拜领而去。

曹大镐

明季曹京山先生大镐者，贵池人，桂王时寄籍广信，官兵部尚书，挂平海大将军印，封定南侯。时江、闽间有四营，先生将其一。庚寅夏，兵溃于邵武，为清军所执，不屈死。有绝命二首云：“百浪千涛可自安，久将神理验心观。生成侠烈柔非易，道在从容莽亦难。金铁逢炉还有焰，须眉对剑不增寒。途穷事即苍穹性，白日何妨黑暮看。”“天命难回数已违，貔貅常逐阵云飞。宝刀挥去锋流刃，铁甲磨穿血作衣。八载雄征空有愿，一身报国恨无归。忠魂未肯随风散，夜夜寒光护紫微。”

朱舜水

余姚朱舜水先生，名之瑜，字楚屿。当建虏入关时，从黄梨洲先生乞师日本，继又往来安南、暹罗间，欲起义师，顾奔波仆仆，不得一兵，遂罢。后入长崎，传王阳明学，从而学者万余人，水户侯师事之。先生抱独身主义，盖惓念故国，耿耿不能忘也。后依水户侯终。有遗书曰："予不得再履汉土，一睹恢复事业。予死矣。奔走海外数十年，未求得一师与满虏战，亦无颜报明社稷。自今以往，区区对皇汉之心，绝于瞑目。见予葬地者，呼曰'故明人朱之瑜墓'，则幸甚。"又有遗诗二首云："汉土西看白日昏，伤心胡虏据中原。衣冠谁有先朝制，东海翻然认故园。""廿年家国今何在，又报东胡设伪官。起看汉家天子气，横刀大海夜漫漫。"先生著述甚富，海内不多见，皆一字一泪，凄然亡国之音，有心人不堪卒读也。先生为明恩贡生。

秦　某

杜某于明鼎革后，隐居惠山，偶与一客，长眉疏髯，洒然有出尘之概。揖问之，则北来避兵者，自言为北直秦姓。至谈经史，淹博赅洽，上下古今。语及明季事，唏嘘流涕，乃知其为明之孤臣故老也。留课其子，阅十数日，辄一出游，数日始返。一日，出金付杜某，嘱市羊豕肉馔等物。次夕有三客来，杜偕其子伏窥之：一少年全真，凤目龙颜，美如冠玉；一清癯白发，仪状甚伟；一燕颔虎须，气象威猛。秦跪迎，奉全真上坐，余各东西席地坐。少年泣谓诸人曰："某播迁数省，几无寸土可以立足，近又闻某王被执。观时度势，天意可知。诸卿间关万里相随，本欲延某一线祀耳。时事已去，何向而可？”燕颔者跪启曰：“今郑氏据台湾，犹奉我朝正朔，不如且往投之。”秦与白须曰：“郑氏名虽奉明，志在自立。且台湾蕞尔，非用武之地。”秦乃于袖中出一图进曰：“臣筹之六年，惟有此地可暂时立国。昨海上诸将各有书来矣，纠集精兵十万，若六飞亲临，勇气自当百倍。先取八岛以为根本，然后练兵积粟，看衅中原，大事可图矣。”燕颔者再拜曰：“军师言是。臣已备舟二百，明日即请启跸。”于是各就坐食，天将晓，始罢而出。秦亦不返。

汪乔年

公名乔年，字岁星，明天启壬戌进士，官刑部，出守青州，升东莱道，视学秦中，历任三边总制。寇陷襄城，死之。公仕宦不携家室，谳决告令，钱谷钩会，暨督学试生儒，皆身任校阅，幕宾无一人。一子早夭，遂安余国祯督山东。有执鞭卒讯及邑里，辄讶曰：“君里有汪公者，其嗣子遘疾，吾青人士登泰山祈祷者以千计。今无恙乎？”曰死矣，卒抚膺泣下。青州黄绶曰：“吾少未习公，然吾乡人至今称汪夫子。里谚有‘汪不解担’之语，以其听断明决，不俟信宿弛担也。”视学秦中，以俭率诸生，章服尽布素，校士必焚香告天，故拔置尽一时寒庶。后井姓者继公，时人为之谣曰：“有学莫忙须待汪，有钱莫省须待井。”讫今儿童犹传诵之。黄州赤壁有八十老翁，旧为公部曲者，曰公任总制未数月，赴援河南，师次襄城。刃既接，大帅贺人龙等久蓄异志，皆溃去。公孤军守城，贼围环匝，号数十万，百道攻城。公登埤坐矢石间，随机以应，杀贼数千人。贼愤甚。左右泣谏曰：“众寡不敌，盍自为计？”公怒，奋拳折其一齿。无何城陷，犹手刃三贼。被执，公骂不绝口，贼割其耳鼻，磔尸而去。襄人建忠烈祠以祀之云。

高平仲

沂水高名衡，字平仲，崇祯辛未进士，官河南巡抚归，殉壬午之难。初登第，观政京师，制衣一袭寄家内，自画花卉其上，凡念六种，作三十二花丛，花之左右前后各题绝句诗凡八首。记其警句云：“对月偏成忆，临风更有思。乡心无可寄，聊写最娇枝。”“花枝娇且妍，置之在怀袖。好记花枝新，怜取衣裳旧。”“轻襦画折枝，悠然感我思。画时肠已断，著时心自知。”“雾縠遍宜暑，冰绡回出尘。著时怜百朵，应忆画眉人。”“客邸长安一事无，昼长人静影形孤。闲将一段鹅溪绢，写作名花百种图。”殉难后，张杞园待诏为作《画衣记》。

左忠毅

左忠毅公视学京畿，一日风雪严寒，从数骑出，微行入古寺庑下。一生伏案卧，文方成草，公阅毕，即解貂覆生，为掩户。叩之寺僧，则史公可法也。及试，吏呼名至史公，公瞿然注视，呈卷，即面书第一。召入使拜夫人，曰：“吾诸儿碌碌，他日继吾志事，惟此生耳。”

及左公下厂狱，史朝夕待狱门外，逆阉防伺甚严，虽家仆不得近。久之，闻左公被炮烙，旦夕且死。史公持五十金，涕泣谋于禁卒，卒感焉。一日使史更敝衣，草履背筐，手长镵，为除不洁者。引入，微指左公处。则席地倚墙而坐，面额焦烂不可辨，左膝以下，筋骨尽脱矣。史公前跪，抱公膝而呜咽。公辨其声，而目不可开，乃奋臂以指拨眦，目光如炬，怒曰：“庸奴！此何地也，而汝来前。国家之事，糜烂至此，老夫已矣，汝复轻身而昧大义，天下事谁可支柱者？不速去，无俟奸人构陷，吾今即扑杀汝。”因摸地上刑械作投击势。史公噤不敢声，趋而出。后常流涕述其事以语人曰：“吾师肺肝皆铁石所铸也。”

崇祯末，流贼张献忠出没蕲、黄间，史公以凤庐道奉檄守御，每有警，辄数月不就寝，使将士更休，而自坐幄幕外。择健卒十人，令二人蹲踞而背倚之，漏鼓移，则番代。每寒夜起立振衣裳，甲上冰霜迸落，铿然有声。或劝以少休，公曰：“吾上恐负朝廷，下恐愧吾师也。”史公治兵往来桐城，必躬造左公第，候太公太母起居，拜夫人于堂上。方涂山者，左公甥也，与人言狱中语，乃亲得之于史公云。

卢象升

卢象升，江苏常州人。明天启二年成进士，官大名知府。崇祯二年，京师戒严，象升募万人入卫，得无恙。六年，山西贼流入畿辅，据临城之西山，象升击却之。贼又围游击董维坤于冷水村，象升设伏石城南，大破之。每临阵，身先士卒，与贼格斗，刃及鞍，弗顾也，失马，即步战不少懈，贼驰走相戒曰：“苟遇卢，宁死毋相犯。”象升之名藉甚。贼南渡河，入楚阳六县，象升以佥都御史抚治郧阳。时蜀寇返楚者，纷驻郧之黄龙滩，象升与总督陈奇瑜分道夹击，连战皆捷，汉南寇平。又奉命督山西、陕西军务，适汝、洛告警，乃驰入汝。贼部众三十万余，进营百里，势甚盛。象升督诸将等击高迎祥于城西，用强弩射杀贼千余人。先是，大帅曹文诏、艾万年阵亡，尤世威败衄，诸将帅畏贼，不敢前。象升每慷慨洒泪，激以忠义。军中尝绝三日饷，象升亦水浆不入口，以是得部下心，战辄有功。迎祥败走后，复分道陷含山、和州，进围滁州，象升又驰兵援救，大战于滁州城东之五里桥。贼势穷蹙，相率窜匿于秦、楚、蜀之交万山中，象升遂自南阳趋襄阳，进兵剿平之。继而清兵入关，直走墙子岭、青口山，杀总督吴阿衡，毁正关至营口石匣，驻于牛兰。朝廷闻警，三赐象升尚方剑，令督天下援兵。时象升正奉讳回籍，诏至，麻衣草履，誓师及郊，闻廷臣主和议，象升顿足叹曰："予受国恩，恨不得死所，今宁捐躯断脰。"及都，帝召问方略，对曰："臣主战。"帝变色良久曰："和乃外庭议耳。"象升乃决策议战，自将马步军，列营都门之外，冲锋陷阵，军律甚严且整。清兵南下，三路出师，象升即由涿进，据保定，命诸将分道出击。廷臣以象升梗和议而主战，夺其兵权。象升不得已，提残卒次宿三宫野外，畿南父老闻之，咸叩军门请曰："天下汹汹且十年，明公出万死不顾一生之计为天下先，乃奸臣在内，孤忠见嫉，三军捧出关之檄，将士懔西归之心。栖迟清野，一饱无时，不如移军广顺，召集义士，再图恢复。三郡子弟闻公之来，以为昔非公死贼，今非公死兵，同心戮力，一呼而裹粮从者可十万。孰与只臂无援，立而就死哉！”象升潸然流涕曰：“感父老义。虽然，自予与贼角，经十百余战，未尝一挫衄。今者分疲卒五千，大敌西冲，援师东隔，事由中制，食尽力穷，旦夕死矣，无徒累父老为也。”众闻言，号泣雷动，争携粮往馈。象升进师，遇清军于蒿木桥，敌骑数万，环绕象升左右。象升麾兵急战，呼声震天，卒以炮尽矢穷，后援不至，身中四矢三刃而仆。死时年仅三十九。事后，廷臣为之请于朝，谥忠烈。

周忠介

公字蓼洲，天启中死珰祸，今录其家书于左：“四月朔日渡江，一路风光，尽觉自在。自邮夫、贩客、妇女、儿童，无不攀车垂涕者，即焦头烂额辈，如狼如虎，亦皆感恩而泣。不知前先何以能得众缘如此，乃知忠信笃敬之果可行于蛮貊也。童儿辈须从穷愁患难中困心衡虑，苦志读书，做第一等好人，方不负我之教。平日但当闭门洁守，务使户庭之内，肃如朝典，如此世界，更当万分谨慎也。字付大儿。”又与宫詹姚公见闻云：“如此风波，合城无不惊怖，弟作一欢喜顺受想，空空坦坦，正觉快活。临时尚当竖起脊骨，做一个生铁铸就的人，以不负知己。兄以为何如？”又与文肃文书曰：“弟行只在此两日内矣。一生志节，向一路着力，是弟不济处，故出门便与宦官作仇，毕竟以此辈结局，然不可谓非天之所以成我也。此时工夫，正欲使冤亲平等，贪恋俱忘，急消却一段愤激之心，欢喜顺受，方是实地。至于掀天揭地事，亦不在多，弟临时尚可做耳。”

瞿式耜

清兵入桂林，瞿公方巾燕衣，危坐署中。胡一青跃马入，劝之去。公举杯曰：“能饮酒乎？”一青曰:“今日岂饮酒时？”遂策马去。适总督楚师司马张同敞自灵川回，公喜曰：“敞至，吾死不孤矣。”敞曰：“公将何行？”公曰：“封疆之臣，知有封疆，封疆既失，更复何去？”敞曰：“将欲得当以图他也，公有命，敞敢不死。”遂止饮酒。督标致远将军戚良勋牵马请公出城，再图恢复，家人泣请少忍须臾，待次公子之至。皆不许。遂被执，见定南王孔有德，有德曰：“公阁部耶，好阁部。”公曰：“汝王子耶，好王子。”有德箕踞地上，顾曰：“坐。”公曰：“吾不惯胡坐。”有德肃然起，且揖之。见同敞，左右命之跪，同敞大骂，旁武士或以刀背折足强之跪，同敞不屈，牵去，将斩之。公曰："司马，国之大臣，不得无礼，死则同我死。"有德素重公，悚然遂止。说降百端，卒不屈。有德愈重之，馆二人于别所，防御甚严，而供张饮食如上宾。二公赓和自若。会公遣死士遗焦琏书，极言清兵羸弱，劝琏急提兵抵桂，且曰"中兴大计，无以我为念"。逻卒得之献，有德大恐。闰十一月十七日晨，请二人。公方食。食彻，公笑曰："与总督多活四十一日，今事毕矣。"同敞曰："快哉此行！今日得死所矣。"见者皆为泣下。二公颜色不变，阳阳如平时。总督藏一白网巾于怀，至是，服之曰："为先帝服也，将服此以见先帝。"至独秀峰下，公指曰："一生只爱泉石，愿死于此。"整衣冠争就刃。被杀时，大雷冬发，远近士女皆为流涕。马蛟麟莅杀，雅重公，命以芦席覆之。越三日，侍御姚端，公门下士也，与杨艺入王邸，谋殓两公。启视，见公刃血在颈，身首不殊，面色不变。抚之而哭曰："忠魂俨在，知某等殓公乎？"忽张目左右视。杨抚曰："次子来见公耶？长公子失所耶？"目犹视。端叩曰："我知师心矣，天子已幸南宁，师徒云集，焦侯无恙。"目始瞑。遂具衣冠殓葬两公于风洞山之旷地，筑室于旁，守墓不去。

沈华阳

公讳云祚，字子凌，号岱来，南直隶太仓州人。崇祯丙子举于乡，庚辰成进士，授华阳令。时群寇纵横久，海内糜烂，逆贼张献忠屡出没于楚、蜀之间，所在残破，揭竿而起者浸不可制。公初释褐，万里单舸，溯江流，摩贼垒，远令岩邑，慨然有保障全蜀之志。壬午四月甫视事，即以计擒诛狡贼秦缵勋等。先是，蜀有摇黄贼之祸，秦缵勋者，川东石砫土司秦良玉族也，潜伏内地，为贼耳目。已并其党诱执之，置于狱，夜半杀狱卒逸去。吏请闭城大索，公曰："无张皇，扰民无益也。"潜发书土司，授以方略，土司果擒贼至，悉断其手足指矣。吏惊以为神，公曰："吾策之审矣。贼逾狱，必以石砫为逋逃薮。秦夫人方以剿寇效节朝廷，讵肯庇缵勋而堕功名乎？"于是立决杀之。甲申正月，献贼破夔门而入，蜀中大震。公知事迫，屡至蜀府请见，欲为王陈守御之策，不信。而内江王雅信公，公乃欲藉内江得之蜀，往说内江曰："人无愚智，皆知贼势披猖，成都必及于祸。今蜀府货财山积，不及今捐之，募死士东向杀贼，一旦豕突疆场，军民奔逸，谁为王守此府库乎？愚者敛财而府祸，智者转败以为功。蜀中有险可凭，有兵可战，特患无财可用。诚不爱万金之赏，鼓励行间，臣等身编行伍，效死争先，上赖朝廷威灵，犹可扫除寇乱，保全家国，不然拱手授贼无为也。且独不见周、楚之已事乎？”先闯贼围大梁，周王下令斩贼一级赏五十金，贼以是不克而去；献贼破武昌，阅初府私藏而不用，公以是激内江。内江心动，入为蜀王言之。王内惜金钱，苟幸无事，以祖制辞。公见王府拥财不发，大吏握兵束手，一县令孑立危城，欲战守而无蚍蜉蚁子之卒，欲召募而无斗粟束刍之饷，张空拳上下叫号，而举动掣肘。盖至是而知事不可为，不待城亡骂贼之日，已自分必死矣。三月闯逆陷京师，先帝殉社稷。六月献逆破重庆，杀巡抚，乘破竹之势，鼓行而西，所过无坚垒，纵火焚掠数百里，烟焰属天。漏刃余民扶老携幼，号哭道路西奔者，日夜不绝。是月成都火器局无故火发，毁庐舍，军民死无算，人情益汹汹，疑肘腋皆贼。蜀藩始惧，悔用公言不早，甫出财佐召募，而贼以水陆薄城下矣。八月五日，御史刘公之渤、总兵刘公佳胤乘城而守，总兵出战，大败奔还。贼乘势急攻三日，城陷，蜀王率其妃嫔自沉，并总兵自沉浣花溪，公与刘御史及理刑刘十斗、成都令吴继善等俱被执，幽于大慈寺。是时贼有众百余万，据成都，雄视全蜀，谓天下不足定，将即伪位，乃遣其党即幽所飨诸文武，欲降之以备百官，而临以白刃，贼固属意诸大吏也。公奋然怒，从众中跃而起，手掷案，大骂“逆贼死万段”，指其口曰：“有口食贼肉耳，岂食贼粟哉！”公长躯雅度，至是气愤，目光炯射，须髯戟张，揎袖指贼，骂声响撼廊庑。出贼不意，相顾错愕奔告。逆遂杀公，时年四十有三。两刘公亦同日死之。呜呼，公自闻警以来，已决计于死，而今果死矣。当日法吏戎臣伏节而死者，枕藉道路，舍生取义，岂独一县令邪？然是日为县令而殉难者惟公耳。

乙邦才

邦才，乙姓，字奇山，山东青州人。明愍帝时，以队长从监军太监击贼河南江北间，主者未之奇也。总兵黄得功与贼战于霍山，得功乘胜，舍其大军，单骑前逐贼。陷淖中，贼围之数重，射杀得功所乘马，得功亦仰面射贼洞胸，与之相持。会天欲暮，所余惟二矢耳，得功自分必不免。而邦才适自别道驰还，登高望见之，识其胄曰："黄总兵也。"大呼，复驰之，贼散走，得功乃自拔上。邦才授以己马、箙中矢，与之步从。得功且走且反射，凡杀追骑十余人，始得及其大军。于是得功称邦才，以语主者，主者始大奇之，稍拔为标下材官。而是时有张衡者，从总兵刘良佐，亦以骁勇知名。贼兵围六安，危甚。总督马士英帅军救之，始至，立斥其左右副将而号于诸军曰："孰为乙邦才、张衡者，入见。”两人廷谒，即牒补副将，以其兵授之，出文书曰：“为我入六安，取太守结状以报。”两人则应曰：“诺。”即出简壮士二百骑，与之约使人持一角，十人共建一纛，夜趋贼营，突贯贼围阵，遂入城，周而呼曰：“大军至矣。”城中人大喜合噪。两人者促太守具食，食已，挥太守曰：“火速署状。”急怀其状，复引骑冒围出。贼大惊，既而知其为邦才、张衡，皆止不敢逼。既得报，竟不失一骑。自兵兴之后，颍、寿、六安、霍山诸州县数被寇，邦才常在其间，大小十余战，破围陷阵，所俘馘无算。主者或攘其功，或移诸他将者数矣，同列为邦才不平，时时讽之使言，辄曰：“谢诸君雅意，此我众不惜死耳，我一人何能为？”终退让不自言也。弘光帝即位，史公可法出督师，愿得邦才与俱，以总兵官驻扬州。未几清兵至，而邦才战败死。邦才形貌仅及中人，白皙拗准，猿臂而蜂腰，善投壶，本不知书，而进步安雅，敬礼士大夫云。

龚　彝

永历时，顺宁龚彝以户部尚书侍从至滇。滇陷，帝奔缅，彝往土司说之起兵，未及战，帝已被执，兵乃止。彝出赵州，遇帝，尾行至会城，具酒肉进谒。守兵不许，彝大呼曰："此我汉人君也，我为其臣民，只欲一见耳，何拒？"为守者启吴三桂，三桂许之，彝得入于堂上设宴，请帝出，朝礼毕，进酒。帝痛哭不能饮，彝伏地哭，不能起。更劝帝饮，强进三爵。彝哭拜不止，两眼皆血，遂触地死。帝拊之，恸哭几仆。越三日，帝亦被缢，而明亡矣。

李定国

李定国，初与孙可望同为贼。贼人金公趾在军中，为说《三国演义》，每斥可望为操、卓，而期定国以诸葛。定国大感激，曰："孔明不敢望，关、张、伯约敢不勉。"遂与可望左。及受桂王封爵，誓努力报国，洗去贼名。百折不回，徇身缅海，为明三百年忠臣之殿。

卷二　义士传

五人传

天启朝，逆珰魏忠贤扇虐诸卿大夫。以忠直被刑戮，怨愤彻闾里，匹夫匹妇发竖心伤，然未有公然发愤，抗中贵，殴缇骑，不恤其身家之殒，惟义是殉，若苏民之于吏部周公顺昌者也。尝读《天胪笔记》，及询吴中父老，未尝不击节慨慕之云。初，吏部负人望，谒告家居时切齿朝事，令不便于民者辄请之当事，苏人德之。会都谏魏公大中被逮，所过州邑莫敢通。吏部轻舠候吴门，相持哭，骂忠贤不去口，为约婚姻，奏乐炙酒，累日乃去。珰闻之怒。珰所私御史倪文焕，劾吏部党奸人削籍，固已人人自慑矣。天启六年，织造中使李实以忠贤旨复坐讲学聚徒，与都御史高公攀龙，御史周公宗建，谕德缪公昌期，御史黄公尊素、李公应昇俱逮治。诏使至苏，吏部慨慷自若，而苏民无少长皆愤，五人其最烈云。五人曰颜佩韦，曰马杰，曰沈扬，曰杨念如，曰周文元。佩韦贾人子，家千金，年少，不欲从父兄贾，而独以任侠游里中。比逮吏部，郡人震骇罢市，而诏使张应龙、文之炳者虐于民，民益怒，顾莫敢先发。佩韦于是爇香行泣于市，周城而呼曰：“有为吏部直者，来市中。”或议或询，或泣或切齿詈，或搏颡吁天，或卜筮占吉凶，或醵金为赆，或趣装走京师挝登闻鼓，奔走塞巷衢，凡四日夜。洎宣诏，诸生王节、杨廷枢、文震亨、徐汧、袁徵等窃计曰：“人心怒矣，吾徒当为谒两台以释众怒。”又谓：“父老毋过激，激只益重吏部祸。”父老皆曰：“诺。”乃相与诣西署，将请于巡抚。都御史巡抚毛一鹭，珰私人也，是日吏部囚服，同吴令陈文瑞由县至西署，佩韦率众随之。而马杰亦已先击柝呼市中，从者合万余人。会天雨，阴惨昼晦，人拈香如列炬，衣冠淋漓，履屐相躏，泥淖没胫骭。吏部升肩舆，众争吊吏部，积道不前。吏部劳苦诸父老，佩韦等大哭，声闻数里。移时抵西署，署设帷幕仪仗，应龙与诸缇骑立庭上，气张甚，最下陈锒铛钮镣诸具，众目属哽咽。节、震亨等前白一鹭及巡按御史徐吉曰：“周公人望，一旦以忤珰就逮，祸且不测，百姓怨痛，无所控告。明公天子重臣，盍请释之，以慰民乎？”一鹭曰：“奈圣怒何！”诸生曰：“今日之事，实东厂矫诏。且吏部无辜，徒以口舌贾祸。明公剀切上陈，幸而得请，吏部再生之日，即明公不朽之年。即不得请，而直道犹存天壤，明公所获亦多矣。”一鹭周张无以对。缇骑以目相视，耳语谓：“若辈何为者？”讶一鹭不以法绳之。而杨念如、沈扬两人者，攘臂直前，诉且泣曰："必得请乃已。"念如，故阊门鬻衣人，扬，故牙侩，皆不习吏部，并不习佩韦者也，蒲伏久之，麾之不肯起。缇骑怒叱之。忽众中闻大声骂忠贤逆贼者，则马杰也。缇骑大惊曰："鼠辈敢尔！速断尔颈矣。"遂手锒铛，掷阶砉然，曰："囚安在？速槛报东厂。"佩韦等曰："旨出朝廷，顾出东厂耶？"乃大哗。而吏部舆人周文元者，先是闻吏部逮，号哭不食三日矣，至是，跃起直前夺械。缇骑笞之，伤其额，文元愤，众亦俱愤，遂起击之炳。之炳跳，众群拥而登，栏楯俱折，脱屐掷堂上，若矢石落。自缇骑出京师，久为骄横，所至凌铄，郡邑长唯唯俟命，苏民之激，愕出不意，皆踉跄走。一匿署阁缘桷，桷动，惊而堕，念如格杀之。一逾垣仆淖中，蹴以屐，脑裂而毙。其匿厕中、翳荆棘者，俱搜得杀之。一鹭、吉等皆走匿。王节等知事败，而当众气方张时，即欲前谕之不可得，诸父老练事者，亦旋悔，稍稍散。是日也，缇骑之逮御史黄公尊素者，适船次胥江，掠于邪，执市人挞之。邪人闻城中之殴缇骑者，亦殴之，焚其舟，挤水中。次日雨霁，乡大夫素服谒两台，策以所敉定地方。而一鹭则夜密书飞骑白东厂，且草疏告变矣，檄下县，曰谁为声柝聚众者，谁为爇香号哭者，谁为骁雄贾勇者、党罪囚而戕天使者，必悉诛无赦。始众以吏部故，用义气相感发，五人一呼，千百为群，闻捕诛，稍稍惧。五人毅然出自承曰：我颜佩韦，我马杰，我沈扬，我杨念如，我周文元，俱就系。曰：“吾侪小人，从吏部死，死且不朽。”及吏部死诏狱，五人亦斩于吴市，谈笑自若。先刑一日，暴风雨，太湖水溢。而广陵人则言文焕居昼坐，忽忽见五人严装仗剑，旌旆导吏部来。忽不见，庭井石阑，飞起舞空中，良久乃堕，声轰如雷。明年烈皇帝即位，忠贤伏诛，吏部子茂兰刺血上冤状。诏恤吏部，诛文焕。苏士大夫即所夷珰祠废址，裒五人身首，合葬而立石以表之。

古达可戴国柱合传

史公可法总督漕运、巡抚淮扬时，闻其地有古达可、戴国柱二人者，慷慨有奇气，即召入署，与之谈时事。二人忠勇，溢于眉宇，所论多中肯，史公美之，誉为好男儿，令守睢城。戴以亲老辞，古乃独驻睢焉。睢城不满百里，士卒又羸弱，古下车后，深以寇侵为虑，盖当时盗贼横驰中原，所至辄蹂躏无免也。会戴往访古公，古即以所虑告，戴不禁失笑曰：“兄何愦愦？忠义气播，民即兵也。贼至邀战之可，是时弟必有以助兄。”古遂拊掌称是，戴亦辞别。及怀宗十四年，流寇袁时中起，势焰张甚。古致书戴公，约共击贼，戴诺焉。集壮夫百人以与古兵合，并曳火炮以助战。遇贼于凌城庙前，即矢石俱发，继以火炮，贼众死者纷纷。既而贼大队至，为数可数千人，悉剽悍善战，围古、戴二公兵三匝，古、戴二公仍从容谈笑，指挥兵卒，不露惶态，并亲以火炮燃击贼人，势猛甚，贼几不支。然贼中有善魇魅法者，以裸妇人列阵前，炮发辄反震，因之已死者与贼埒。而古、戴二公亦身受重创矣，顾犹挥刃，力战不少却。及头断，身犹僵立不倒，挥两臂以扑贼，贼惊退方止。然而尸横血流，二公及部下卒竟无一生还焉。史公寻知其事，遣使致祭，命于凌城庙前立忠义冢以瘗之。冢成后，近旁草木悉成赤色，说者谓二公赤胆热血之所染。呜呼，真烈丈夫哉！宿迁倪瑞璿曾有诗咏之云："秋风鸣高空，乱峰下斜照。老树杪横天，苍黄覆古庙。入门扪残碑，太息拜遗貌。忆昔明运衰，群盗起聚啸。剿抚两失策，蜂虿变虎豹。所过无坚城，荼生任凌暴。二公真人豪，忠贞出天造。金铁冶成心，冰霜厉寒操。贼锋一朝来，矢石躬亲冒。官小誓捐躯，力薄那自料。慷慨互争先，从容共谈笑。燃炮击贼人，天地为震悼。贼用魇魅法，蚁聚蜂屯到。众寡势不当，头断臂犹掉。成仁并取义，日月争光耀。碧血洒平芜，贼马不敢蹈。至今圹野中，白日常见烧。如何八十年，荐绅少凭吊。姓氏已稀传，父老犹相告。兰台事纂修，幽闻阐光耀。谁为秉笔人，搜求不遗奥。”

无名义士传

明末多奇人义士，惜在中原鼎沸之秋多湮没不彰，与三百年大明江山同归于尽。胡尘滚滚中，正不知埋没却多少好男儿，滋可慨叹也！满人窃据燕都时，丙戌某月日，有壮士二十二人来钱塘大遮山下，皆虎躯虬髯，目欲迸火，拔铠仗剑，免胄而叩东明寺门，呼僧炊米三斗，屑豆一斗作乳，仓猝具食。僧异之，问："饱乎？"曰："未也，亦不愿饱。"饭后循寺廊入，见明建文帝像，则拜而泣下，一人在前，余随后不敢并。已而求浴，露亵衣，见血痕殷驳，肤如刻漆，人臂二弓，腰二铳。试弹飞雀，辄应手坠，不失一。铠仗皆精铁，重可百余斤。其前向拜者，挽铁鞭亦重数十斤，运动敏捷，如挥麈柄。问邑里姓氏，不答。闻其声，知为北人。问何往，则泪涔涔承睫曰："吾粮尽。吾遍历全国，无可与共事者，或安往邪？"僧曰："三吴富，可就也。"曰："取三吴，未能集事，且吴儿安可与者？"曰："然则离世网，托空门乎？"默不答。僧曰："今满兵棋布，巡逻严设，出遇丑虏者，危矣。"壮士大呼曰："吾仗剑行数千里，先后遇彼丑，何啻千百，悉膏吾刃也。”僧曰：“此去天目，民寨百余所，其头目皆以义师相号召，曷往观之？”曰：“吾知之，若辈群盗耳，毋污我。”因问去湖州几何程，僧告以湖州多守兵。曰：“吾固欲寻守兵以贾余勇。”遂胄而去。越日还，曰：“吾此行殊快，彼虏五百人尽矣。”已而慨然叹曰：“吾多杀人何益？且吾所以来，岂仇若辈哉？”二十二人者均掷身于碧浪湖死之。呜呼，烈矣！

桑山人传

山人许姓，汴人，少举茂才。崇祯中尝献剿贼三策于阁部督帅杨君，不用。既而为东平侯刘泽清幕客，与泽清语不合，辞去。乡人怨家发其隐事于清帅之镇汴者，走匿桑下，因姓桑，号桑山人。山人乃与嵩阳曹道士游，夜坐耳鸣，丝竹徐发，若有物拔其顶，耸身丈余，骨节皆通。尝卖药嵩山庙市，以水酌喑者，能言。许州小男为狐所苦，呼狐斩之。既还汴，怨家见曰：“此许澄茂才也。”帅捕十许人迹至，山人乃独身指挥，尽缚诸捕者。揖怨家去，谢之，而身游衡阳不返云。

沈百五

明末崇明有沈百五者，字廷扬，家甚富。曾遇洪承畴于客舍，是时洪年十二三，相貌不凡，沈以为非常人也。见其穷困，延之至家，并延其父为西席，即课承畴。故承畴感其德，尝呼沈为伯父。后承畴已贵，适山东河南流贼横行淮河，粮运辄阻，当事者咸束手，于是洪荐百五。百五乃尽散家财，不请帑藏，运米数千艘，由海道送京。思陵召见，授户部山东清吏司郎中，加光禄寺卿。不数年，承畴已降清，百五独不肯，脱身走海外，尚图结援。为清兵所获，洪往谕降，百五故作不识曰："吾眼已瞎。汝为谁？"洪曰："小侄承畴也，伯父岂忘之邪？"百五大呼曰："洪公受国厚恩，殉节久矣。尔何人斯，欲陷我于不义乎？"乃揪洪衣襟，大批其颊。洪笑曰："钟鼎山林，各有天性，不可强也。"遂被执至江宁，戮淮清桥下。妾张氏收其尸，尽鬻衣装，葬之虎丘东麓，庐墓二十年而死。初，百五结援时，手下有死士五百人，沈死后，哭声震天，一时同殉，殆有惨于齐之田横也。

张义士

张义士名鸣，本吴门樵者，以勇著。明神宗时，税珰四出，省会之地，无不骚扰，而吴门为尤甚。群小附和者辄称税官，冠带咆哮，市中蔬果鱼肉之类，一出一入，亦不能免。郡县不能制之。张不胜其愤，号呼集众，晨拥入局，缚税珰沉诸城濠。官吏闻警至，众皆星散，张独被获。官吏既得张，令供同党，张大骂曰："毋多言，男儿死耳！彼魏贼无耻之宦者耳，后日必覆我国。余今忤彼奸贼而受戮，是为国而死。为国而死，死亦有荣。若汝等者，食国家之厚俸，而助彼无耻之奸贼，斯乃生不如死耳！"上官闻之怒，报于魏珰，乃寸殛之。后苏人感其义，遂称以张义士云。

徐佐明

徐佐明，罗店西乡人也。父耀为乡中老拳师，以佐明生而多力，令习拳技，且勉之曰："吾儿能致力于武事，功名应赤手致。"于是佐明专心拳技，长短枪戟外，尤善铁棍。棍重六十斤，长六七尺，舞时风鸣叶落，地尘滚滚起。人虽钦其勇，而佐明未尝以此自矜。邻人吴弘宇重其人，间尝为之讲述古来英雄豪杰、忠臣孝子事，遂与弘宇成莫逆。崇祯殉国，弘光帝即位南都。不一年而南都陷，郡县多降，清政府乃下剃发令，有“留发不留头，留头不留发”之宣言。士民汹汹，义兵遂起罗店。自唐景曜首倡拒守后，诸乡义兵不期而集，佐明亦率乡中拳勇少年往投之。景曜以其忠勇，命守曹巷。时吴弘宇已降北，闻佐明守曹巷，乃即驰至，欲动以旧情而投之降。佐明乃仰天大笑曰：“是何言邪？数天前先生为余讲述之英雄豪杰、忠臣孝子事，某迄未敢忘。今先生欲余降，是教人以不忠也。奚可哉？奚可哉？先生如更言者，吾不能再复念旧情矣。”弘宇欲再言，则已被佐明推出门外。顾弘宇仍徘徊门外，乃叱曰：“不速去，行将斫汝头颅。”弘宇惭走。自后成栋兵每乘夜来攻佐明，藉寒佐明之胆，而使之降也，盖亦弘宇之计。又数日，罗店破，弘宇遍觅佐明不得。后于市北玉皇宫前空地上见一尸，僵卧血泊中，右手犹紧握铁棍，清兵数十人亦僵卧其旁。弘宇审知为佐明，乃哭曰：“早从吾言，不及此。”尸忽跃然起曰：“何哭为？男儿杀贼而死，死有余荣。”言讫，遂踣于地。弘宇厚葬之，冢至今存焉。

孔　师

明邑诸生孔师，城北三十里杀虎墩人也。坚谨好学，有胆略。家贫，藉授徒以糊口，有余，辄以恤孤寡，以是颇得乡党誉。弘光末，福王没金陵，清兵东下，连破江阴、嘉定、松江，挫鲁王于绍兴。一再战胜，势弥炽，纵兵屠掠，兵至南汇，戮数乡民，曝诸野。邑人惴恐，皆莫敢趑趄。师闻之，心恻然恸，枕尸而哭之哀，见者义之。师乃筑坛召众集其下，自登坛向众曰："何物满虏，据我神京，夷我社稷，屠我人民，攘我河山，是我不共戴天之仇也。坐视戎狄肆淫，祖国沦亡，不执戈横槊，冲锋杀敌，何以报食毛践土之恩？今者地已拆，山已崩，草也木也，已无所附，不摧自残矣。又奚顾身家妻子为？为父老计，厥有三策：斩荆为兵，揭竿为旗，登高而呼，如楚之戍卒，上也；披贼之胸，撷贼之项，摧贼之首，如燕之荆卿，中也，次也；杲卿骂贼，文山死义，不亏大节，又次也。次焉者、又次焉者，师虽孱文，犹能自任；其上焉者，愿与诸父老共图之。"言迄，纵声大哭。众亦随哭不能仰，皆愿听命。师复曰："师尝闻先民之言矣，泰山之溜穿石，单极之绠断干，谓弱足胜强也。吾人今者起事，是以微弱而敌暴虏，不啻螳臂当车。然蜂虿能螫毒，未始非自卫计。倘天佑大明，义旗一举，四方影响，则事大可为也。嗟乎，国家糜烂甚矣，抗亦亡，不抗亦亡，危至此而犹偷生苟活，是殆无心肝者矣。诸父老愿从上计者，其左袒。"众皆左袒。于是师草檄号召义师，不二日，负耜提斧而集者十余万众。编为三师，一师出西北鄙，一师出西南鄙，一师居中。三路三师而进，所以分敌之势也。师统中师，余二师遣有夙望者统焉，行阵进退，一取决于师。厉兵秣马，将鼓而西矣。清督师闻之，大怒，亲率劲旅，轴轳十里，顺流而下，迫师师。师与战，鼓不停桴，昼以继夜，知进不知退，筋疲力尽，犹呼啸驰突，杀声动天地。血流漂卤，骸骨横于途。师以乌合之众，未经训练，亦无良兵，而频战频北。由是地尽丧，师尽没，而师卒被俘，桎梏于牢笼。师大声骂贼，督师怒，欲杀之矣。督师左右以为师众所重，不如暂留以招致溃匿者，而后磔之，乃已。师将士缚者甚众，有为利所动，意欲降，师大怒曰："男儿死耳，毋遗祖宗羞。若犯初志，是狗彘行矣。"将士为所感，亦大骂贼，骂不肯已。时鲁王遁入海，唐王溃福建，桂王辗转栖无定所。师闻之，抚胸泣曰："是天祸明也，夫复何言？"越二日，招致溃匿者无所得，督师下令杀师，师乃慷慨就义。临刑，环而泣者数千人，师犹向众曰："师今已矣！所恋恋不忍舍者，百万生灵耳。不知继师者何人，以济之于涂炭也。呜呼，诚所谓天作孽不可为邪！呜呼，师今已矣！"首既断，悬之通衢，颜色不变，众窃下与尸合瘗焉。清师侦知，谓犯禁例，自杀虎墩东西南北十余里间，不论男女老少尽屠之。死者枕藉，惨状不忍睹，至今父老都能道其概焉。

王义士

王义士者，失其名，泰州如皋县隶也。虽隶，能以气节自重，任侠好义。甲申国亡后，同邑布衣许元博德溥不肯剃发，刺臂誓死。有司以抗令弃市，妻判当徒。王适值解，高德溥之义，欲脱其妻而无术，乃终夜欷歔不成寐。其妻怪之，问曰："君何为彷徨如此耶？"王不答。妻又问曰："君何彷徨如此邪？"曰："非尔妇人所当知者。"妻曰："君勿以我为妇人也，而忽之勿言。君第语我，我定能为子筹之。"王语之故。妻曰："子高德溥之义而欲脱其妻，豪杰之举也。诚能得一人代之可矣。"王曰："然顾安得其人哉？"妻曰："吾当成子之义，愿代之行。"王曰："然乎戏耶？"妻曰："诚然耳，何戏之有！"王乃伏地顿首以谢。随以告德溥妻，使匿于母家。而王夫妇即就道，每经郡县驿舍就验时，俨然官役之解犯妇也。历数千里抵徒所，风霜艰苦，甘之不厌。于是皋人感之，敛金以赎，夫妇乃终老于家焉。

徐氏夫妇

徐尚廉，字洁人，太仓之南村人。性豪爽，好施与，喜习武具，所交皆当时游侠士。一日有年可二十余之女子临其家，修眉入鬓，妙目天然，兀坐堂隅，默不一语。察其意，似有求于尚廉者。尚廉异之，馈以衣食，且致敬然。女喜甚，乃曰："妾名莺娘，姓沈氏，亦曾识字读书，父母均已物故。吾父生前负绝技，为武当陈州同之入门弟子，曾隶袁督师麾下。寡兄弟，父以绝技传妾。临命时，泣谓妾曰：'今闯贼已起，所过蹂躏，民不堪命，在朝诸臣，咸置国事于脑后，明祚恐不长矣。汝曾习武技，宜得一忠勇者而事之。汝虽女子，亦得效命疆场，图报国恩于万一。汝既无叔伯，终鲜兄弟，此事汝自主持，余不能预为谋焉。'妾识之不敢忘。自是遨游南北，求一可与共事者而事之，乃杳不可得。今来是邦，闻市人道君豪迹，妾思君必非以勇武自豪者，当有不能忘者在，故敢造门求见，非敢有乞于君，实不可明言者在焉。及观君言论丰采，不觉令人起敬，愿得侍巾栉，以成妾志。"尚廉闻莺娘言，觉语语打入心坎，热血为之澎湃，遂择日合卺焉。却扇之夕，莺娘又谓尚廉曰："今虽燕尔新婚之夕，亦为枕戈待旦之时。闯贼一日不灭，虽有田园，万难安享。今北京已破，皇帝殉国，南都方起勤王，吾夫妻宜效力天家，诛彼逆贼，以成君名，而遂妾志。"尚廉于是托其老母于从弟尚清，投扬州史督师，莺娘易服以从。时满人入关，闯贼西走，尚廉请于督师，欲自率一军北伐。督师为之动容，只以饷缺而罢。弘光乙酉三月，满兵取山东、河南诸郡，直逼淮扬。斯时总兵左良玉称兵犯阙，督师遂遣尚廉入援，大败左兵于燕子矶。督师嘉其功，擢为副将。既满人大举南下，鼓声震天，民皆逃窜，尚廉夫妻飞腾而出，仗剑夜焚其营，刃杀其将。守兵乘之，满兵遂大乱，闻风奔窜，搜其辎重而还。督师大喜，谓之曰："君真勇而有谋者也。"自是声威大振，避难者咸集扬州，当时满兵之不克遽破扬州者，尚廉夫妇之力也。四月，睿亲王多尔衮自将来攻，围之数重，然犹不能直逼城下。后以军饷缺乏而破，督师殉节，尚廉负尸葬郭外之梅花岭下，泣嘱莺娘曰："吾今往从督师于泉下，不能南归，卿其善事吾母。"遂自刎于督师之墓旁。莺娘掘坎埋之，泣拜而归。时尚廉之母已死，且葬矣，莺娘泣曰："妾之所以忍死须臾者，徒以有年迈之姑在也。今已矣！"亦拔剑自刎死。后于尸旁得一遗书，略谓尚廉已从督师死，今葬扬州城外梅花岭下。妾死，当与吾夫合葬，他无所言。尚清闵然泣下，为之运榇往扬，与尚廉合葬焉。

搜梯郎君

崇祯纪元二年，满兵入宣化，薄京，下永平而攻昌黎也，俘掠人民以万计，驱使之如牛马。是时昌黎知县左应选与其士民婴城固守，而敌攻东门甚急，有一健儿为异云梯至城下，登数人将上矣，乃有人拽而覆之，其帅磔诸城下。积六日不拔，引兵退。城赖以全，皆拽梯者之力也。四年，武陵杨公嗣昌以巡抚至昌黎，闻其事，曰："是拽梯者虽不知何人，亦百夫之特。"乃具疏陈请，旨封为拽梯郎君，为之立祠。又二十年，昆山顾炎武过昌黎东门，缀遗事为记，丰碑残碣，今当犹有存者。高山仰止，景行行止，虽不能至，心向往之矣。

嘉定之勇士

明季嘉靖时，嘉定屡有倭寇之乱，出没无常，邑人受其劫掠者不可胜计。有丁、马二人自凤阳来，身长俱八尺，臂力过人，亦不详其名氏，仅自称曰丁千斤、马八百。二人时角力，以富家门前之石鼓互相投掷，如弄铁丸然。路人见之者，莫不欢羡曰："壮士，壮士！"既来邑，慷慨语人曰："天既惠吾以勇力，义当杀贼，为地方死。宁忍倭寇跳梁，中原沦陷，以使嘉邑生灵涂炭邪！"言时声泪俱下，闻者凄然。邑令乃器重之，并欲具奏上闻而官之。二人曰："吾等为杀贼来，为救民来，岂为做官来耶？"坚却不受。一日倭寇又麇至，二人毅然请往剿。丁跃马先出，挥鞭乱击，贼望风披靡。中有狡黠者，鞭未及身而佯坠于地。丁方徐徐下马取其首级，坠者忽跃起，以刃斩丁足。丁踣，贼众复集，群以枪刺之。丁被数十创，仍跃起力斗，杀数十人，力竭而死。马八百后至，又大呼杀贼，贼且尽。马抱丁尸而泣曰："君死矣，吾何生为！"买棺殓丁尸，辞邑令而去，不知所终。后倭寇又来犯，薄西门，侦守者酣睡，梯而登，已及女墙。有童子起挑灯，见之，大呼贼至，众惊觉，急投石击退之。及回顾童子，即已身首异处矣。众为泣下，邑令哀之，为立石像于城闉之东，至今在焉。

许　仁

明嘉靖时有许仁者，口操北音，未详其籍，身短微髭，业操舟，结庐浦江东，人咸呼为许矮子。素习水性，洪涛巨浪中，能蜷伏经时。每遇大风海溢，必掉小舟巡视浦滨，救援覆溺，而不索酬，人咸德之。时有外人纠合内地奸民，来扰沿海各省，而江浙为尤甚。一日许驾一小舟于海外，而敌适至，许急欲跃入海中，已不及，竟为所擒。敌既得许，谓之曰："汝若愿为我辈之向导，则后日不独生还汝，且当酬汝以重金。"许不待其言毕，遽切齿大骂曰："我乃大明知礼识义之大丈夫，安肯为敌人作向导，而伤害我自己亲爱之同胞哉！汝休妄想！"敌婉转劝之，许仍大骂不止，乃杀之而沉其尸于海。

江天一

江天一，字文石，徽州歙县人。少丧父，事其母，及抚弟天表。具有至性，尝语人曰："士不立品者，必无文章。"前明崇祯间县令傅岩奇其才，每试辄拔置第一。年三十六，始得补诸生。家贫，屋败，躬畚土，筑垣以居。覆瓦不完，盛暑则酷暴日中，雨至淋漓蛇伏，或张敝盖自蔽。家人且怨且叹，而天一披书吟诵自若也。天一虽以文字知名，而深沉多智，尤为同郡金佥事公声所知。当是时徽人多盗，天一方佐佥事公，用军法团结乡人子弟，为守御计。而会张献忠破武昌，总兵官左良玉东遁，麾下狼兵哗于途，所过焚掠。将抵徽，徽人震恐，佥事公谋往拒之，以委天一。天一腰刀抹首，黑夜跨马，率壮士驰数十里外，与狼兵鏖战祁门，斩馘大半，悉夺其马牛器械，徽赖以安。顺治二年夏五月，江南大乱，州县望风内附，而徽人犹为明拒守。六月，唐藩自立于福州，闻天一名，授监纪推官。先是，天一言于佥事公曰："徽为形胜之地，诸县皆有阻隘可恃，而绩溪一面当孔道，其地独平迤，是宜筑关于此，多用兵守之，以与他县相犄角。"遂筑丛函关。已而清兵攻绩溪，天一日夜授兵登埤不少息，间出迎战，所杀伤略相当。于是清兵以少骑缀天一于绩溪，而别从新岭入。守岭者先溃，城遂陷。大帅购天一急，天一知事不可为，遽归，属母于弟天表，开户大呼："我江天一也。"遂被执。有知天一欲释之，天一曰："若以我畏死邪？我不死，祸且族矣。"遇佥事公于营门，公目之曰："文石，汝有老母在，不可死。"笑谢曰："焉有与人共事而逃其难者乎？公幸勿为吾母虑也。"至江宁，总督者欲不问，天一昂首曰："我为若计，若不如杀我。我不死，必复起兵。"遂牵诸通济门。既至，大呼高皇帝者三，南向再拜讫，坐而受刑。观者无不叹息泣下。越数日，天表往收其尸瘗之，而佥事公亦于是日死矣。当狼兵之被杀也，凤阳督兵马士英怒疏徽人杀官军状，将致佥事公于死。天一为赍辩疏诣阙上之，复作《吁天》说诸贵人，其事始得白。自兵兴以来，先后治乡兵三年，皆在佥事公幕。是时幕中诸侠客号知兵者以百数，而公独重天一，凡内外机事，悉取决焉。其后竟与公同死，虽有义烈之士，无以尚也。

新会两生传

阮大年者，明季新会诸生也。少落魄，不修边幅，在诸生中亦无所知名。独事母孝，母殁，负土成坟，日至墓所，旋绕而哭，三年以为常。甲申岁，闻神京陷，崇祯殉国，即恸哭不食，久之乃食。或谓之曰："闻贼入京城，诸肉食者皆乞怜马蹄下，得美官。子独何为？"曰："嗟乎，此予所以欲死也。"即日为号召其乡人，欲以举事，逾数月无应者。乃驾扁舟走崖门，哭于杨太后庙中，沿涯置民聚而观之，皆为感泣。生为陈说忠义，谕以举事状，皆曰："诺，愿从君所为。"生知其可用，乃遍阅渔舟，可百余艘，人可四百余。众乃复约，令卜日与俱。届期而李生适至。李生者，名子俶，亦新会诸生也。素谨厚，家故饶，值岁洊饥，出粟以赈，乡人德之。比闻国变，乃率其乡人，书大行皇帝灵位，以哭于家庙中，远近来观者皆感泣下拜。生曰："自高皇帝创业以来，迄今垂三百年，我等祖父子孙皆食其福。生为明民，死为明鬼，不亦可乎？"中有壮士三十人出，攘臂前曰："苟君举事，有不从死者，非人生。"曰："盍书名？"于是旬日得五百余人。是时新会巨盗聚伙昆仑山中，时出肆掠。生使人往招之，则皆如约，合之得千六百余人。生乃毁其家，具舟筏，备刍粮，刻日偕赴。及闻阮生在崖门，欲过与俱。初，二子素不相识，及相见，抱持大哭。一时旁观者皆发指眦裂，愤不欲生。生曰：“今留都拥立有年矣，盍往赴之？”众皆如约，乃从海道进发，至中途，飓风大作，覆溺漂散者几半。逡巡久之，将及崇明，闻留都已败，诸从行者亦稍稍散去。两生知事不济，独与十人反其乡。比闻台州监国，而闽越互相水火，皆策其无成，故未动。居久之，闻黎遂球举事赣州，声颇振，决往从之。乃与家人诀，时左右无人从者，独二子携持同行。逾庾关，下赣水，谒黎于军门外。时遂球军令戒严，为其乡人也，见之，即叩两生来意。对曰：“欲从公觅一死所耳。”遂球以其言不利，姑置之。未几清兵南下，城陷，遂球遇害，二子各持短兵，力刺数人，皆死于乱兵中。

铳手死义

天启初，永宁蛮酋奢崇明与子寅据重庆反，陷泸州、遵义、新都、内江，进围成都。时布政使朱燮元、周著，按察使林富等，分门固守。奢昼夜造云梯，督率攻城，垂克矣。一铳手在贼梯上，得间向城内言曰：“我良民也。贼以铁索系我守梯，我仰天发铳，未尝向官军也。今夜贼饮必醉，可来救我。”官军如其言，夜

将何以教我?”彭铁匠曰:“寇聚我散,寇勇我怯,故我常牺牲于寇。为今之计,首宜团结人心,鼓舞勇气,以村之青年共守备;粮食所出,则各倾家以满之;妇孺老弱,则为之接应辎重。寇至则出杀,不胜则死之。寇虽众虽强,苟吾村一人犹存者,犹必为寇树一敌也,则寇又何惧哉?战亦死,不战亦死,又不必束手以待戮辱邪!”众咸拊掌曰:“善,善,彭铁匠之言善!我侪苟不协力一心,灭此暴寇,神明殛之!”推百龄为之长。而彭铁匠乃尽出其平日铸造之刀给众士,不足,则以耰锄铲斧继之,褰裳厉兵,潜声以待。而倭寇未之知也,方自嘉定饱掠归,意犹未餍,以为淮民之懦可蹂也,复率众而来。彭铁匠闻耗,急号于众曰:“寇至矣,其入必以南大道,南大道之旁有两义茔,松柏甚茂,可以伏军截击敌尾。今有愿随吾杀贼而雪此耻者,袒其胸。”于是人尽袒胸,彭铁匠乃择壮士三十人,腰刃挟矛而出,临行,语孔百龄曰:“寨内之事,公自主之。敌至,公可出杀之。吾以吹角为号,角鸣则奋力夹攻之。寇可尽歼也。”百龄唯唯。未几,倭酋率众至,坦然行丘墟。盖以此邦之人,固久奄奄无生气矣,子女玉帛,不啻外府,何用劳心也。行且入村,村沉沉不见人影,寇颇惊,方骤马,而前村哗呼自壕间出,挥兵杀械呼声动天地。寇大惊,惶遽迎敌,自相践踏,而死者不可计。然敌甚众,愤极,践益力,村民亦多死伤者,气殊不少衰。孔百龄左胁被创，血洒洒出不退。方死战之际，而角声呜呜自阵后起，彭铁匠瞋目大呼杀贼，巨刃横空，光闪闪如飞雪练，刀光过处，寇首纷纷堕如雨，壮士三十人从之，势若数万众，直冲寇军。寇咸震慑失措，负命而逃。其酋独勇甚，舞长矛径刺彭铁匠。铁匠大呼迎之，寇反奔，彭急追之，蹈凹而颠。寇乃回矛刺彭，洞其胸。彭大怒，以手拔矛掷之，寇酋仆于丈外，彭飞刃断其首，乃仆。从者见彭死，益愤，围歼倭寇如刈草，血汩汩流有声。寇尽，乃共仰天叹曰："勇哉彭铁匠！竟为我歼此暴寇矣。"因寻得其尸，优予殓葬，而孔百龄养其妻孥以终焉。自是之后，倭之寇淮北者因以敛迹。

油坊匠

油坊匠，不详其姓氏，崇祯十二年来罗店，季姓油坊雇之。为人诚实，勤于职务，身长八尺，食非斗米不饱，力过健牛，以故油坊中工匠咸拜下风。坊主以其忠也，命主坊事者数年。一日忽向主人曰："数年宾主，多眷顾，无以报大德。今去矣，敬谢贤主人。"主人曰："君此去，将焉往？"匠曰："方今中国，内有闯贼弑君之仇，外有异族灭国之虑，内乱外患，相逼而来。余既为大明百姓，丁此时艰，当为国效力。他日诛彼小丑，还我大明，再与主人相见。余旧识吴志葵，今镇吴淞，当往投之。”油坊主人赠金送之行。匠既见志葵，即任为队长，命从蔡乔往淮城剿贼。弘光元年，清兵分道下，淮城、扬州相继陷，蔡乔遂退守京口，匠亦从焉。五月，京口、南京亦失守，匠乃易服回罗店投黄淳耀，淳耀命守嘉定北门。一日，成栋使其弟成梁率兵数百骑往太仓，行经北门外五里之陆村，适大风雨，暂驻陆村。匠侦知之，潜挟两铁锤，直入成梁室，急以铁锤击之，裂成梁脑。副将一员，亦为击毙。左右大乱，为匠击杀者又十数人。既而乡兵大集，三路夹攻，骑兵遂溃。是役也，明军大获胜。六月，成栋破罗店，又屠娄塘。七月，成栋发兵五万攻嘉定，嘉定遂破。匠亦不知所终。

编者曰，殆亦死矣。

黄鼎妻

霍山黄鼎，霍山诸生也，字玉耳。鼎革时起义，后降洪经略，授以总兵，使居江南。其妻独不降，拥众数万，盘踞山中，与清军抗，清兵屡为所败。总督马国柱谓鼎：“独不能招汝妻使降乎？”鼎曰：“不能。然子在此，使往，或有济也。”国柱遂使其子往招之。鼎妻曰：“大厦将倾，故非一木所能支。志士不屈其志，吾必为总督来吾庐一面，约吾，然后解众。然吾仍居山中，以遂吾志，不能若吾夫调居他处也。”其子复命。国柱自来庐州，鼎妻率众出见，贯甲兜鍪，凛凛如丈夫。遂解兵居山中不出。

王士纯

王士纯，字孤绛，新城人，渔洋山人之从兄。白皙美风姿，书法李北海。弱冠，殉崇祯壬午之难。有《新月》诗曰：“乍见一帘水，回头月抱肩。黄如浮酢酒，瘦比压琴弦。”诗意颇俊逸，加以造诣，亦渔洋之匹。乃遽膺国变以殁，惜哉！

瞽者某

京师有金刚寺，蜀僧友苍居之。万历一男子配辽东，过寺，友苍壮其貌，饭之，赠之金。国变后，友苍南游，过徐州，泊舟登岸，间行至一寺。时初冬，天方寒，寺荒落无人居，友苍徘徊太息。见庑下一瞽者，踞而暴日，问："公自何来？"友苍曰："自京师。"曰："京师有金刚寺，曾过未？"曰："吾所居也。"瞽者瞿然起问："友苍和尚，公识否？"友苍怪之，曰："吾亦与友。但子何由知之？"曰："吾曾配辽东，友苍饭我，复赠我金，我不忍忘。"友苍始忆前事，大笑曰："我即是也。"瞽者惊喜，直前捉其衣曰："公真是耶！"伏地拜且哭。友苍且答，且掖之起，而挟之舟中，曰："子何由至此？"瞽者曰："我至关东，受知经略熊公，拔为千总。后熊公被逮，久之闻被戮，予仰天哭曰：'国家失熊公，不可为矣。'昼夜哭，月余泪尽血出，遂以瞽。既废，又遭乱，流离辗转，无家可归，行乞于此。"友苍欷歔泣下。饮之酒，大醉，曰："我今其可以死矣夫。"薄暮别去。次日访之，自经死矣。

卷三　名士志

吕晚村

浙中吕晚村先生，为一代大儒，痛心祖国之亡，发愤著书，断断于夷夏之界，论者至以先生为清末革命之原动力，洵不诬也。惜自曾静事败，阖门被祸，而先生所著之书籍，悉付祖龙一炬。当时文纲严密，士大夫无敢为复壁之藏者，故流传绝少。于是先生之奇节伟行，亦随之俱没，可不恫欤！呜呼，是亦中原文献之厄也已！顷于旧籍中得先生行状一纸，为其哲嗣葆中所撰，惜为蠹鱼所蚀，漫漶大半，今就其可读者录之。状曰：

先君讳留良，字庄生，又讳光轮，字用晦，号晚村。始吕氏曾祖讳相，祖讳焕，考讳元启，本生考讳元学。先君生而神异，读书三遍辄不忘，八岁，善属文（此处缺八字）。时同邑孙子度先生为里中社长，择交甚严，偶过书塾，见所为文，大惊曰："此吾老友也，岂论年哉。"即拉与同游。先生垂髫据座，千言立就（此处缺四字），诸名宿皆咋舌避其锋。癸巳，始出就试，为邑诸生（此处缺九字）。时同里陆文若先生方修社事，操选政，每过先君，虚座请与共事。先君一为之提倡，名流辐辏，汝阳百里间遂为人伦奥区，人谓自复社以来，未有其盛，亦拟之如金沙、娄东。而先君意不自得也。壬寅之夏，课儿读书于家园梅花阁，与同里吴孟举自牧诸先生以诗相倡和，尝作诗曰："谁教失脚下渔矶，心迹年年处处违。雅集图中衣帽改，党人碑里姓名非。苟全始信谈何易，饿死今知事最微。醉便行吟埋亦可，无惭尺布裹头归。"人莫测其所谓。丙午岁，学使者以课士按禾。且就试矣，造广文陈执斋先生寓，出前诗示之，告以将弃诸生去，且嘱其"为我善全，无令剩微遗憾"，执斋始愕眙不得应，既而闻其衷曲本末，乃起揖曰："此真古人所难，但恨向日未识君耳。"于是诘旦传唱。先君不复入，遂以学法除名。一郡大骇，而先君方怡然自快，复作诗，有"甑要不全行莫顾，箦如当易死何妨"之句。但曰："自此老子肩头更重矣。"于是归卧南阳村（此处缺十余字），与桐乡张考夫、盐官何商隐、吴江张佩忍诸先生及同志诸人共力发明洛闽之学，编辑朱子书，以嘉惠学者。其议论无所发泄，一寄之于诗文评语，大声急呼，不顾世所讳忌，穷乡晚进有志之士，闻而兴起者甚众。戊午岁，有鸿博之举，浙省屈指，以先君名荐牍下。自誓必死，不孝惧甚，急走谒当事，祈哀固辞得免。庚申夏，郡守复欲以隐逸举，先君闻之，乃于枕上剪发，易僧伽服曰："如是，庶可舍我矣。”寄清溪徐方虎先生书曰：“弟此病日深，浮生无几，已削顶为僧，从此木叶蔽影，得苟延数年，完一二本无用之书，愿望足矣。世间纷纷，总不涉病僧睹闻里（此处缺二十余字）。”僧名耐可，字不昧，号何求老人，筑室吴兴埭溪之妙山，颜曰“风雨庵”。峭壁寒潭，长溪修竹，有泉一泓，构亭其上，题以“二妙”。先君幅巾挂杖，逍遥其间，惟四方问学之士，晨夕从游，有濂溪弄月吟风之意。顾先君亦自病甚矣，幼素有咯血疾，方亮功之亡，一呕数升几绝，辛亥以后，遇有拂郁辄作。至庚申夏，方对客语，而郡札适至，喷噀满地，坐客咸愕然。自后病益剧，先君自知不起，尝叹曰：“吾今始得尺布裹头归矣，夫复何恨？”（此处有删节）。先君学博多才，凡天文、谶讳、乐律、兵法、星卜、算术、灵兰、青乌、丹经、梵志之书，莫不洞晓。工书法，逼颜尚书、米海岳，晚更结密变化。少时能弯五石弧，射辄命中。余至握槊、投壶、弹琴、拨阮、摹印、斫研，技艺之事皆精绝。生崇祯乙巳正月二十一日，距卒康熙癸亥八月十三日，享年五十有五。娶范氏，子男七人。即以其年十一月二十九日葬于识村东长坂桥西，袝太仆公之穆，承遗命也。

侯方域

侯方域，字朝宗，商丘人。祖执蒲，官太常卿，父恂，崇祯间官户部尚书。方域既世家子，幼从其父宦京师，习知中朝事，而于君子小人门户始终之故尤熟悉。喜结纳名士，与贵池吴应箕、吴兴陈贞慧最善。阮大铖者，故魏阉义儿，屏居金陵，谋复用，诸名士共为檄数大铖罪，应箕、贞慧主之。大铖愧且恚，然无可如何。诇知方域与二人相善也，私念得交侯生，因侯生以交二人，事当已，乃属其客阳交欢方域。方域觉之，谢客不与通。时大铖家有伶一部，以声技擅名，能歌所演《燕子笺》，又值诸名士以试事集金陵，朝宗置酒高会，趣征阮伶。大铖心窃喜，立遣伶往，而令他奴诇之。方度曲，四座称善，奴走告大铖，心益喜。已而抗声论天下事，箕踞叫呶，语稍及大铖，遂戟手骂詈不绝口。大铖闻之，乃大怒，而恨三人者尤刺骨。后数年，南都拥立，大铖骤执政柄，将兴大狱，尽杀党人，捕贞慧入狱，应箕亡命；方域夜出走，渡扬子江，依镇帅高杰得免。方域佚荡，任侠使气，好大言，遇人不肯平面视，然一语辄合，吐出肺肝，誉之不容口。援友之厄，能不惜千金，然亦喜睚眦报复，居乡时捍文网。崇祯末，剧寇李自成围汴，急诏侯恂出督师援汴。方域进曰："大人受命讨贼，庙堂议论牵制，奏请不应，征调难集。愿破文法，以赐剑首诛一甲科令守，而晋帅许定国师噪，当斩以徇军。办装立疾驱渡河，就左良玉于襄阳，约陕督孙公传庭掎角于秦，贼乃可图也。”恂叱曰：“是跋扈也，小子多言。”辄遣归。方域既负才名，以明经累举于乡，辄报罢，寻邑邑致疾，卒年三十有七。是岁顺治十一年也。明季古文辞，自嘉、隆诸子貌为秦汉，稍不压众望。后乃争矫之，而矫之者变逾下，明文极敝，以讫于亡。朝宗始倡韩、欧之学，于举世不为之日，遂以古文雄视一世。末年游吴下，将刻集，集中文未脱稿者，一夕补缀之立就。人益奇之。既没而文章乃大著。初，陈贞慧就逮入诏狱，锻炼久之，会大铖败，脱归，后十余年卒于家。清兵下金陵，吴应箕谋起义，被执不屈死。方域著有《壮悔堂文》十卷，诗六卷，遗稿一卷。

魏禧

魏禧，字叔了，一字冰叔，赣之宁都人也。生以天启甲子，后方域六岁，然不相识。方域既早没，而禧名继起与埒之，故世或称侯、魏云。禧年十一，补邑弟子员，试辄冠其曹。后十年，会甲子之变，愍帝死社稷，禧闻号恸，从博士后，日哭临县廷，居则愤惋叱咤，如不欲生。谋从曾给事应遴倡义复仇不果，已乃谢弃诸生服，隐居教授。禧负才略，善擘画理势。修干微髭，目光奕奕射人。每事前决成败，悬策而后验者，十常七八。方流贼之炽也，承平久，人不知乱，且谓寇猝难及，禧独忧甚，移家翠微峰居焉。翠微峰距宁都西十里，四面削起百余丈，中径坼，自山根至顶，若斧劈然。缘坼凿磴道，梯而登，出其上，穴如瓮口，因置闸为守望。士友稍稍依之，而彭士望、林确斋亦与。士望，南昌人，字躬菴，遭乱，喜结客立义，有声公卿间，与禧立谈定交，遂偕林挈妻子来家翠微。林故南昌宗室子，变姓名为林确斋，世所称易堂诸子也。其后数年，宁都中寇被屠掠，而翠微独完。禧既谢诸生，益肆力为古文辞，授徒穷山，弟子著籍者常数十人。喜读史，尤好《左氏传》及苏洵，其为文主识议，凌厉雄健，不屑屑抚拟，如世之貌似大家者。遇忠孝节烈事则益感慨激昂，摹画淋漓，故其所为《新乐侯刘文炳传》及姜埒、江天一诸传尤工。年四十，乃出游，涉江，逾淮，游吴越，思益交天下非常之人，闻有隐逸之士，不惮千里造访。于吴门交徐枋、金俊明，西陵交汪沨，乍浦交李天植，常熟交顾祖禹，毗陵交恽日初、杨瑀，方外交药地、槁木，皆遗民也。康熙十七年，诏中外举博学鸿词，禧亦在举中，被征，以病辞。郡太守、县令更督辄就道，不得已，舁疾至南昌就医药。抚军某疑其诈，以板屏舁之至门，禧絮被蒙头，卧称病笃，乃放归。后二年，赴维扬故人约，舟至仪真，暴心气病，一夕卒，年五十七。著有文集二十二卷，诗集八卷，《左传经世》若干卷。兄祥，字善伯，弟礼，字和公，并有集行世。

冯梦龙

熊公廷弼当督学江南时，试卷皆亲自批阅。阅则连长几于中堂，鳞摊诸卷于上，左右置酒一坛、剑一口，手操不律，一目数行。每得佳篇，辄浮大白，用志赏心之快；遇荒谬者，则舞剑一回，以抒其郁。凡有隽才宿学，甄拔无遗，吴中冯梦龙亦其门下士也。梦龙文多游戏，《挂枝儿》小曲与《叶子新斗谱》皆其所撰，浮薄子弟靡然倾动，至有覆家破产者，其父兄群起讦之，事不可解。适熊公在告，梦龙泛舟西江，求解于熊。相见之顷，熊忽问曰："海内盛传冯生挂枝曲，曾携一二册以惠老夫否？"冯局蹐不置辞，唯唯引咎。因致千里求援之意，熊曰："此易事，毋足虑也。我且饭子，徐为子筹之。"须臾供枯鱼焦腐二簋，粟饭一盂，冯下箸有难色，熊曰："晨选嘉肴，夕谋精粲，吴下书生，大抵皆然。似此草具，当非所以待子者。然丈夫处世，不应于饮食求工，能饱餐粗粝者，真英雄也。"熊遂大恣咀啖，冯啜饭匕余而已。熊起入内，良久始出，曰："我有书一缄，便道可致我故人。毋忘也。”求援之事，并无所答，而挟一冬瓜为赠，瓜重数十斤。冯伛偻祇受，然意甚怏怏，且力不能胜，未及舟，即委瓜于地，鼓棹而去。行数日，泊一巨镇，熊故人之居在焉。书投未几，主人即躬谒冯，延至其家，华筵奇馘，妙妓清歌，咄嗟而办。席罢，主人揖冯曰：“先生文章霞焕，才辩珠流，天下之士，莫不延颈企踵，愿言覯止。今幸亲降玉趾，是天假鄙人以纳履之缘也。但念吴头楚尾，云树为遥，荆柴陋宇，岂足羁长者车辙哉。敬备不腆以犒从者，先生其无辞。”冯不解其故，婉谢以别，则白金三百，蚤舁至舟中矣。抵家后，则闻熊飞书当道，而被讦之事已释。盖熊公固心爱龙子，惜其露才炫名，故示菲薄。而行李之穷，则假诸途以厚济之；怨谤之集，则移书以潜消之。英豪举动，其不令人易测如此。

徐霞客

徐霞客者，名弘祖，江阴梧塍里人也。高祖经，与唐寅同举除名，寅尝以倪云林画卷偿博进三千，迹犹在其家。霞客生里社，寄情郁然，兀对山水，力耕奉母，践更繇役，蹙蹙如笼鸟之触隅，每思扬去。年三十，母遣之出游，每岁三时出游，秋冬归省以为常。东南佳山水，如东西洞庭、阳羡、京口、金陵、吴兴、武林，浙西径山、天目，浙东五泄、四明、天台、雁宕，南海落迦，皆几案衣带间物耳，有再三至，有数至，仅无一至者。其行也，从一奴或一僧，一杖，一袱被，不治装，不裹粮，能忍饥数日，能遇食即饱，能徒步走数百里，凌绝壁，冒丛箐，攀援上下，悬度绠汲，捷如青猿，健如黄犊。以崟岩为床席，以溪涧为饮沐，以山魅木客、王孙玃父为伴侣。儚儚粥粥，口不能道只词，与之论山经，辨水脉，搜讨形胜，则划然心开。居平未尝肇帨为古文辞，行游约数百里，就破壁枯树，燃松拾穗，走笔为记，如甲乙之簿，如丹青之画，虽才华之士无以加也。游雁荡还，过陈本叔小寒山，本叔问曾造雁山绝顶否，霞客唯唯。质明已失其所在。十日而返，曰："吾取间道，扪龙湫三十里，有宕焉，雁所家也。攀绝磴上数十里，正德间白云、云外两僧团瓢尚在。复上二十余里，其巅罡风逼人，有麋鹿数百群围绕而宿。三宿而始下。"其与人争奇逐胜，欲赌身命，皆此类也。已而游黄山、白岳、九华、匡庐，入闽登武夷，泛九鲤湖，入楚谒元岳，北游齐、鲁、燕、冀、嵩、雒，上华山，下青柯坪。心动趣归，则其母正属疾，啮指相望也。母丧服阕，益放志远游，访黄石斋于闽，穷闽之胜，皆非闽人所知。登罗浮，谒曹溪，归而追石斋于黄山。往复万里，如步武耳。由终南背走峨眉，从野人采药，栖宿岩穴中，八日不火。抵峨眉，属奢酋阻兵乃返。只身戴釜，访恒山于塞外，尽历九边厄塞。归过王季重山中，剧谈四游四极、九州九府，经纬分合，历历如指掌。谓昔人志星宫舆地，多承袭傅会；江河二经，山川两戒，自纪载来，多囿于中国一隅。欲为昆仑海外之游，穷流沙而后返。小舟如叶，大雨淋漓，要之登陆，不肯，曰："譬如涧泉暴注，撞击肩背，良足快耳。"丙子九月辞家西迈，僧静闻愿登鸡足，礼迦叶，请从焉。遇盗于湘江，闻被创死。函其骨，负之以行。泛洞庭，上衡岳，穷七十二峰。再登峨眉，北抵岷山，极于松潘。又南过大渡河，至黎、雅，登瓦屋、晒经诸山。复寻金沙江，极于牦牛徼之外，由金沙南泛澜沧，由澜沧北寻盘江，大约在西南诸夷境，而贵竹、滇南之观，亦数几尽矣。过丽江，憩点苍鸡山，瘞静闻骨于迦叶道场，从宿愿也。由鸡足而西，出玉门关数千里，至昆仑山，穷星宿海，去中夏三万四千三百里。登半山，风吹衣欲坠，望见外方黄金宝塔。又数千里，至西番，参大宝法王。鸣沙以外，咸称夷国，如述阿卢耨诸名，由旬不能悉。《西域志》称沙河阻远，望人马积骨为标识，鬼魅热风，无得免者。玄奘法师受诸魔折，具载本传。霞客信宿往返，如适莽苍，还至峨眉山下，托估客附所得奇树虬根以归。并以《溯江纪源》一篇寄王季重，言《禹贡》岷山导江，乃泛滥中国之始，非发源也。中国入河之水，为省五；入江之水，为省十一。计其吐纳，江倍于河，按其发源，河自昆仑之北，江亦自昆仑之南，非江源短而河源长也。又辨三龙大势：北龙夹河之北，南龙抱江之南，中龙中界之特短。北龙只南向半支入中国，惟南龙磅礴半宇内，其脉亦发于昆仑，与金沙江相并，南下环滇池，以达于五岭。龙长则脉源亦长，江之所以大于河者。其书数万言，皆订补桑《经》、郦《注》及汉、宋诸儒疏解《禹贡》所未及。季重还滇南，足不良于行，修《鸡足山志》，三月而毕。丽江木太守备糇粮具笋舆以归。病甚，语问疾者曰："汉张骞凿空，未睹昆仑；唐玄奘、元耶律楚材，衔主人之命，乃得西游。吾以老布衣孤筇双履，穷河沙，上昆仑，历西域，题名绝国，与三人而为四，死不悔矣。"季重之识霞客也，因漳人刘履丁。履丁为季重言：霞客西归，气息支缀，闻石斋下诏狱，遣其长子间关往视。三月而返，具述石斋颂系状。据床浩叹，不食而死。其为人若此。梧下先生曰："昔柳公权记三峰事，有王元冲者，访南坡僧义海，约登莲花峰。其峰屈山趾，计五十仞，为一旬之程。既上，篝烟为信。海如期宿桃林，平晓岳色清明，伫立数息，有白烟一道，起三峰之顶。归二旬而元冲至，取玉井莲落叶数瓣，及池边铁船寸许遗海，负笈而去。元冲初至，海谓之曰：'兹山削成，自非驭风冯云，无有去理。'元冲曰：'贤人弗谓天不可登，但虑无其志耳。’霞客不欲以张骞诸人自命，以元冲拟之，并为三清之奇士，殆庶几乎？霞客纪游之书，高可隐几，余属其从兄仲昭雠勘而存之，当为古今游记之最。”霞客卒时，年五十有六，西游归，以庚辰六月卒，以辛巳正月葬江阴之马湾，亦履丁云。

陈其年

其年未遇时，游于雉皋，冒巢民爱其才，延致梅花别墅。有童名紫云者，儇丽善歌，令其执役书堂。其年一见神移，赠以佳句，并图其像，装为卷帙，题曰“云郎小照”。适墅梅盛开，生偕紫云徘徊于暗香疏影间。巢民偶登内阁，遥望见之，忽佯怒，呼二健仆缚紫云去，将加以杖。生营救无策，意极彷徨，计唯得冒母片言，方解此厄。时已薄暮，乃趋赴母宅前，长跪门外，启门者曰：“陈某有急求太夫人发一玉音，非蒙许诺，某不起也。”因备言紫云事。顷之，青衣媪出曰：“先生休矣。巢民遵奉母命，已不罪云郎，然必得先生咏梅花诗百首。成于今夕，仍送云郎侍左右也。”生大喜，摄衣而回，篝灯濡墨，苦吟达曙，百咏既就，亟书送巢民。巢民读之击节，笑遣云郎。其后紫云配妇，合卺有期矣。生惘惘若失，赋《贺新郎》赠之，云：“小酌茶蘼酿，喜今朝钗光钿影，灯前滉漾。隔着屏风喧笑语，报道雀翘初上。又悄把檀奴偷相。扑朔雌雄浑不辨，但临风私取春弓量。送尔去、揭鸳帐。六年孤馆相依傍，最难忘，红蕤枕畔，泪花轻扬。了尔一生花烛事，宛转妇随夫唱。努力做藁砧模样。只我罗衾浑似铁，拥桃笙难得纱窗亮。休为我、再惆怅。”此词竞传人口，闻者无不绝倒。

编者曰：闻髯在水绘园，每年索俸三百金，辟疆讶其多。髯曰：“我不须金，但以某郎伴我，一夕一金可也。”然不知为紫云为杨枝也。

毛大可

毛甡，萧山人也。初名奇龄，字大可，一字齐于，曰吾淳于髡也。少与兄万并知名，人呼小毛子。负才任达，善诗歌与乐府填词，与人坦然无所忤，贤者多爱其才，昵就之，而亦以才见忌。一时诗人尝就甡问高下，甡略示次第，或闻而恶之，往往思中伤。甡又困诸生，家贫遭乱，佯狂髡发，缁衣走山泽中。闻效元人作小词杂曲以自娱，仇者摘其语，以为谤诽谋讦而杀之，既而按验无实，得不坐。甡自以为无罪，虽数濒死，无所害，益复不简备。仇者愤不得泄，乃胠其箧，发所著书焚之，又欲借他人事构之死。里中善甡者，咸谓当出亡。相哭而别，于是之齐，之楚，之郑、卫、梁、宋间。尝登嵩山，越数峰远，凄怆不能上，曰：“吾力衰矣，伤哉！贫且多难，吾安归乎？”甡所为率托之美人香草，以写其骚激之意，缠绵绮丽，小词杂曲，亦复纵横跌宕，按节而歌，使人凄悦。游靖江，当垆冯氏者悦其词，欲私就之。甡谢曰：“彼美不知我，直以我为狂夫也。”径去。过海陵，抵淮上，山阳令朱禹锡故善甡，为召诸名士词人毕集为欢。而吏部张新标父子嗜诗，有名园，中秋夜会客数十人，伎乐合作。甡倚醉扣盘，赋《明河篇》，凡六百余言，及旦则淮上诸家传写殆遍。宣城施闰章还自京师，见之，目为才子。自是客淮数月，留连朋好不能去。甡虽处困穷，所至尝乞食，至不当其意，虽招之不赴也。甡自少受知华亭陈子龙，评其文曰“才子之文”，然跌荡文酒，颇不自惜。平生长于治《诗》，取毛、郑诸家折衷其说，著《毛诗省篇》。今旧集多毁，存诗词若干卷，友人蔡大敬为刻行于世。论者谓“以沈宋之法，行温李之词”，世罕及者。甡年四十余尚无子，自言当以客游老云。

张　灵

张梦晋，名灵，盖正德时吴县人也。生而姿容俊奕，才调无双，工诗善画，性风流豪放，不可一世。家故赤贫，而灵独蚤慧，当舞勺时，父命灵出应童子试，辄以冠军补弟子员。灵心顾不乐，以为才人何若为章缝束缚，遂绝意不欲复应试。日纵酒高吟，不肯妄交人，人亦不敢轻与交，惟与唐解元六如作忘年友。灵既年长不娶，六如试叩之。灵笑曰："君岂有意中人，足当吾耦者耶？"六如曰："无之。但自古才子宜配佳人，吾聊以此探君耳。"灵曰："固然，今岂有其人哉？求之数千年中，可当才子佳人者，惟李太白与崔莺莺耳。吾虽不才，然自谪仙而外，似不敢多让。若双文，惜下嫁郑恒，正未知果识张君瑞否。"六如曰："谨受教。吾自今请为君访之，期得双文以报命可乎？"遂大笑而别。

一日，灵读《刘伶传》，命童子进酒，屡读屡叫绝，辄拍案浮一大白。久之，童子踉进曰："酒罄矣。今日唐解元与祝京兆燕集虎丘，公何不挟此篇一往索醉也。"灵大喜即行。然不欲为不速客，乃屏弃衣冠，科跣双髻，衣鹑结，左持《刘伶传》，右持木杖，讴吟道情词，行乞而前。抵虎丘，见贵游蚁聚，绮席喧阗。灵每过一处，辄执书向客曰："刘伶告饮。"客见其美丈夫，不类丐者，竞以酒馔贻之。有数贾人方酗酒赋诗，灵至前，请续和。贾人笑之，其诗中有苍官、青士、扑握、伊尼四事，因指以问灵。灵曰："松、竹、鬼、鹿，谁不知邪？"贾人始骇，令赓诗，灵立挥百首而去。遥见六如及祝京兆枝山数辈共集可中亭，亦趋前执书告饮。六如早已知为灵，见其佯狂游戏，戒座客阳为不识者以看之，语灵曰："尔丐子持书行丐，想能赋诗，试题悟石轩一绝句，如佳，即赐尔卮酒，否则当扣尔胫。"灵曰："易耳。"童子随进毫楮，灵即书云："胜迹天成说虎丘，可中亭畔足酣游。吟诗岂让生公法，顽石何如不点头。"遂并毫楮掷地，曰："佳哉！掷地金声也。"六如览之大笑，因呼之共饮。时观者如堵，莫不相顾惊怪。灵既醉，即拂衣起，仍执书向悟石轩长揖曰："刘伶谢饮。"遂不别座客径去。

六如谓枝山曰："今日我辈此举，不减晋人风流，宜写一帧为《张灵行乞图》，吾任绘事，而公题跋之，亦千秋佳话也。"即舐笔伸纸，俄顷图成，枝山跋数语，其后座客争传玩叹赏。忽一翁缟衣素冠前揖曰："二公即唐解元、祝京兆耶！仆企慕有年。"六如逊谢，徐叩之，则南昌明经崔文博，以海虞广文告归者也。翁得图，谛观不忍释手，因讯适行乞者为谁。六如曰："敝里才子张灵也。"翁曰："诚然，此固非真才子不能。"即向六如乞此图归。将返舟，舟已移泊他所，呼之始至。盖翁有女素琼者，名莹，才貌俱绝世，以新丧母，随翁扶榇归。先舣舟岸侧，时闻人声喧沸，乍启槛窥之，则见一丐者状貌殊不俗，丐者亦熟视槛中，忽登舟长跪，自陈张灵求见。屡遣不去，良久有一童子入舟，强挽之始去，故莹命移舟避之。崔翁乃出图示莹，且备述其故，莹始知行乞者为张灵，叹曰："此乃真风流才子也。"取图藏笥中。翁拟以明日往谒唐六如、祝枝山二君，因访灵。忽抱疴数日不起，为榜人所促，遽返豫章。

灵既于舟次见莹，以为绝代佳人，世难再得，遂日走虎丘侦之，久之杳然。属蕲人方志来校士，志既深恶古文词，而又闻灵跅弛不羁，竟褫其诸生。灵闻之大喜曰："吾正苦章缝束缚，今幸免矣。顾一褫何虑再褫，且彼褫吾诸生之名，亦能褫吾才人之名乎？"遂往过六如家，见车骑填门，胥尉盈坐，则江右宁藩宸濠遣使来迎者也。六如拟赴其招，灵曰："甚善。吾正有厚望于君。吾曩者虎丘所遇佳人，即豫章人也。乞君为我多方访之，冀得当以报我。此开天辟地第一吃紧事也，幸无忽忘！"六如曰："诺。"即偕藩使过豫章。

时宸濠久蓄异谋，其招致六如，一博好贤虚誉，一慕六如诗画兼长，欲倩其作十美图献之九重。其称宫中已觅得九人，尚虚其一。六如请先写之，遂为写九美，而各缀七绝一章于后。九美者，广陵阳之谒，字两君，善画；姑苏木桂，字文舟，善琴；嘉禾朱家淑，字文儒，善书；金陵钱韶，字凤生，善歌；江陵熊御，字小凤，善舞；荆溪杜若，字芳洲，善筝；洛阳花萼，字李芳，善笙；钱塘柳春阳，字絮才，善瑟；公安薛幼端，字瑞清，善箫也。图咏既成，进之濠，濠大悦，乃盛设特宴六如，而别一殿僚季生副之。季生者，佥人也。酒次，请观九美图，因进曰："十美缺一，殊属歉陷。某愿举一人以充其数。"诘朝请持图来献，即崔莹也。濠见之曰："此真国色也。"即属季生往说之。

先是，崔翁家居时，莹才名噪甚，求姻者踵至，翁度非莹配，悉拒不纳。既从虎丘得见张灵，遂意雅属张，不意疾作遽归，思复往吴中托六如主其事。适季生旋里丧耦，熟闻莹名，预遣女画师潜绘其容，而求姻于翁，翁谋诸莹，莹固不许。于是季生衔之，因假手于濠以泄私忿。时濠威殊张甚，翁再三力辞不得，莹窘激，欲自裁，翁复多方护之。莹叹曰："命也已矣！夫复何言？"乃取笥中《行乞图》，自题诗其上曰："才子风流第一人，愿随行乞乐清贫。入宫只恐无红叶，临别题诗当会真。"举以授翁曰："愿持复张郎，俾知世间有情痴女子如崔素琼者，亦不虚其为一生才子也。"遂恸哭入宫。濠得喜甚，复倩六如图咏，以为十美之冠。而六如先已取季生所献者，摹得一纸藏之。莹既知六如在宫中，乘间密致一缄，以述己意。六如得缄，乃大惊惋，始知此女即灵所托访者，今事既不谐，复为绘图进献，岂非千古罪人，将来何面目见良友。因急诣崔翁，索得《行乞图》返宫，将相机维挽。不意十美已即日就道，六如悔恨无已。又见濠逆迹渐著，急欲辞归，苦为濠羁縻，乃发狂，号呼颠掷，溲秽狼藉。濠久之不能堪，仍遣使归。杜门月余，乃起过张灵，时灵已颓然卧病矣。

盖灵自别六如后，悒悒亡憀，日纵酒狂呼，或歌或哭。一日中秋独走虎丘千人石畔，见优伶演剧，灵伫视良久，忽大呼曰："尔等所演不佳，待吾演王子晋吹笙跨鹤。"遂控一童子于地，而跨其背，攫伶人笙吹之，命童子作鹤飞，捶之不起。童子怒，掀灵于地。灵起曰："鹤不惯飞，吾今既不得为天仙，惟当作水仙耳。"遂跃入剑池中。众急救之出，则面额俱损，且伤股不能行，人送归其家。自此委顿枕席，日日在醉梦中。至是，忽闻六如至，乃从榻间跃起，急叩豫章佳人状。六如出所摹素琼图示之。灵一见，诧为天人，急捧置案间，顶礼跪拜，自陈"才子张灵拜谒"云云。已闻莹已入宫，乃抚图痛哭。六如复出莹所题《行乞图》示之，灵益痛哭，大呼佳人崔素琼，随踣地呕血不止。家人拥至榻间。病愈甚，三日后，邀六如诀曰："已矣唐君，吾今真死矣！死后，乞以此图殉葬。"索笔书片纸云："张灵字梦晋，风流放诞人也，以情死。"遂掷笔而逝，六如哭之恸，乃葬灵于玄墓山之麓，而以图殉焉。检其生平文章，先已自焚，惟收其诗草及《行乞图》以归。

时莹已率十美抵都，因驾幸榆林，久之未得进御。而宸濠已举兵反，为王守仁所败，旋即就擒。驾还时，以十美为逆藩所献，悉遣归母家，听其适人，于是莹仍得返豫章。值崔翁已捐馆舍，有老仆崔恩殡之，莹哀痛至甚，然茕孓无依，葬父已毕，遂挈装径抵吴门，命崔恩邀六如相见于舟次。莹首讯张灵近状，六如怆然收涕曰："辱姊钟情远顾，奈此君福薄，今已为情鬼矣。"莹闻之，呜咽失声，询知灵葬于玄墓，约明日同往祭之。六如明日果携灵诗草及《行乞图》至，与莹各拿舟抵灵墓所。莹衣缞绖伏地拜，哭甚哀，已乃悬《行乞图》于墓前，陈设祭仪，坐石台上，徐取灵诗草读之，每读一章，辄酹酒一卮，大呼"张灵才子"，一呼一哭，哭罢又读，往复不休。六如不忍闻，掩泪归舟。而崔恩伫立已久，劝慰无从，亦起去，徘徊丘垄间，及返，则莹自经于台畔。恩大惊，走告六如。六如趋视，见莹已死，叹息跪拜曰："大难大难！我唐寅今日得见奇人奇事矣。"遂具棺衾，将易服殓之，而莹通体衫襦，皆细缀严密无少隙，知其矢死已久。六如因取诗草及《行乞图》并置棺中为殉。启灵圹与莹同穴，而植碑，题其上云：明才子张梦晋、佳人崔素琼合葬之墓。时倾城士人，哄传感叹，无贵贱贤愚，争来吊诔，络绎喧豗，云蒸雨集，哀声动地，殆莫知其由也。

六如既合葬灵、莹，检莹所遗橐中之资，置墓田，营丙舍，舍崔恩居之，以供春秋奠扫之役。呜呼，才子佳人一旦至此，庶乎灵、莹之事毕矣，而六如之事亦毕矣。

六如于明年仲春躬诣墓所拜奠，夜宿丙舍旁，辗转不寐，启窗纵目，则万树梅花，一天明月，不知身在人世。六如怅然叹曰："梦晋一生狂放，沦落不偶。今得与崔美人合葬此间，消受香光，亦可谓不负矣。但将来未知谁葬我唐寅也。"不觉欷歔泣下。忽遥闻有人朗吟云："花满山中高士卧，月明林下美人来。"六如急起入林迎揖，则张灵也。六如讶曰："君死已久，安得来此吟高季迪诗？"灵笑曰："君以我为真死耶？死者形，不死者性。吾既为一世才子，死后岂若他人泯没耶？今乘此花满山中高士偃卧时，来造访耳。"复举手前指曰："此非'月明林下美人来'乎？"六如回顾，有美人姗姗来前，则崔莹也。于是两人携手整襟谢六如，拜谢合葬之德。六如方扶掖之，忽又闻有人大呼曰："我高季迪梅花诗，乃千古绝唱。何物张灵，妄称才子，改雪为花，定须饱我老拳！"六如转瞬之间，灵、莹俱失所在。其人直前呼曰："当捶此改诗之贼才子。"捽六如欲殴之，六如惊寤，则半窗明月，阒其无人。六如怃然，始信真才子与真佳人，盖死而不死也。因匡坐梅窗下，作张灵崔莹合传，以纪其事也。

唐仲言

唐仲言，名汝询，华亭人，世业儒。仲言五岁而瞽，未瞽即能识字，读《孝经》成诵。及瞽，但默坐，听诸兄呫哔而暗识之，积久遂淹贯。婚冠既毕，益令昆弟辈取六经子史，以及稗官野乘，皆以耳授颠末原委，默自诠次，纯驳瑜瑕，剖别精核。盖从章句之粗，以冥搜微妙，心画心通，罔有遗堕矣。于是遂善属文，尤工于诗。海内人士踵门造谒，仲言每一晋接，历久不忘，与之商榷古今，继以篇什，千言百首立成之，俄顷而音吐铿然，使听者忘疲。子侄门徒辈从旁抄录，一字亥豕，辄自觉察，不可欺也。寝其貌而心极灵，常解唐诗，其所掇拾古文以为笺注者，自习见以及秘异，溯流从源，搜罗略尽，然必先经后史，不少紊淆。虽诗赋之属，所援引，亦从年代次序之，如某字某句，秦汉并用，则必博采秦人，不以汉先，详赡致精有若此也。所著有《编蓬集》《姑蔑集》及《唐诗解》共若干卷，行于世。钱虞山曰："唐较杜诗，时有新义，如解'沟壑疏放'句，云出于向秀赋'稽志远而疏，吕心放而旷'，亦前人所未及也。"

李公起

李公起，名峻，鄞县人。父子静，官侍御，出按辽阳，卒于任。公起堕地而聋，虽聋，岐嶷孝弟。发及额，侍御讣至，号哭无昼夜，咽枯而嘶，凡五日，水浆不入口，乃更哑。免丧，始尽取先世藏书读之，手自校雠，虽凌寒溽暑弗倦也。既聋而问难辩证之路永绝，凡有疑义，俱于经史中嘿自剖析，无有罔殆。性好客，邮筒走天下，四方好学之士大夫亦乐趋之，宾至以案，相通以笔，有问奇者则载纸往。粗及农桑，微如佛老，迨国家所有旗常典故、户口边疆，叩之必应，咸尽精核。或既书于客，又自寻绎幽奇，毕呈而终无遗佚，转更遐畅矣。晚年尤好种植，奇花异卉，常满阶庭，舍旁有斐园、竹波轩、青萝阁诸胜，咸与客游处。性既宁澹，好学之外嗜欲益清，反觉口耳为烦也。行世有《盟鸥集》《郢雪篇》《永誉录》《研史》，凡若干卷。

张南邨

张南邨，名惣，字僧持。父兴公先生祺，以名宿教授里中，多达材弟子。南邨幼为诗，出语每不犹人，父友纪笠远一见其诗，称之曰气清，再则曰骨清，曰神清，已而目属之曰：“子必将以诗名江左矣。”入应天学，多才名，交游贤俊，治古文辞，专力于诗。家世奉佛，南邨胎性不纳荤血，初犹食蛋。年八岁，父将携之见博山禅师，前一夕，南郙方持螯，父见之惊曰："儿将见博师，可食此乎？"南郙闻言，即置不食，自是螯胥悉断除。杖人在天界，南郙亲近最久，东南古锥宿德，礼谒殆遍，以故生平多方外交。齑盂粥钵，宛然头陀踪迹，恒在僧寺中，或经年累月不返。少学《易》于中丞集生余公，余公戍武林，从至武林，西泠其所熟游，故吴越往来尤数。而苕霅间故人闻其至，每争延之。癖好山水，不惮险远，必往游。其游有章程要领，或独游，或携一童子，途遇樵人禅客，即为伴侣，穷幽造深，饮泉摘果，即忘饥渴。于五岳则陟嵩、岱，犹以不能遍历衡、华为恨。若武夷、匡庐、九子、黄山、天台、雁荡诸山，所至削木柿为记，采树叶题诗以为常。南郙为人坦夷近情，不为矫激之言，不为崖异之行，取受从心，否塞任运，尤不以礼数恩义责望人，与人处，尤能寡怨忘隙。乍见或轻忽之，稍久必亲而敬焉。有屋数椽，不蔽风雨，家人恒至乏食垢衣，敝补游士大夫间，举止迂野可爱。形体短小，虽老，精神可敌壮夫，遇有宴会，能通夜不眠，啸咏达旦。不择地而处，不择食而食，不择榻而寝，投足之所，即其湫隘嚣杂，他人扫除未竟，视南郙已展卷矣。口腹之奉，不过盐豉菽乳。就枕即熟睡，无辗转不寐之时。盖胸无机事，不以美恶撄心，能致然耳。尝远游，遇胠箧者再，中途几不能成归。人或怪其无恨色，曰："失者偿之义也，又何问焉？”除夕自外返，去其家不远，止宿逆旅，次日日晡，始缓步而归，其性情安雅如此。群居未常与人争，至论诗，则相持不下，守诗律，虽贵卿巨子前，亦厉词折之。其论诗不逞才，不使事，不染号叫，不涉怨诽，其宗旨也。自以襄阳、摩诘为师，于古歌行换韵大篇，暨古体千数百言，铺陈开阖，局力弘富者，乃以谓善。自少洎老，主此论不变。虽所见未尽，然亦可谓笃于自守者也。南郡称诗人五十年，远近之人亦以诗归之，生乡名人王穆如、顾与治之后，与同时诸人并立可指数，终竟如纪叟之言。岁甲戌，年七十有六，夏得脾疾，治之寻愈，至冬复作，遂不起。子二元、子筠正、子淳元，亦受诗不可坠其声。迁甫自僦居郭南，望衡密迩，相得甚欢。酒阑灯烬，每有知己之言，欲以身后为托，今不可作矣。世复安得和易素心、风雅不倦如斯人者乎？

沈孚中

沈嵊，字孚中，居武林北墅。不修小节，越礼惊众，作填词夺元人席。好纵酒，日走马苏、白两堤。髯如戟，衿未青，不屑意也。崇祯某年当九日，携酒持螯，独上巾子峰头，高吟浮白。有僧濡笔窃记其一联云：“有情花笑无情客，得意山看失意人。”为之叫绝，拉归精舍，痛饮达旦。家人觅至，曰：“今邑试，郎君何不介意邪？”嵊方醉眎未开，履无详步，扶入试院，则已席几纵横，置足无地。嵊乃积墨广砚，立身高级，大书《登高》词于粉壁之上，其首阕曰：“万峰顶上，险韵独拈糕，撑傲骨与秋鏖，天涯谁是酒同僚？面皮虽老，尽平生，受不起青山笑。难道他、辟英雄一纸贤书，到做了、禁登高三寸封条。”题毕而下。有拍其肩而狂笑者曰：“我得一贤契矣。”嵊视之，则令也，潜视其后良久矣。令宋姓，名兆和，字禧公，云间名士，不屑为俗吏态者。把嵊臂曰：“昔贺监遇李白，为解金龟当酒，我虽逊知章，君才何异太白。此日之事，今古攸同，盍拈是题与君共填散曲，志奇遇乎？”嵊曰：“善。”令未成而嵊稿脱。更复击节，擢之冠军。荐之学使者，补弟子员，声誉大起。嗣非令醉嵊，即嵊醉令，交谊既狎，略师生而尔我，更冠易服，戏乐不羁。嵊弟有讼对簿于令，令佯为研鞫，嵊跃出厅事，大呼曰：“错矣，错矣。”令拂袖起。事闻，直指以白简斥令，令恬然勿怨也。明鼎既移，阁部马士英卷其残旅，遁迹西陵。嵊往谈兵，士英伪为壮语曰：“当城决胜。”嵊驰归语里人曰：“此地顷为战场矣。”里人群哗曰：“丞相宵奔，将军夜遁，谁能任战？欲殃吾民！”争击毙嵊，烧其所著书。所存者，独《息宰河》《绾春园》传奇二种。

卷四　美人谱

董小宛

董小宛，一字青莲，名白，秦淮乐籍中奇女子也。七八岁，母陈氏教以书翰，辄了了。年十一二，神姿艳发，窈窕婵娟，无出其右。至针神、曲圣、食谱、茶经，莫不精晓。其性好静，每至幽林远壑，多依恋不能去。若夫男女阗集，喧笑并作，则心厌色沮亟去之。居恒揽镜自语其影曰："吾姿慧如此，即诎首庸人妇，犹叹彩凤随鸦，况作飘花零叶乎？"时有冒子辟疆者，名襄，如皋人也，父祖皆贵显。年十四，即与云间董太傅、陈徵君相倡和，弱冠与张公亮暨陈则梁四五人刑牲称雁序于旧都。其人姿仪天出，神清彻肤，张公亮常以诗赠之，目为东海季影。所居凡女子见之，有不乐为贵人妇，愿为夫子妾者无数。辟疆顾高自标置，每遇狭斜掷心卖眼，皆土苴视之。己卯应试来秦淮，吴次尾、方密之、侯朝宗咸向辟疆啧啧小宛名。辟疆曰："未经平子，目未定也。"而姬亦时时从名流宴集间闻人言冒子，则询冒子何如人。客曰："此今之高名才子，负气节而又风流自喜者也。”则亦胸次贮之。比辟疆同密之屡访姬，则厌秦淮嚣，徙之金阊。比下第，辟疆送其尊人秉宪东粤，遂留吴门，闻姬住半塘，再访之，多不值。时姬又患嚣，非受縻于炎炙，则必逃之鼪鼯之径。一日，姬方昼醉睡，闻冒子在门，其母亦慧，倩亟扶出。相见于曲栏花下。主宾双玉有光，若月流于堂户，已而四目瞪视，不发一言。盖辟疆心筹：此谓入目第一，可系红丝。而宛君则内语：吾静看之，得其神趣，此殆吾委心塌地处也。但即欲自归，恐太遽，遂如梦值故欢旧戚，两意融融，莫可举似。但连声顾其母曰："异人，异人。"辟疆旋以三吴坛坫争相属，凌遽而别。屡岁一至吴门，则姬自西湖远游于黄山、白岳间者将三年矣。此三年中，辟疆在吴门，有某姬亦倾盖输心，遂订密约，然以省觐往衡岳不果。辛巳夏，献贼突破襄樊，特调衡永兵备使者，监左镇军。时辟疆痛尊人身陷兵火，上书万言于政府言路，历陈尊人刚介不阿，逢怒同乡同年状，倾动朝堂。至壬午春，复得调。辟疆喜甚，疾过吴门，践某姬约，至则前此一旬，已为窦霍豪家不惜万金劫去矣。辟疆乃彷徨郁壹，无所寄托。偶月夜荡一叶舟，随所漂泊，至桐桥，内见小楼如画图，闲立水涯，无意中询岸边人，则云此秦淮董姬自黄山归，丧母抱危病，镉户二旬余矣。辟疆闻之，惊喜欲狂，坚叩其门，始得入。比登楼，则灯灺无光，药铛狼藉，启帷见之，奄奄一息者小宛也。姬忽见辟疆，倦眸审视，泪如雨下，述痛母怀君状，犹乍吐乍含，喘息未定。至午夜，披衣遂起曰："吾疾愈矣。"乃正告辟疆曰："吾有怀久矣。夫物未有孤产而无偶者，如顿牟之草，磁石之铁，气有潜感，数亦有冥会。今吾不见子，则神废，一见子，则神立。二十日来，勺粒不沾，医药罔效，今君夜半一至，吾遂霍然。君既有当于我，我岂无当于君。愿以此刻委终身于君，君万勿辞。"辟疆沉吟曰："天下固无是易易事，且君向一醉晤，今一病逢，何从知余，又何从知余闺阁中贤否，乃轻身相委如是耶？且近得大人喜音，明蚤当遣使襄樊，何敢留此？"请辞去。至次日，姬靓妆鲜衣，束行李，屡趣登舟，誓不复返。姬时有父，多嗜好，又荡费无度，恃姬负一时冠绝名，遂负逋数千金，咸无如姬何也。自此度浒墅，游惠山，历毗陵、阳羡、澄江，抵北固，登金焦。姬著西洋布退红衫，轻如蝉纱，洁比雪艳，与辟疆看竞渡于江山最胜处，千万人争步拥之，谓江姬携偶踏波而上征也。凡二十七日，辟疆二十七度辞，姬痛哭叩其意，辟疆曰："吾大人虽离虎穴，未定归期，且秋期逼矣，欲破釜焚舟冀一当。子盍归待之？"姬乃大喜曰："余归长斋谢客，茗碗炉香，听子好音。"遂别。自是杜门茹素，虽有窦霍相檄，佻挞横侮。皆假贷赂贿，以蝉脱之。短缄细札，责诺寻盟，无月不数至。迨至八月初，姬复孤身挈一妇，从吴买舟江行，逢盗折舵入苇中，三日不得食。抵秦淮，复停舟郭外候辟疆，闱事毕，始见之。一时应制诸名贵咸置酒高宴，中秋夜，觞姬与辟疆于河亭，演怀宁新剧《燕子笺》。时秦淮女郎满坐皆激扬叹羡，以姬得所归，为之喜极泪下。榜发，辟疆复中副车，而副宪公不赴新调，请告适归。且姬索逋者众，又未易落籍，辟疆仍力劝之归，而以黄衫押衙托同盟某刺史。刺史莽，众哗，挟姬匿之，几败事。虞山钱牧斋先生维时不惟一代龙门，实风流教主也，素期许辟疆远甚，又爱姬俊识。闻之，特至半塘，令柳姬与姬为伴，亲为规画，债家意满。时又有大帅以千金为姬与辟疆寿，而刘大行复佐之。公三日遂得了一切，集远近与姬饯别于虎丘，买舟，以手书并盈尺之券送姬至如皋，又移书与门生张祠部为之落籍。八月初，姬南征时，闻夫人贤甚，时令其父先至如皋，以至情告夫人，夫人喜诺已久矣。姬入门后，智慧络绎，上下内外大小罔不妥悦。与辟疆日坐画苑书圃中，抚桐瑟，赏茗香，品评人物、山水，鉴别金石鼎彝。闲吟得句，与采辑诗史，必捧研席为书之。意所欲得，与意所未及，必控弦追箭以赴之。即家所素无，人所莫办，仓猝之间，靡不立就。相得之乐，二人极矣，天壤间未之有也。申酉崩坼，辟疆避难渡江，与举家遁浙之盐官，履危九死。姬不以身先，则愿以身后，“宁使兵得我则释君，君其待我于泉府耳。”中间智计百出，保全实多，后辟疆虽不死于兵，而濒死于病，姬凡侍药不寝食者，必百昼夜。事平，始得同归故里，前后凡九年。年仅二十七岁，以劳瘵病卒。其致病之繇与久病之状，并隐微难悉，详辟疆《忆语》哀辞中，不惟千古神伤，实堪令奉倩、安仁阁笔也。

柳如是

柳夫人，字如是，虞山钱牧斋宗伯爱姬也。慧倩工词翰，在章台日，色艺冠绝一时，才隽奔走枇杷花下，车马如烟，以一厕扫眉才子列为重。或投竿衔饵，效玉皇书仙之句，纸衔尾属，柳视之蔑如也，即空吴越无当者。独心许虞山，曰：“隆准公即老，夐绝古今。亦一代颠倒英雄手。”而宗伯公亦雅重之，曰：“昔人以游蓬岛，宴桃溪，不如一见温仲圭。可当吾世失此人乎？”遂因缘委币。柳既归宗伯，相得欢甚，题花咏柳，殆无虚日。每宗伯句就，遣鬟矜示，柳击钵之顷，蛮笺已至，风追电蹑，未尝背地步让。或柳句先就，亦走鬟报赐，宗伯毕力尽气，经营惨淡，思压其上，比出相视，亦正得匹敌也。宗伯气骨苍峻，虬松百尺，柳未能到。柳幽艳秀发，如芙蓉秋水，自然娟媚，宗伯公时亦逊之。于是旗鼓各建，闺阁之内，隐若敌国云。宗伯于柳不字，名署柳君，吴中人宠柳之遇，称之直曰柳夫人。宗伯生平善逋，晚岁多难，益就窭蹙。嗣君孝廉某故文弱，乡里豪黠颇心易之，又嗛宗伯公墙宇孤峻，结侣伺衅。丙午某月，宗伯公即世，有众骤起，以责逋为口实，噪而环宗伯门，搪捶诟谇，极于虦辱。孝廉魂魄丧失，莫知所出。柳夫人于宗伯易箦日已蓄殉意，至是，泫然起曰："我当之。"好语诸恶少："尚书宁尽负若曹金？即负，固尚书事，无与诸儿女。身在，第少需之。"诸恶少闻柳夫人言，谓得所欲，锋稍戢，然环如故。柳中夜刺血书讼牍，遣急足诣郡邑告难，而自取缕帛结项，死尚书侧。旦日，郡邑得牍，又闻柳夫人死，遣隶四出，捕诸恶少，问杀人罪。皆雉窜兔脱，不敢复履界地，使尽得释。孝廉君德而哀之，为用匹礼，与尚书并殡某所。吴人士嘉其志烈，争作诗诔美之，至累帙云。

李香君

李姬者，名香，母曰贞丽。贞丽有侠气，尝一夜博输，千金立尽，所交皆当世豪杰，尤与阳羡陈贞慧善。姬为其养女，亦侠亦慧，略知书，能辨别士大夫贤否，张学士溥、夏吏部允彝亟称之。少小风调，皎爽不群。十三岁从吴人周如松受歌，玉茗堂四传奇皆能尽其音节，尤工《琵琶词》，然不轻发也。雪苑侯生，己卯来金陵，与相识。姬尝邀侯生为诗，而自歌以偿之。初，皖人阮大铖者，以附魏忠贤论城旦，屏居金陵，为清议所斥，阳羡陈贞慧、贵池吴应箕实首其事，持之力。大铖不得已，欲侯生为之解，乃假所善王将军，日载酒食与侯生游。姬曰："王将军贫，非结客者。公子盍叩之？"侯生三问将军，乃屏人述大铖意。姬私语侯生曰："妾少从假母识阳羡君，其人有高义，闻吴君尤铮铮。今皆与公子善，奈何以阮公而负知交？且以公子之世望，安事阮公！公子读万卷书，所见岂后于贱妾邪？"侯生大呼称善，醉而卧，王将军者殊怏怏，因辞去不复通。未几，侯生下第，姬置酒桃叶渡，歌《琵琶词》以送之，曰："公子才名文藻，雅不减中郎。中郎学不补行，今《琵琶》所传词固妄，然尝昵董卓，不可掩也。公子豪迈不羁，又失意，此去相就未可期。愿终自爱，无忘妾所歌《琵琶词》也。妾亦不复歌矣。"侯生去后，而故开府田仰者以金三百锾邀姬一见，姬固却之。开府惭且怒，且有以中伤姬。姬叹曰："田公宁异于阮公乎？吾向之所赞于侯公子者谓何，今乃利其金而赴之，是妾卖公子矣。"卒不往。

顾横波

顾媚，字眉生，明末之名妓也，归庐江龚芝麓（字季子）。工诗，善画兰，自署横波夫人。性沉静，寡言笑，居恒自损抑，弗欲与人较低昂。美如碧玉，贤如绿珠，慧敏如婕妤，风雅如道蕴。居在秦淮河畔，曰眉楼，时人呼为顾楼（今南都顾楼街即其故址）。顾虽托足平康，能葳蕤自守，初无儇薄名，欲择人而事，当时名士多如鲫，苦无一当意者。时季子为大司马，骨鲠不阿，朝野咸钦，横波心向往焉。而分隔云泥，无缘谋面，付之一叹而已。会季子饮友人家，醉后忘形，薄游河上，因与横波遇。一见倾心，遽订白首，旋纳为小星，闺房之乐，固有甚于画眉者。未几李闯犯顺，满人入关，季子咄咄书空，不知所措。横波笑骂曰："君须眉如戟，何无丈夫气！且司马握天下之兵柄，效命疆场，固分内事，敌来则战，胜败听之于天，忧惧何为者？"季子无奈，请命帅师而出。横波自其去也，独处一楼，足不逾阈，吟咏之余，辄事刺绣，所谓"顾绣栏杆色倍妍"者也。越一载，忽报季子归。横波问司马奚似，侍者曰："银胄金甲，威仪胜于曩时。"横波叹曰："季子降满矣！"无何，季子至，自言已受清封，面有得色。横波鄙之曰："妾昔多君忠直，故愿充下陈。今君为满朝新贵，妾为明室遗民，义不能再侍巾栉。乞原恕之！"

季子无辞以对，挂冠隐去，自是眉楼户限无季子之足迹矣。于是横波改姓徐，抑郁成疾而没。湘人何绍基有《金陵杂述》十章，其一章则顾事也，诗云：“闲居好事郧园汪，兰蕙春深处处香。纤腕妙题余驻鹤，于今乱石不成行。”盖金陵郧园石峰上刻有横波所书“驻鹤”两字也。或谓横波归临洮太守某，城陷，为清兵所得，不屈，坠楼而死。两说未知孰是。要之，横波为明末名妓，临难不苟，则不诬也。呜呼！明室之亡也，须眉绅缙，而不能坚其志操，不为二臣者，四海之大，有几人欤？独横波生于编户之家，隶入青楼之籍，激于大义，之死靡他，为士大夫之所不能为，是真可风也已。

卞玉京

卞赛，一曰赛赛，后为女道士，自号玉京道人。知书，工小楷，善画兰、鼓琴，喜作风枝袅娜，一落笔，画十余纸。年十八，游吴门，居虎丘，湘帘棐几，地无纤尘。见客初不甚酬对，若遇佳宾，则谐谑间作，谈词如云，一座倾倒。寻归秦淮，遇乱，复游吴门。吴梅村学士作《听女道士卞玉京弹琴歌》赠之，中所云：“昨夜城头吹筚篥，教坊也被传呼急。碧玉班中怕点留，乐营门外卢家泣。私更妆束出江边，恰遇丹阳下渚船。

剪就黄绝贪入道，携来绮绿诉婵娟”者，正此时也。在吴，作道人装，然亦间有所主。侍儿柔柔，承奉砚席如弟子，指挥如意，亦静好女子也。逾两年，渡浙江，归于东中一诸侯，不满意，进柔柔当夕，乞身下发。后归吴，依良医郑保御，筑别馆以居，长斋绣佛，持戒律甚严，刺舌血书《法华经》以报保御。又十余年而卒，葬于惠山祇陀庵锦树林。

陈圆圆

圆圆，陈姓，玉峰歌妓也，声甲天下之声，色甲天下之色。崇祯癸未岁，总兵吴三桂慕其名，赍千金往聘之，已先为田畹所得。时圆圆以不得事吴，怏怏也，而吴更甚。田畹者，怀宗妃之父也，年耄矣。圆圆度《流水高山》之曲以歌之，畹每击节，不知其怅知音之希也。甲申春，流氛大炽，怀宗宵旰忧之，废寝食。妃谋所以解帝忧者于父，畹进圆圆。圆圆扫眉而入，冀邀一顾。帝穆然也，旋命之归畹第。时闯师将迫畿辅矣，帝急召三桂，对平台，锡蟒玉，赐尚方，托重寄，命守山海关。三桂亦慷慨受命，以忠贞自许也。而寇深矣。长安富贵家胥皇皇，畹忧甚，语圆圆。圆圆曰：“当乱世而公无所依，祸必至。曷不缔交于吴将军？庶缓急有藉乎。”畹曰：“斯何时，吾欲与之缱绻不暇也。”圆圆曰：“吴慕公家歌舞有时矣，公鉴于石尉，不借人看，设玉石焚时，能坚闭金谷邪？盍以此请，当必来无却顾。”畹然之。遂躬迓吴观家乐，吴欲之而故却也，强而可至，则戎服临筵，俨然有不可犯之色。畹陈列益盛，礼益恭。酒甫行，吴即欲去，畹屡易席至邃室，出群姬调丝竹，皆殊秀。一淡妆者，统诸美而先众音，情艳意娇。三桂不觉其神移心荡也，遽命解戎服，易轻裘，顾谓畹曰：“此非所谓圆圆耶？洵倾人城矣。公宁勿畏而拥此耶！”畹不知所答，命圆圆行酒。圆圆至席，吴语曰：“卿乐甚。”圆圆小语曰：“红拂尚不乐越公，矧不逮越公者耶！”吴颔之。酣饮间，警报踵至，吴似不欲行者，而不得不行。畹前席曰：“设寇至，将奈何？”吴遽曰：“能以圆圆见赠，吾当保公家先于保国也。”畹勉许之。吴即命圆圆拜辞畹，择细马驮之去，畹爽然无如何也。帝促三桂出关。三桂父，督理御营名襄者，恐帝闻其子载圆圆事，留府第，勿令往。三桂去，而闯贼旋拔城矣，怀宗死社稷，李自成据宫掖，宫人死者半，逸者半。自成询问内监曰：“上苑三千，何无一国色？”内监曰：“先帝屏声色，鲜佳丽，有一圆圆者，绝世所希，田畹进帝，而帝却之。今闻畹赠三桂，三桂留之其父吴襄第中矣。”是时襄方降闯，闯即向襄索圆圆，且籍其家，而命其作书以招其子也。襄俱从命。进圆圆，自成惊且喜，遽命歌，奏吴歈。自成蹙额曰："何貌甚佳而音殊不可耐也。"即命群姬唱西调，操阮筝琥珀，己拍掌以和之，繁音激楚，热耳酸心，顾圆圆语："此乐何如？"圆圆曰："此曲只应天上有，非南鄙之人所能及也。"自成甚嬖之，随遣使以银四万两犒三桂军。三桂得父书，欣然受命矣。而一侦者至，询之曰："吾家无恙耶？"曰："为闯籍矣。"曰："吾至，当自还也。"又一侦者至，曰："吾父无恙耶？"曰："为闯拘縶矣。"曰："吾至，当即释也。"又一侦者至，曰："陈夫人无恙耶？"曰："为闯得之矣。"三桂拔剑砍案曰："果有是，吾从若耶！"因作书答父，略曰："见以父荫，待罪戎行，以为李贼猖狂，不久即当扑灭。不意我国无人，望风而靡，侧闻圣主晏驾，不胜眦裂。犹意吾父奋椎一击，誓不俱生，否则刎颈以殉国难。何乃隐忍偷生，训以非义，既无孝宽御寇之才，复愧平原骂贼之勇。父既不能为忠臣，男安能为孝子乎？儿与父决，不早图贼，虽置父鼎俎旁以诱三桂，不顾也。"随效秦庭之泣，乞满师以剿巨寇，先败于一片石。自成怒，戮吴襄，并其家人三十余口。欲杀圆圆，圆圆曰："闻吴将军卷甲来归矣，徒以妾故，又复兴兵。杀妾何足惜，恐其为王死敌，不利也。"自成欲挈圆圆去，圆圆曰："妾既事大王矣，岂不欲从大王行？恐吴将军以妾故，而穷追不已也。王图之，度能敌彼，妾即褰裳跨征骑。”自成仍凝思，圆圆曰：“妾为大王计，宜留妾缓敌。当说彼不追，以报王之恩遇也。”自成然之，于是弃圆圆，载辎重，狼狈西行。是时也，闯胆已落，一鼓可灭。三桂复京师，急觅圆圆，既得，相与抱持，喜泣交集，不待圆圆为闯致说，自以为法戒穷追，听其纵逸，而不复问矣。旋受满封，建苏台、营郿坞于滇南。而时命圆圆歌，圆圆每歌大风之章以媚之。吴酒酣，恒拔剑起舞，作发扬蹈厉之容，圆圆即捧觞为寿，以为神武不可一世也。吴益爱之，故专房之宠，数十年如一日。其蓄志作谦恭，阴结天下士，相传曰多出于同梦之谋。而世之不知者，以三桂能学申胥，以复君父大仇，忠孝人也。曷知其乞师之故，盖在此而不在彼哉。厥后尊荣南面三十余年，又复浪沸潢池，致劳挞伐，跛扈艳妻，同归歼灭，何足以偿不子不臣之罪也！

冯小青

小青者，虎林某生姬也，家广陵，与生同姓，故讳之，仅以小青字云。姬夙根颖异，十岁遇一老尼，授《心经》，一再过了了，复之，不失一字。尼曰：“是儿早慧福薄，愿乞作弟子。即不尔，无令识字，可三十年活耳。”家人以为妄，嗤之。母本女塾师，随就学，所游多名闺女，遂得精涉诸技，妙解声律。江东固佳丽地，或诸闺彦云集，茗战手语，众偶纷然，姬随变酬答，悉出意表，人人惟恐失。姬虽素娴仪则，而风期异艳，绰约自好，其天性也。年十六归生。生豪公子也，性嘈唼，憨跳不韵，妇更奇妒，姬曲意下之，终不解。一日随游天竺，妇问曰：“吾闻东方佛无量，而世多专礼大士者何？”姬曰：“以其能慈悲耳。”妇知讽己，笑曰：“吾当慈悲汝。”乃徙之孤山别业。诫曰：“非吾命而郎至，不得入；非吾命而郎手札至，亦不得至。”姬自念彼置我间地，必密伺短长，借莫须有事以鱼肉我，以故深自敛戢。妇或出游，呼与同舟，遇两堤之驰骑挟弹游冶少年，诸女伴指点谑跃，倏东倏西，姬澹然凝坐而已。妇之戚属某夫人者，才而贤，就姬学弈，绝爱怜之。因取巨觞觞妇，瞯妇已醉，徐徐语姬曰：“船有楼，我伴汝一登。”比登楼远眺，久之抚姬背曰：“好光阴可惜，毋自苦。章台柳亦倚红楼，盼韩郎走马，子作蒲团空观邪。”姬曰：“贾平章剑锋可畏也。”夫人笑曰：“子误矣。平章钝剑，女平章乃厉害耳。”顷之，从容讽曰：“子既娴礼则，又多技能，而风流绰约复尔，岂当堕罗刹国中。吾虽非女侠，力能出子于火坑。顷言章台柳，子非会心人邪？天下岂少韩君乎？且彼纵善遇子，子终向党将军帐下作羔酒侍儿乎？”姬曰：“夫人休矣。妾幼梦手折一花，随风片片着水。命止此矣！夙业未了，又生他想，彼冥曹姻缘簿，非吾如意珠，再辱奚为？徒供群口画描耳。”夫人叹曰：“子言亦是，吾不子强。虽然，子亦宜自爱，彼或好言，饮食汝，乃更可虑。即旦夕所须，第告我无害。”因相顾泣下沾衣，徐拭泪，还座，寻别去。夫人每向宗戚语及，无不咨嗟叹息云。姬自后幽愤凄恻，俱托之诗或小词。而后夫人亦旋宦远方，姬益寥闲，遂感疾。妇命医来，仍遣婢捧药至。姬佯感谢，婢出，掷药床头，叹曰：“吾即不愿生，亦当以净体皈依，作刘安鸡犬，岂以一杯鸩断送耶？”然病益不支，水粒俱绝，日饮梨汁盏许。益明妆冶服，拥裯欹坐，或呼琵琶妇唱盲词以遣，虽数晕数醒，终不蓬首偃卧也。忽一日语老妪曰：“可传语冤业郎，觅一良画师来。”师至，命写照，写毕，揽镜熟视，曰：“得吾形似矣，未尽吾神也。姑置之。”又易一图，曰：“神是矣，而风态未流动也，若见我而目端手庄太矜持故也。姑置之。”命捉笔于旁，而自与妪指顾笑语，或扇茶铛，简图画，或代调丹碧诸色，纵其想会久之，复命成图。图成，极妖纤之致，笑曰：“可矣。”师去，即取画供榻前，爇名香，设梨酒奠之曰：“小青，小青，此中岂有汝缘分耶？”抚几而泣，泪雨潸潸下，一恸而绝。时万历壬子岁也，年才十八耳。哀哉！人美于玉，命薄于云，琼蕊优昙，人间一现，欲求如杜丽娘牡丹亭畔重生，安可得哉！日向午，生始踉跄来，披帷见容，光藻逸发，衣袂鲜好，如生前无病时。忽长号顿足，呕血升余。徐简得诗一卷，遗像一幅，又一缄寄某夫人，启视之，叙致惋痛，后书一绝句。生痛呼曰："吾负汝，吾负汝！"妇闻恚甚，趋索图。乃匿第三图，以第一图进，立焚之。又索诗，诗至，亦焚之。《广陵散》从兹绝矣，悲夫？楚焰成烈，何不以纪信诳之？则罪不在妇，又在生耳。乃再简草稿，业散失尽。而姬临卒时，取花钿数事，赠妪之小女，衬以二纸，正其诗稿，得九绝句，一古诗，一词，并所寄某夫人者共二十篇。古诗云："雪意阁云云不流，旧云正压新云头。米癫癫笔落窗外，松岚秀处当我楼。垂帘只愁好景少，卷帘又怕风缭绕。帘卷帘垂底事难，不情不绪谁能晓。炉烟渐瘦剪声小，又是孤鸣唳悄悄。"绝句云："稽首慈云大士前，莫生西土莫生天。愿为一滴杨柳水，洒作人间并蒂莲。""春衫血泪点轻纱，吹入林逋处士家。岭上梅花三百树，一时应变杜鹃花。""新妆竟与图画争，知在昭阳第几名。瘦影自临流水照，卿须怜我我怜卿。""西陵芳草骑辚辚，内使传来唤踏春。杯酒自浇苏小墓，可知妾是意中人。""冷雨幽窗不可听，挑灯闲看《牡丹亭》。人间亦有痴于我，岂独伤心是小青。""何处双禽集画阑，朱朱翠翠是青鸾。如今几个怜文采，也向秋风斗羽翰。”“脉脉溶溶滟潋波，芙蓉醒睡欲如何。妾映镜中花映水，不知春思落谁多。”“盈盈金玉女班头，一曲骊珠众伎收。直得楼前身一死，季伦原是解风流。”“乡心不畏两峰高，昨夜慈亲入梦遥。见说浙江潮有信，浙潮争似广陵潮。”其《天仙》词云：“文姬远嫁昭君塞，小青又续风流债。也亏一阵黑罡风，火轮下，抽身快。单单别别清凉界。不是鸳鸯一派，休算做相思一概。自思自解自商量，心可在，魂可在。着衫又捻裙双带。”为某夫人书云：“元元叩首，沥血致启夫人台坐下：关头祖帐，回隔人天。官舍良辰，当非寂度。驰情感往，瞻睇慈云。分燠嘘寒，如依膝下。糜身百体，未足云酬。娣娣姨姨无恙。犹忆南楼元夜，看灯谐谑，姨指画屏中一凭栏女郎曰：‘是妖娆儿倚风独盼，恍惚有思，当是阿青。’妾亦笑指一姬曰：‘此执拂狡鬟，偷近郎侧，将无似娣乎？’于时角彩寻欢，缠绵彻曙。宁复至风流云散，遂有今日乎？往者仙槎北渡，断梗南楼，狺语哮声，日焉三至。渐乃微词含吐，亦如尊旨云云。窃揆鄙衷，未见其可。夫屠肆苦心，饿狸悲鼠。此直拱其换马，不即辱以当垆。去则弱絮风中，住则幽兰霜里。兰因絮果，现业谁深。若使祝发空门，洗妆浣卢，而艳思绮语，触绪纷来。正恐莲性虽胎，荷丝难杀，又未易言此也。乃至远笛哀秋，孤灯听雨，雨残笛歇，谡谡松声。罗衣压肌，镜无干影，晨泪镜潮，夕汨镜汐。今兹鸡骨，殆复难支，痰灼肺然，见粒而呕。未知生乐，焉知死悲。憾促欢淹，无乃非达。妾少受天颖，机警灵捷。丰兹啬彼，理讵能双。然而神爽有期，故未应寂寂也。至其沦忽，亦非至今。结缡以来，有宵靡旦，夜台滋味，谅有殊斯。何必紫玉成烟，白花飞蝶，乃谓之死哉。或轩车南返，驻节维扬，老母惠存，如妾之受，阿秦可念，幸终垂悯。畴昔珍赠，悉令见殉。宝钿绣衣，福星所赐，可以超轮消劫也。然十六娘竟先期相俟，不忧无伴。附呈一绝，亦是鸟语鸣哀。其诗集、小像，托陈媪好藏，觅便驰寄。身不自保，何有于零膏冷翠乎？他时于船堤下探梅山中，开我西阁，坐我绿阴床，仿佛生平于响像，见室帏之寂飔，是耶非耶，其人斯在。嗟乎夫人！明冥异路，永从此辞。玉腕珠颜，行就尘土。兴思及此，恸也何如！元元叩首叩首上。”后附绝句云：“百结回肠写泪痕，重来惟有旧珠门。夕阳一片桃花影，知是亭亭倩女魂。”生之戚某集而刻之，名曰《焚余》。

曼 殊

曼殊，丰台卖花翁女。生时，母梦邻妪以白花一当寄使卖于前邻奶奶庙者，后邻钱氏，疑昔者乃钱氏妪，因名阿钱。阿钱慧甚，能效百鸟音，京师贩儿推货车行叫卖，嘤嘟不可辨，阿钱遥闻便知之。十岁，前村学针线，把剪即能刻花种人兽，不构谱，俨然熟习者。客有以千钱购番绣幡灯于前村家，阿钱方学绣，立应之去。既长，色白，目有曼光，十指类削玉，黝发委地可鉴，才拢头，作十种名，最上以发拂绾作连环百结蟠顶上，名百环髻。顾性贞静，十二从庙归，路人观者啧啧称好女，则大愠，归不再出。予来京师，益都夫子为予谋买妾，有以阿钱言者，预遣二世兄往视，不许。先是，阿钱病，西山尼师过其门，咨嗟曰："阿钱不年，不宜为人妻。"或曰为小妻即免，遂决计作妾。然往请者率骄贵，深不自愿。及二世兄往，谓犹是相公家也。越数日予亲往，询予甚喜，且有谬誉予善文者。是夜，予梦大士取盎中花，手授予。次日插戴，其母兄与其母疑予年大，又贫，且相传妇妒，欲悔之。阿钱不然。及娶阿钱，检讨陈君就予饮，更名曼殊。曼殊佛花也。曼殊既归，执贽愿从学，取书观有悟，才把笔，即能画字，其字每类予，见者辄谓予假为之。尝为予书刺，早起呵冻，连作十余刺，心痛遽罢。予生平好歌，至是，酒后歌，每歌必请予复之，三复则已能矣，按板度节，丝毫不得爽。尤喜歌真定夫子《祝家园》词，第苦无弹者，不可已，呼盲女街前琵琶，听数曲，谛视其拢捻剨拨，遂能弹。顾得奇疾：初，书刺心痛，谓腕寒也。既谓伤肝，输东风木扬，春作秋止。又既谓中滞，有瘕癖在胃旁，气积不行。历数载，审候终不得其要领。每疾作，遍体若焞。使婢按摩之，不足，以帔作兜负之行，又不足，縋筐而坐之，东西推挽，若秋千然。尝梦邻庙奶奶唤归去，一日携儿至，曰："汝本吾家物。我挤眼，汝当随我行。"其儿曰："家去罢。不去，奶奶吆喝。"醒乃刻桃木为偶人，饰以衣，被以生平所梳百环髻，流涕送庙间，乃复图其形，名《留视图》，而题诗焉。初，予妇将至，徙居南西门坟园，虑不容也。益都夫子怜其穷，强予开阁，而曼殊难之。其后有假予意逼遣之者，曼殊死复活，至是，病转剧，尝曰："令吾小可者，吾当为尼忏除之。"既而谓予曰："向阿三病时，予借其园居，邀君日来以为幸。今君将南行，而予以病残留尼寺中，其能来乎？"泣曰："他日君归者，吾请以尼随君行，惟君置之。"既而病发死，死时羸甚，及殓，面有生色，坐而衣，骨节缓泽如平时。初，陈检讨孺人死，索予为墓铭，而贻予以绢，绢浅黄色，为制裙而喜，嘱曰："假使贻绢有桃晕红者，当制一裙。"越四年，无有贻者。既殓，乃卖金槽裁一裙，纳柳棺中。

程弱文

弱文，程氏，名璋，歙人程某之女也，其母梦吞花叶而生。幼极颖慧，九岁即好弄翰墨，工诗文，日摹《曹娥》《麻姑》诸帖，书法尤称精楷。性复喜植花，更喜花叶，能于如钱莲叶熨制为笺，书《心经》一卷。及笄，适里人方元白，伉俪甚欢。元白偕友人吴某作客广陵，弱文忧形颜色，不能自已，尝作诗文缄寄元白。元白开缄，辄闭户欷歔，怅惋累日。一日平头复持缄至，友人伺其出，私启视之，乃制新柳叶二片，翠碧如生，各书绝句一首。其一曰："杨柳叶青青，上有相思纹。与君隔千里，因风犹见君。"其二曰："柳叶青复黄，君子重颜色。一朝风露寒，弃捐安可测。"又有《染说》一篇、《原愁》一则寄元白，文情绵恻，媚楚动人。年二十一而卒，著有文集数卷，歙人有传之者。元白伤悼过情，终不复娶，亦不复作客，遂入天台为僧焉。

王翠翘

王翠翘，临淄人，幼鬻于倡，冒姓马，假母呼为翘儿。美姿首，性聪慧，携来江南，教之吴歈歌，则善吴歈歌；教之弹胡琵琶，则善弹胡琵琶。吹箫度曲，音吐清越，执板扬声，往往倾其座客，平康里中，翘儿名藉甚。然翘儿雅淡，顾沾沾自喜，颇不工涂抹倚门术，遇大腹贾及伧父之多金者，则目笑之，不予一盼睐温语，以是假母日忿而笞笃。会有少年私翘儿金者，以计脱假母，而自徙居嘉兴，更名王翠翘云。当是时，歙人罗龙文饶于财，侠游结宾客，与翠翘交欢最久，兼昵小妓绿珠。而越人徐海者狡佻贫无赖，方为博徒所窘，独身跳翠翘家，伏匿不敢昼见人。龙文习其壮士，倾身结友，接臂痛饮，推所昵绿珠与之荐寝，海亦不辞。酒酣耳热，攘袂持杯，附龙文耳语曰："此一片土，非吾辈得意场。丈夫安能郁郁久居人下乎？公宜努力，吾亦从此逝矣，他日苟富贵，毋相忘。"因慷慨悲歌，居数日别去。徐海者，杭之虎跑寺僧，所谓明山和尚者是也。居无何，海入倭为舶主，拥雄兵海上，数侵江南。嘉靖三十五年，围巡抚阮鹗于桐乡，翠翘、绿珠皆被掳。海一见惊喜，命翠翘弹胡琵琶以佐酒，日益宠幸，号为夫人，斥诸姬罗拜。翠翘既已骄爱无比，凡军机密画，惟翠翘与闻。乃翠翘阳为亲昵，阴实幸其覆败，冀归国以老，泪渍渍常承睫洗面也。会总督胡宗宪开府浙江，善用兵，多计策，欲招致徐海，自戕麻叶、陈东，而离散王直之党。乃遣华老人赍檄招降。海怒，缚华老人，将斩之。翠翘语海曰："今日之事，生杀在君，降不降何与来使？"海乃释其缚，畀金而遣之。老人归告宗宪曰："贼势方锐，未可图也。然臣睨海所幸王夫人者，左右视，有外心，或可藉以歼贼也。"而罗龙文者微闻是语，自喜与翠翘旧好，乃因幕府上客山阴徐渭以见于宗宪。宗宪以乡曲故，降阶迎揖曰："生亦有意功名富贵乎？吾今用君矣。"与语大悦，遂受旨，诣海营，摄旧日任侠衣冠，投刺谒海。海亟延入坐上座，置酒握龙文手曰："足下游涉江湖，为胡公作说客邪？"龙文曰："非为胡公作说客，乃为故人作忠臣耳。王直已遣子纳款，故人不乘此时解甲释兵，他日必且为虏。"海愕然曰："姑置之，且与故人饮酒。"锦绣音乐，备极豪侈，侗然自以为大丈夫得志于时之所为也。酒半，出王夫人及绿珠见龙文，龙文改容礼之，极宴，语不及私。翠翘素习龙文豪侠，则劝海遣人同诣督府输款，解桐乡围。宗宪喜从龙文计，益市金珠宝玉，阴赂翠翘。翠翘益心动，日夜说海降矣。海信之，于是定计缚麻叶，缚陈东，约降于宗宪。至桐乡城，胄甲而入，是时赵文华、阮鹗与宗宪列坐堂皇，海叩首谢罪，又谢宗宪。宗宪下堂摩其顶曰："朝廷今赦汝，汝勿复反。"厚劳而出。海既出，见官兵大集，颇自疑。宗宪亦怜海，不欲杀降，而文华迫之。宗宪乃下令，命总兵俞大猷整师而进。会大风纵火，诸军鼓噪乘之，贼大溃歼焉。海仓皇投水，引出，斩其首，而生致翠翘于军门。宗宪大飨参佐，命翠翅歌吴歈歌。遍行酒，诸参佐或起舞，或膝席，复捧觞为宗宪寿。宗宪被酒，大醉瞀乱，亦横槊郭袖，与翘儿戏，席乱罢饮。次日宗宪颇愧悔醉时事，而以翠翘赐所调永顺酋长。翠翘既随永顺酋长，去之钱塘江中，恒悒悒捶床叹曰：“明山遇我厚，我以国事诱杀之，毙一酋，又属一酋，吾何面目生乎？”向江潮长号，大恸投水而死。

连　儿

吴三桂之宠妾，人第知为陈圆圆，而不知又有连儿也。连儿年十七，留侍三桂，颇蒙宠爱，姿容秀丽，尤长诗词。洎三桂败，连儿为赵良栋部将所得，未几即死。其绝命词中，有“君王不得见，妾命薄如烟”之句。丽质清才，犹非圆圆所能及也。

张丽人

丽人，姓张氏，其母吴倡也，以善歌，转籍入粤，生丽人。体貌莹洁，性质明慧，幼即能记歌曲，尤好诗词，每吟唐人“铜雀春深”之句，自名二乔。客或语“二乔双称也，不如呼为小乔”，丽人应声曰：“兼金双璧，名有相当。”因笑指镜中影口：“此亦一乔也。”于是二乔之名艳称于时。丽人稍长，其母将择伶人之美者赘焉。仙城豪贵，谋为落籍，有以三斛珠挑之者。丽人坚不为动，长叹辞曰：“我母爱我，不可暂离。且已委身字人，蝶粉可污，燕巢终在，不聊胜入他人之手，吼狮换马，又随风漂泊哉？”年甫及笄，丽人随诸伶于村墟赛神作剧，夜宿水二王庙，梦王刻期聘之为妃。醒而以语其母，泣然泪下，拍板而歌罗郎《比红》之曲，宛转悲怆。及期无疾而逝。粤人黎美周志其墓曰：“嗟乎！予知丽人，故不屈于势者，王何由致之？岂洛水凌波，乃符铜雀之谶耶？若夫粉黛何假，美人何真，艳色等空，春花易谢。后之过者，知为丽人埋香处，明月为镜，清风引箫，好鸟和歌，蛱蝶自舞。徘徊其间，倘有雾鬟风鬓、一唱三叹者出焉，能不为传书之柳毅乎？”

秀 云

明晋王府乐长秀云，声容冠一时，善画兰，工小楷，操琴，《汉宫秋》称绝调，又能以琵琶弹《普庵咒》，与琴入化。文人学士多与之游，共字之曰明霞。嗣为轻薄子所绐，倾囊相委，久而知其负己，抑郁而逝。淹殡积岁，傅青主闻而怜之，召僧尼导引郊外，与所知词客数辈酹之酒而葬之，并赋联珠诗十四首。事载

《山西省志》。近时蒋万里君薄游三原，作诗吊之曰："旷代琴工说秀云，卫夫人合是前身。知音青主多同调，不数钱塘苏小坟。""教坊小字艳明霞，惆怅当年解语花。一曲广陵成绝调，四弦秋冷证琵琶。""横汾歌罢水南流，三晋云山四望收。明社已墟词客散，凄凉三字《汉宫秋》。"哀感顽艳，颇能摅怀古之幽情耳。

琼枝　曼仙

张献忠破荆州，召惠州乐户数十行酒。内有琼枝者，色艺出群，献忠命之歌，曰："我虽贱，岂肯以歌侑贼触？"毅然弗从。以刃挟之，曰："汝技止此耳！我不畏死，奈我何哉！"献忠脔之喂犬。同时有曼仙者，献忠亦召至，极逞技能，刻意逢迎，献忠大悦，宠幸无比。献忠每夜将寝，必豪饮，曼仙侍。是夕，曼仙置毒于酒，满斟以奉，献忠昵之，手挽其颈曰："汝先饮此。"却之不得，立饮而毙。献忠始觉，碎磔其尸。

噫，当献忠猖獗时，守土诸臣皆望风逃溃，纳款称臣，峨冠世儒，奔走于指挥之下。琼枝、曼仙，均一妓耳，奋不顾身，视死如怡，不更贤于忠臣义士之为邪！若琼枝之死，曼仙之毒贼，成亦死，不成亦死；成则为国杀贼，而身死于贼众之手。其如天佑贼人，先毙于饮，事虽不成，其烈侠之气，可令千载愤叹也。乃既不得如英烈夫人来朝廷褒赠之典，又不若徐氏获名人词翰之光以风世，惜哉！

卷五　异人录

爱铁道人

爱铁道人，逸其姓名，云南人也。少时曾为郡中诸生，明亡，即弃家为道士。冬夏无衣裤，惟以尺布掩下体。不火食，所食者瓜蓏蔬果，滇中四时皆暖，虽腊月有鳞物，故道人竟辟谷。性爱铁，见铁辄喜，必膜拜向人乞之。头项肩臂以至胸背腰足，皆悬败铁，行路则铮铮有声，如披铠，自号曰“爱铁道人”。久之，言人祸福多奇中，愚男女以神仙奉之，而道人亦遂以神仙自居，更号曰“爱铁神仙”。嗜饮，市人争醉以酒，妇人持酒与，则倾泼不饮。或诘之，则厉声曰：“若不闻孟圣人云男女不亲授受乎？”于是神仙之名四走，有不远数千百里来问凶吉。时道人寄迹破庙，日环门者数百人，道人大怒，骂曰：“我何神仙，我贪酒花子耳，知底吉凶？汝辈来问我！”即擎秽撒之，众乃散。与蜀中铜袍道人张闲善。铜袍者，联铜片为衣而服之者也，故号曰“铜袍道人”。尝携杖头钱与爱铁饮于市，醉则歌呜呜，大恸而后休。甲寅乱，二人不知所往。

狗皮道士

狗皮道士者，不知何许人，亦未详其姓氏。明末，尝冠道冠，蹑赤舄，披狗皮，乞食成都市。每至人家乞食，辄作犬吠声，酷相类。家犬闻之，以为真犬也，突出吠之，道士辄与对吠不休。邻犬闻之，亦以为真犬也，辄群集绕吠之。道士怒，忽作虎啸声，群犬皆辟易。每独居破庙，至深夜辄作一犬吠形声，少顷作众犬吠声，俨然百十犬相吠也。久之，通国之犬皆吠，而达乎四境矣。岁余，献贼入寇，道士突至贼马前数十步内，大作犬吠声。献贼怒，令群贼策马追杀之。道士故徐徐，贼数策马，马不前。献贼益怒，令飞矢射之如雨，皆不中。献贼益大怒，以为妖，亲策马射之。中其首，不入矢，还中贼马，马毙。献贼大骇，乃已。他日献贼僭号，元旦朝贼百官，忽见道士披狗皮列班行，执笏作犬吠声。献贼大怒，令群贼缚之。道士乃大作犬吠声，盈庭如千百犬争吠状，声彻四外，合城之犬，闻声群起而和，犬吠之声震天地。献贼大声呼，众皆不闻，为犬吠声乱也，献贼大惊而退。既退，犬声息，道士亦不知何往。

铁娘子

明末成都市上之乞食者，又有一女子，自称“铁娘子”，腰缠铁，粗如碗，环数转，自西之东，疾走大呼曰：“铁娘子失去铁牛一头，报信者予钱十万贯。”贼以为妖，帅骑兵乱射之，矢如飞蝗，卒无一中。贼乃大怖，归而病，未几清兵至，即中创死。铁娘子后从狗皮道士仙去。

花隐道人

道人姓高氏，名晀，字公旦。其先世晋人也，商于扬，遂家焉。至道人贫矣，徙商而读，顾读异书，不喜沾沾行墨，能以己意断古今事。见世窃儒冠，目瞶瞶然者，弃去羞与伍。慕朱家郭解为人，尚侠轻财，急人困，然砥行慎交游。里中少年有不逞者，始畏道人知，既事蹶张，则又求道人。道人予其自新，亦时援手，故扬人倾心。四方贤豪来者，闻道人名，多结欢焉。甲申知乱将作，移家避南徐。时阃帅鳞集江上，争罗致道人幕下。道人知事不可为，蠖伏自污，卒得以全。乙酉扬中兵祸惨，民鸟兽散，道人独先众入城，访亲知，吊死扶伤，阴行善多。然道人是时感念深矣，自以遭时变乱，年壮志摧，流离困折，无复风尘驰骤之思。乃筑室黄子湖中，弃其鲜肥素习，衣大布衣，箨冠草屦，曳杖篱落间。挽渔父牧儿与饮，饮辄醉，放歌湖滨，湖水为之沸扬，似鸣不平者。未几，岁大涝，居沉于水，道人曰："未闻巢父买山而隐，独支遁见讥耶？古之大隐有隐市者，吾何为不然？"爰走扬城东南隅，卜地宅之，躬荷锸，拨瓦砾，结庐数楹，一几一榻，张琴列古书画，携一妻二子婆娑偃息其中，陶陶然乐也。宅旁筑匡墙，植菊五百本，一仆长须赤脚，善橐驼之术，道人率之艺植溉灌。夏日当午，虫有长颈乌喙寇菊巅者，秋有白皙如蚕啖菊根者，必伺而攻去之。二为渠魁，他虫种种，咸治无赦。道人察其患害而保护朝夕，故菊茂于常，始自蓓蕾，以及烂漫，其列也如屏，散也如星，叠也如锦。其色如玉、如金、如霞、如雪，其味如元酒，其香如檐卜。道人洞开其门，门如市；虚辟其堂，堂如肆。往来如织，观者如堵，不见主人，见其匾额曰"花隐"，咸谓之"花隐道人"，若忘其昔之为高公旦者。其友梅溪朱一是诮之曰："子隐于花则善矣。然花隐之名益著，得非畏影而走日中者邪？吾见子之愈走而影不息也。"道人嘻然，笑而不答。

编者曰：较之我家和靖先生之隐于孤山，当何如也？

卖花老人

卖花老人，不知何许人，家住维扬琼花观后，茅屋三间，旁有小阁，室中茗碗丹灶，经案绳床，皆楚楚明洁。柴门内方广二亩，以种草花为业。家尝有五色瓜，云即昔之广陵人邵平种也。所种芍药、玫瑰、虞美人、罂粟、洛阳、夜合、萱草、蝴蝶、夜落金钱、剪春罗、剪秋罗、朱兰、蓝菊、白秋海棠、雁来红共十数种。朝晨担花向红桥坐卖，遇文人墨客，即赠花换诗而归。或遇俗子购之，必数倍其价，得钱沽酒痛醉，余者即散诸乞儿。市人笑为花癫。尝九日渡江，经旬不归。人问之，答曰："吾访故人殷七七于铁瓮城中耳。"袖中出杜鹃花一枝，红芬可爱。所往来者，有笔道人、珏道人，围棋烹茗为乐。珏道人，疑即唐广陵人李珏，以贩籴为业成仙者。笔道人，疑即宋建炎中颜笔仙耳。昔琼花观中有黄冠持画一轴献帅守，字皆云章鸟篆不可识。使人尾之，乃入观后井中玉勾洞天深处。相传老人或为童子，或为黄鹤，千年于兹矣，识者谓即黄冠后身云。

哑道人

哑道人，不知其名姓，以其口不能言，书以代语，遂呼之曰“哑道人”。道人往来齐鲁间久，渐有知其生平者云：道人少读书为诸生，有声庠序间，以败检为学使者褫其衿。走辽左从军，其拳勇过人，从小校至偏裨。后失律应诛，亡匿群盗中，摽掠海上。久乃遁去，隐僧寮道院间，遇异人授以修炼之术。乞食市中，举动癫狂，往往手指其事，或书一二隐语，多奇中。有疾者求之，或以药，或以所乞食与之，无不愈。一日值淮阴司理出，道人以一纸投之，大约云与生前有缘，指点司理心事，募其备一棺于某日化去。司理如其请，道人遍诣诸熟识家谢，届期休沐坐棺中，举手向送者拱揖而逝。举之甚轻，若无人者。夫道人为诸生，则败检，为裨将，则入盗党，是乌足语以道，而异人授之超举之术邪？岂所谓放下屠刀立地成佛者，固所不论耶？及其得道，而癫而哑，则又济癫之酒肉，寒山、拾得之垢污也。异人行径，往往有然者。

活死人

活死人，姓江，名本实，四川人。家素封，明亡，散家财，弃妻子，入终南学仙，十年得其道，遂遨游四海。既而止妙高峰，从阎老人结庐炼金丹，又十年，丹成。座下弟子百余人，推荆溪陈留王为首，能驾云往来，能水面上立，能峭壁间行，尝缚虎为骑，出入市中。活死人怒，呼而责之曰："所贵乎道者，清净无为也，无为而至于无声，方臻众妙之门。故曰有声之声，延及百里；无声之声，延及四海。今汝所行，皆有为也，有为则骇世惑俗，岂清净道哉？"于是陈留王乃尽弃其术，掩关息坐三年，然后请见。活死人大悦曰："子可以授吾大道矣。"既授，乃集群弟子告曰："吾闻成功者退。今吾道既已得人，吾将隐矣。"乃命掘一土穴山半，仅可容身，活死人入居之，命："以土掩，毋使有隙。但朝夕来呼我可也。"既埋，群弟子如命，朝夕往呼之，活死人在土中必大声应。三年，呼之不应矣，群弟子乃树以碣，曰"活死人之墓"。

一瓢子

一瓢子，不知其姓名，性嗜酒，善画龙。敝衣蓬跣，担筇竹杖，挂一瓢，行歌漫骂，学百鸟嚣弄、群儿聚诟以为乐。顾其神明映彻，怪准奇颜，髯疏起，吐语作洪钟声。有时衣新绛衣，假从人驺马，拥大盖，往来市中，观者如堵。居澧阳，年可七十，澧人异之。或具酒蓄墨汁，乞一瓢子画，不能得。一日饮龚孝廉园中，颓然一醉，直视沉吟，久之座中顾曰："此一瓢子画势也。”一瓢子骨相既奇，如鲛人龙子，更卸衣衫，裸而起舞。顾谓座客：“为我高歌《入塞》《出塞》之曲。”又令小儿跳号，四面交攻，已信手涂泼，烟雾迷空，座中凛凛生寒气，飞潜见伏，随势而成，署其尾曰“牛舜耕”。问其故，笑而不答。有饮一瓢子酒，年余不能得其画者。久之，画一人，科头赤脚，踞地而遗，节骨隐起作努力状，以赠之。其善谑如此。信口辄成诗，间有隐语，多奇中。澧人渐敬之，竞馈问，皆受而弃之。华阳庄靖王请改馆，一瓢子不可。所居无定处。一日宿文昌祠中，礼文昌像，作梵咒像，落瓦压其脑，乃遗书庄靖：“请速营葬具，吾将老焉。”王如言，为治木具。一瓢子坐其中，不覆盖，令人舁之过市，大呼与人言别，周遍街巷。至郊外普贤庵，命众曰：“可覆我。”众不敢覆，视之已没矣，遂覆而埋之，举之甚轻，如空棺然。澧人于澧水桥头署一石曰“画龙道人一瓢子之墓”。盖明末时也。或曰，一瓢子少读书，不得志，弃去走海上。从军征倭寇有功，至裨将。后失律匿于群盗，出没吴楚间，乃以赀市妓十余人，卖酒维扬，所得门市赀，悉以自奉。诸妓更代侍之，日拥歌舞，具饮食以自豪。凡十余年，始亡去，乞食湖湘间，终于澧。

耕云子

耕云子，秦人也，隐于楚江之西。尝有人见其登匡庐顶，携一竹杖，衣葛藟衣，不冠，冬夏不易。见月出则抚掌大叫啸，麋鹿不辟，从之行。见之者皆谓神仙人也。身长七尺，长髯而修下，双瞳子炯炯如流电光。人问其姓字，不答。性嗜酒，有饷之者，则大笑尽饮去，亦不言谢。卒有人终饷之不懈。人疾病过其处者则止之，语其故，治以药草，遂愈。酬以钱，不受，曰："吾非医也，恶用此！"其行事多如此类。然其不能与人以可见者，人遂不能知也。尝入市，众哗之，谓其异人。趣而前，则不为礼，各相视无语。则又两手爬搔，眼顾五老峰云起，移时去。或曰耕云子非秦人也，耕云子曰："秦无人也。"或曰耕云子有道人也，龙蛇其身者也。人莫知其所自来，其隐君子邪？洪子曰：古无神仙无异人，天下有道，将安其身于烟霞泉石之中乎？夫何皇皇如也，欲与天下之士日相见哉！顾天下有不可逆者，而终皭然长往矣。凤集于棘，鷃雀调之，神龙潜乎深渊，终能雨此九土也。

雌雌儿

雌雌儿者，不知何许人，亦未详其姓氏。自言崇祯时孝廉也，未几为道士，往来江阴、无锡间。与黄介子先生善，每过其家，必袖一刺，大书“年家眷弟雌雌儿顿首再拜”。投入相见，必交拜，别去必顿首。衲衣外别无他物，惟腰佩竹筒三，大钱围，长五寸而已。后游云间，诸氏，素封家也，有空屋三百余楹，雌雌儿往僦之，如数与之值。既入，键其户，独坐堂上，取所佩竹筒揭盖倾之，如芥子形者跃于地不止，须臾尽化，椅桌帏帐器皿无不具。既而复取一筒倾之，如芥子者，复跃于地，须臾谷粟饮食牛羊鸡犬无不具。又以一筒倾之，则僮仆婢妪妻妾男妇数百人皆集矣，供奔走者，除堂宇者，整器用者，顷刻如大富贵家。诸氏从门隙窥之，大惊以为怪。于是雌雌儿乘车马拥仆，交游通国。居久之，诸氏以为妖，使人辞焉。雌雌儿尽以妻妾僮仆器用牛羊之类纳之筒内，飘然长往，不知所终。

编者曰：雌雌儿者，高士也，以幻术避世，而世卒不容之，屡遭斥逐，终遁于深山。呜呼，士生乱世，道亦穷矣。

大铁椎

大铁椎，不知何许人，北平陈子灿省兄河南，与遇宋将军家。宋怀青，华镇人，工技击，七省好事者皆来学，人以其雄健，呼之曰“宋将军”云。宋弟子高信之，亦怀青人，多力善射，长子灿七岁，少同学，故尝遇。过宋将军，时座上有健啖客，貌甚寝，右胁夹大铁椎，重四五十斤，饮食拱揖不暂去，柄铁折叠，环复如锁，上链引之，长丈许。与人罕言语，语类楚声。叩其乡里及其姓氏，皆不对。既同寝，至夜半，客曰：“吾去矣。”言讫不见。子灿见窗户皆闭，惊问信之。信之曰：“客初至，不冠不袜，以蓝手巾裹头，足缠白布，大铁椎外，一物无所持，而腰多白金。吾与将军俱不敢问也。”子灿寐而醒，客则鼾睡炕上矣。一日辞宋将军，曰：“吾始闻汝名，以为豪，然皆不足用。吾去矣。”将军强留之，乃曰：“吾尝夺去诸响马物，不顺者辄击杀之。众魁请长其群，吾又不许也，是以仇我。久居此，祸必及汝。今夜半方期我决斗某所。”宋将军欣然曰：“吾骑马挟矢以助战。”客止曰：“贼能且众，吾欲汝护，则不快吾意。”宋将军故自负，且欲观客所为，力请于客，客不得已，与偕行。将至斗处，送将军登高堡上，曰：“但观之，慎勿声，令贼知汝也。”时鸡鸣月落，星光照旷野，百步见人。客驰下，吹觱篥数声。顷之，贼二十余骑四面集，步行负弓矢从者百余人。一贼提刀纵马奔客曰：“奔何为？杀我兄。”言未毕，客呼曰：“椎！”贼应声落马，人马尽裂。众贼环而进，客从容挥椎，人马四面仆地下，杀三十余人。宋将军屏息观之，战栗欲坠。忽闻客大呼曰："吾去矣。"但见地尘起黑烟，滚滚东向驰去，后遂不复至。

汤琵琶

汤应曾，邳州人，善弹琵琶，故人呼之为"汤琵琶"云。贫无妻，事母甚孝，所居有石楠树，构茆屋，奉母朝夕。幼好音律，闻歌声辄哭，哭已学歌，歌罢又哭。母问曰："儿何悲？"应曾曰："儿无所悲也，心自凄动耳。"时李东垣善琵琶，江对峰传之，名播京师。江死，陈州蒋山人独传其妙。时周藩有女乐数十部，咸习蒋技，罔有善者，王以为恨。应曾乃往学之，不期年而成，闻于王。王召见，赐以碧镂牙嵌琵琶，令著宫锦衣，殿上弹《胡笳十八拍》，哀楚动人，王深赏，岁给米万斛以养其母。应曾由是著名大梁间，所至狭邪，争慕其声，咸狎昵之。然颇自矜重，不妄为人奏。后征西王将军招之幕中，随历嘉峪、张掖、酒泉诸地，每猎及阅士，令弹《塞上》之曲。戏下颜骨打者，善战阵，其临敌，令为壮士声，乃上马杀贼。一日至榆关，大雪，马上闻觱篥声，忽思母痛，遂别将军去。夜宿酒楼不寐，弹琵琶作觱篥声，闻者莫不陨涕。及旦，一邻妇诣楼上曰："君岂有所感乎？何声之悲也。妾孀居十载，依于母，而母亡，欲委身无可适者。愿执箕帚，为君妇。"应曾曰："若能为我事母乎？"妇许诺，遂载之归。襄王闻其名，使人聘之，居楚者三年。偶泛洞庭，风涛大作，舟人惶扰失措。应曾匡坐，弹《洞庭秋思》，稍定。舟泊岸，见一老猿，须眉甚古，自丛箐中跳入篷窗，哀号中夜，天明忽抱琵琶跃水中，不知所在。自失故物，辄惆怅不复弹。已归省母，母尚健，而妇已亡，惟居旁坏土存焉。母告以："妇亡之夕，有猿啼户外，启户不见。妇谓吾曰：'吾待郎不至，闻猿啼何也？吾殆死，惟久不闻郎琵琶声，倘归，为我一奏石楠之下。'"应曾闻母言，掩抑哀痛不自胜，夕陈酒浆，弹琵琶于其墓而祭之，自是猖狂自放，日荒酒色。值寇乱，负母鬻食兵间，耳目聋瞽鼻塞，人不可迩，召之者隔以屏障听其声而已。所弹古调百十余曲，大而风雨雷霆，与夫愁人思妇，百虫之号，一草一木之吟，靡不于其声中传之。而尤得意于《楚汉》一曲，当其两军决战时，声动天地，瓦屋若飞坠。徐而察之，有金声、鼓声、剑弩声、人马辟易声，俄而无声，久之有怨而难明，为楚歌声，凄而壮者，为项王悲歌慷慨声，别姬声，陷大泽有追骑声，至乌江有项王自刎声，余骑蹂践争项王声。使闻者始而奋，既而恐，终而泪涕，不知何从也。其感人如此。应曾年六十余，流落淮浦，有桃源人见而怜之，载其母同至桃源，后不知所终。

啸 翁

啸翁者，歙州长啸老人汪京，字紫庭，善啸，而年又最高，故人皆呼为“啸翁”也。啸翁尝于清夜独登高峰巅，豁然长啸，山鸣谷应，林木震动，禽鸟惊飞，虎豹骇走山中。人已寐者，梦陡然醒，未寐者，心悚然怕，疑为山崩地震，皆彷徨罔敢寝，达旦群相惊问，乃知为啸翁发啸也。啸翁之啸，幼传啸仙，能作鸾鹤凤凰鸣，每一发声，则百鸟回翔，鸡鹜皆舞。又善作老龙吟，醉卧大江滨，长吟数声，鱼虾皆破浪来朝，鼋鼍多迎涛以拜。他日与黄鹤山樵、天都瞎汉、潇湘渔父、虎头将军十数辈，登平山六一楼。拉啸翁啸，啸翁以齿落固辞，强而后可。初发如空山铁笛，音韵悠扬，既而如鹤唳长空，声彻霄汉。少顷移声向东，则风从西来，蒿莱尽伏，排闼击户，危楼欲动。再而移声向西，则风从东来，訇然荡然，如千军万马驰骤于前，又若两军相角，短兵长剑紧接之势。久之则屋瓦欲飞，林木将拔也。于时炷香烬，而啸翁气竭，昏仆于地。众客大惊，亟呼山僧灌以沸水，半晌乃苏，归而月印前溪矣。啸翁能医，工书，善歌，既耄，声犹绕梁云。

顾玉川

顾玉川，名大愚，字道民，邑东鄙杨舍人。深目戟髯，类羽人剑客。少遇异人授神行术，三日夜达京师，六日而返。父母怪问之，玉川语以故，袖葡萄、苹果以献，由是里中传以为神。性任侠，喜施舍。尤好奇服，所至儿童聚观，常衣纸衣，行则瑟瑟有声，冠纸冠，方如屋，高二尺。或时蓬跣行歌道中，或时幅巾深衣，肩古藤杖，杖悬葫芦，大于身而高于顶，遇风则与偕覆，徐挂杖而起，行歌自如。渡河未尝假舟，揖跨葫芦，以杖导水，上下水面，望之如游云气中。与人言，多方外骇异不根之说，人间无从诘之。独其顷忽间往返数百里，音问不爽，道路行旅，历历咸见，此足奇也。明启祯交，玉川子每游京师，月必一二过，尤厚虞山钱宗伯谦益。宗伯传胪及第第三人，玉川子以其捷音归，归五日而邮报至。邮中诸少年疾驰七日夜，始抵钱氏室，则已泥金焕然，无所获。宗伯言于诸公卿，闻其风者，以识面为幸。一日远游归，骑白牛，披孔翠裘，戴槲笠如车轮，手棕榈扇，后随一橐驼，背置大葫芦，其旁悬罂缶，累累然种所得奇花草，青葱鲜洁，如山岳自行。邑之人初未识橐驼，拥观以为怪。时学使者方较试，六郡士咸集，群指顾愕眙。忽一人昂然从众中出，纸衣纸冠，皆皂色，与玉川相对鼓掌笑，遂挽橐驼上，抱葫芦以行，如凶礼中方相然。识者曰："此梁溪邹公履也。"玉川之好怪，而所与游多类此。玉川尝乘橐驼往来旁郡县，至毗陵驿，橐驼坠于野厕，百计挽之不能出。乃毁岸出之，而橐驼死矣。后访道入华山，不知所终。或谓玉川实病于家，诫其子孙讳之云。

鲁　癫

癫，不知何里人，独行吴越间。体上裸，披单大袱，中圆一孔，下体着絮厚裈，污重染不易也。鬓飞蓬，足跣而跳，手一龟，龟习癫，癫俯首，则龟昂首，鼻息相接以为常。癫所过，群儿什百怪随之，癫即踞地展袱，头出中孔，伸缩像龟形，群儿狎且笑。又坦腹，命群儿拳之，腹坚，群儿争拳之痛，更击以石，石碎，腹橐橐然。癫喜酒，酒鼻饮，群儿愿看癫鼻饮，多就其家索酒酒癫也。夜倒悬桥梁或城女墙卧，鼾鼾焉。横江徐氏者，好事人也，要癫归，问吐纳水火之术，不答，惟日戏伍群儿如故。癫食尽一器，徐故予大器，无问多寡，食辄尽。又故以肥腻冷水诸不可口物内器，无问多寡，予癫，癫亦食辄尽。问癫浴乎，曰浴，然入庙殿后，人微窥之，见癫方呼呼然俯水面饮前浴人之垢，不更去己垢也。夜无桥梁、城女墙，则悬足架上垂目睡，夜分人定即溺。人乘癫起，入问之，癫语庄微，及日间细碎，卒不答吐纳水火事。在吴越十余年，人皆识之。一日过云间，太守方岳贡出见市儿数百哗曰："癫来，癫来。"怪问癫，不答，再问仍不答。岳贡以为惑民，系且杖，杖下而癫死矣。后有人入杭之西山，复见癫曳杖躄躄行。

编者曰：吾亦知癫不能死也。

江石芸

江石芸，吴山桃花厓女子也。幼习经史，穷元会运世之数。及长，好兵法，铸剑诛妖，摄人万里外。一日过小孤山，遇白衣道士授以书，尽通其义，人读之，莫能晓也。以世无知者，遂隐于吴山。种桃花无根，花四时常开，名其地曰"桃花厓"，厓下月当日午而明。或曰此龙宫女子也，有宝珠，其光夺日入月，因聚群盗谋劫之，其珠不可见。石芸曰："珠固在，若辈乌能得也？舍若珠，劫我珠，若将失其珠，乌乎得我珠？唯自宝其珠，以无失其珠可耳。"厓之中有黄夫人者，与之善。黄夫人家有虎，名白公，出入常骑之，能涉山渡水。石芸家有白牛一头，卧桃花下，鼻无绳，常出入自如。人以为黄夫人有虎，不敢近，久之，石芸与黄夫人亦不知也。于时构茅屋厓下，读《易》终日，不为人所知。所著有《悟真注》，有为之序者曰：“不知何许人也。”尝见石芸，观其所著书，其女子邪？非女子邪？天乎，其不知我也，宜其不知何许人也。

彭望祖

彭望祖，名远，江西人。幼端方沉静，寡言笑，弱冠举诸生。从师读书西山草庵中。冬月，有道士衣单麻衣，冒大雪来，求宿，忽病足不能起。望祖怜之，日分饮食奉之。三年道士足愈，起谢曰：“吾受郎君惠厚矣，无以报。”出丹书三卷授之曰：“读之可证飞仙。”遂去不复见。望祖得其书，熟读之。明亡，弃举子业，来游江南，京口张行贞延为儒子句读师。宾主甚相欢。他日饮青梅下，行贞盛言闽粤鲜荔之美，恨不得啖。望祖曰：“是固无难致也。”行贞曰：“噫，先生何云不难哉？固无论山川险阻，第相去数千里，即使策骏马乘传，日夜兼程，行至此亦槁矣。”望祖唯唯。抵暮，行贞入，望祖命童子洒扫书舍，庀香具法坛，戒童子先寝。童子慧，怪之，假寐窃起，窥见望祖于箧中取草龙一具祭于台。须臾龙忽蠕然，鳞甲爪牙皆动，望祖乘之腾空去，不半夜归矣，龙两角挂累累皆鲜荔也。乃撤台收草龙置箧中，而东方已白，呼童子起进之。行贞大骇，诘童子，童子具以告，于是行贞知望祖有神术，谨事之。岁余，望祖忽于午夜出草龙，收行旅琴剑书箧挂于上，乘之而去，不知所终。

髯参军

明思宗时，有公子某不著其姓氏云，公子之子与蒋翁友，因悉公子遇髯参军事。先是，公子奔走某相国门，从京师持三千金归，道遇一僧，状狰狞，所肩行李，铁扁拐，光黑甚重，伺公子信宿。公子初弗介意也。会抵一旅舍，公子先驱入，止左厢，僧继至，就右厢炕上卧。旅舍主人密呼公子告曰："客必从京师来，囊中必有金，则若奚俱至。"公子始心动，仓皇失措，主人劝公子勿恋金。饮酒坐甫定，忽一虬髯人，身长八尺余，腰大十围，须尽赤，激张如猬，即座上掷刀弓，呼酒食甚急，叱叱作雷声。公子益惊惶，股栗欲仆。髯微顾曰："君神色俱殊，度有急，盍言之？"公子屏息若喑，主人代为述持金遇僧状。髯曰："僧今安在？"则指右厢卧炕上者。顾公子无动，直提刀排闼入，骂：

"钝贼胡不拾粪道上，而行劫邪？"因弄其铁扁拐，屈之成环，掷炕上曰："若直此，听若取客金，不直则亟引项就刃。"僧僵卧不动，良久，使匍匐下地请死，顾视扁拐成环，泣下请益哀。髯笑曰："故料若不能直此，聊为若直之去，无污乃公刃。"公子、主人皆咋舌从门外看，已复趋前罗拜，请姓名，髯笑不答，令俱就寝，且曰："请护公子行。"公子大喜。至扬州，谓公子曰："君今但去无患，吾行矣。"公子叩头谢曰："某受客大恩，无以报，愿进三百金为客寿。且从此抵某家，计四日耳，盍俱渡江而南？"髯笑曰："吾起家行阵，今只身来，为幕府标客，设贪金，岂止三百哉！吾凭限已迫，不能从。或缘公事渡江，则访君，幸为我具面十五斤，牛彘二口，酒一石。"公子不得已，与别。居数月，而髯果至，呼公子曰："饥甚！"公子亟进面、生彘、酒如前约。髯立饮酒至尽，即以所佩刀刺杀生彘，而手自揉面作饼，且炙且啖，尽其半。公子曰："参军力可拔山，度举几百钧。"髯曰："吾亦不能自料举若干钧，虽然，请试之。"乃站庭槛上，而令数十人撞之，屹立不少动，曰："未尽也。"复竖二指，中开一寸，以绳绕一匝，数健儿迸力曳两头，倔强如铁，不能动半分。于是公子进曰："今天下盗贼蜂起，朝廷亟用兵，以参军威武，杀贼中原，如拉朽耳。今首相某，吾师也，吾驰一纸书，旦夕且得大将军印，乌用隶人麾下邪？”髯仰天大笑，徐谓公子曰：“君顾某相国门下士邪，吾行矣。”

无名生

无名生不知何许人，遇甲则曰某姓，遇乙则又曰某姓，人终莫测也。尝止寓维扬间，所至携一袱被书囊，僦室而居，亦时买药市中。与之语，恢谐散诞，绝口不言时事。日不火食，惟市胡饼数枚，食已即卧，夜起读书，读已辄哭。居人厌之，故所居恒不逾月，辄他徙。甲辰岁，予将北上，夜泊舟于无锡之柳塘湾，旁有小屋数椽，灯光隐隐出林表。更阑后，闻读书声，不辨其为何书也。夜将半，声转凄切，已而大哭。予心奇之，拟次早迹踪其人，及旦而舟发远。明年自京师还，复经其处，询之土人，言去岁有某生寓此，遇夜辄哭，未几辞去，莫知所往。予益奇之。比抵家，又逾岁，适杜子蘅若来自江陵，过予羊城寓室，偶及善哭生事，则于去年秋寓止焦山寺中，为寺僧所逐，夜半携书数卷，自沉于江。越数月，有蛇须老叟黄冠布衲，渡江访之，询知已死，乃乘桡江上，溯洄竟日。是夜泊舟江岸，邻舟人窥之，若哭若笑，复以诗朗吟数次，投诗于江而去。亦不知其为何人也。

瞽女琵琶

金陵卜者，好女子也，双目瞽，挟琵琶，漫游遍宇内，然冥行无侍卫，止宿亦无常所。一日吴江急足某者遇诸涂，时积雨乍晴，潦水没踝，行人艰危，独见女子飞浮水面，衣襦皆无沾渍。急足大惊，阴尾之。出郊野，徘徊间，忽回顾曰："若何为者？"急足跪请曰："下邑执候，京兆指挥，久不得当，无所自存。今幸遇夫人，愿从仙去耳。"女子笑曰："且休。今夜令若获金一斤足矣。"遂别，望女子行，若惊帆，急足不得已归。夜中果获金一斤，窃自幸，因再往伺之。忽闻女子在后徐呼曰："若又何为者？"急足复跪请曰："夫人真仙也。床头金易尽，惟夫人是从。"女子曰："无多言，汝于数更得金一镒。"遂别乃行，视前益快如迅电，转瞬不见。急足至夜不寐，黎明，恍惚间金已在前，果一镒，又一匕首，霜刃懔然，掷地有声。急足惶怖慑伏，良久心悟，不敢复往伺。朝有贵，墨而淫纵，知其事艳之，必欲罗致，遣卒四出，责治期限，然无见也。忽夜半所居四壁皆琵琶声，或前或后，或闻或不闻，举家惊悸，不知所从来。日出，忽大声砰然起空中，一琵琶落枕上，分裂为二，内得书一则，字迹端劲，大略言"国家倚毗公等，外御边疆，内循郡邑，任重身微，神爽或堕，报塞无由。夫心不清者智虑短，欲太甚者年寿促。”又曰：“天下驿骚，民命如倒悬。公等安享作奸，贪得靡极，妾虽女子，能断公首。”朝贵得书惶悚，不久竟以他事下狱弃市。淮南有沈隆生者，与女邂逅丹阳，授以吐纳秘传。顺治年间，人犹有见之者。

编者曰：当今之世，奈何无此一女子，遍戒我中华民国之执政权者邪。可叹也夫！

卷六　乱贼记

李自成

李自成，本米脂人。其妻倡也，与县皂通，自成觉之，乃愤杀其妻与皂，偕兄子过亡命。投甘督部将王国兴为兵，渐以战功擢升为将。后数年，自成败于川，引十八骑，跣足行商洛中。其时军律严，兵败必斩，自成乃倡议曰："今兵败，归亦死，不归亦死。死一，而后策或可幸免。今者归不如遁也。"众响应，乃遁入山中为寇。尝读书观乾象，咄咄自语，掩卷谓左右曰："汝亦知汉高之百战百败而得天下乎？"顾其所读书，自谓传自异人，甚秘，人不得而知。后自成屡败，为杨嗣昌所围，恨欲自杀，其将李双喜谏止之。时贼将多降，而蓝田锻工刘宗敏与孩儿军张鼐，后称小张侯者，尝幸从自成，偕之愁丛祠中，顾宗敏叹曰："人言我当为天子，汝盍卜之，吉则从我，不吉可斩我头去以降。"宗敏诺，纳其刀腰间，三卜三吉，起而杀其妻妾曰："吾死从君矣。"自成乃烧屯走河南。十四年陷河南，燔外王府，脔割福王，杂鹿肉为醢，犒诸贼，名曰"福禄酒”。自成之母生自成，尝梦一皇者服衮冕来，谓之曰：“吾送天破星来，为尔儿。”醒而诞自成，遂名曰皇来儿。自成之祖坟在陕万山中，中共十六棺，一棺始祖也，传有仙人点其穴，燋铁耀于毳门，曰长命灯，且为之名曰“铁灯明，李氏王”。自成反，陕抚汪乔年令人发掘其祖坟，果有灯荧荧，旁具赤蚁数千计。乔年弃之填圹中，复毁棺，尸骨作青碧色，生毛发，茸茸如细菌。脑宫一赤蛇，长四五寸余，有小角，见日即飞，绕若日华者七次，返而栖于脑。乔年因函颅骨以闻于上。自成啮指切齿，谓必报此仇。明日薄兵城下，索乔年出战。乔年出，自成遽跃前曰：“此发我祖坟者，急击勿失。”言次挥其鞭，万矢同发，故乔年败死，城亦随陷。自成为人不甚长，高颧深额，蝎鼻如豺，而出语甚迟缓。性残酷，钳凿锤刀，不离左右，日以割心琢脑为戏。惟甘澹泊，食不重味，一妻一妾，无子，以李双喜为子。每在军，蓐食即校射，所过崇冈绝坂，腾跃如飞，逾水翘足马背径渡。临阵列马兵三万，名三堵墙，而各有帜色，红一白一黑一，望之若锦云。马战久则步排而前，长矛三万，击刺若飞，迟之则马兵再合而战。且为之令曰：“下城不逾时，不杀，一日杀之三，再日十之七，三日屠之。”每城陷，步兵环堞下，马兵徼之，如覆海然，不使一人脱生。以崇祯十七年正月朔即顺王位，是日风霾，黄雾四塞，自成意不悦。伪学士姜学一进曰："此正所以掩大明也。"自成乃悦。自成既陷京师，绒帽窄袖衣，乘乌驴，登皇极殿，据黻座。大学士魏藻德、成国公朱纯臣等皆欢迎，不许。乃召见京朝官，自金星下六政府，皆杂座，以次呼名。自成亲选七十三人，金星选一十七人，列为三等，奏闻榜发，俱不用，用其要者，除发权将军署榜笞索金。自嘉定伯、成国公以下，皆炙体熨项，夹胫箍脑，虐无虚日，于是诸臣始稍稍遁去。乃杀诸勋卫于平则门外，逐阉人出城，无老幼贵贱数十万，不许复入。开科取士，用书义，中式者十八人。命巩淯焚太庙神主，进栳栰索银，凡七十万，侯家出十之三，阉人十四，官十二，估商十一，余宫中内帑金银器皿，以及鼎耳门环，细丝装嵌，剔剖殆尽。初，铸钱不成，铸金玺又不成，乃熔金为饼，每饼千两，窍其中，贯以铁丝，凡数万饼。括骡车于乘，谋载归西安。尝曰："陕西吾父母之国，形势雄险，朕当世代都之。虽燕都又岂能易吾一西安哉？"后清兵入关，自成数数败，屯于黔阳。众犹数万，大饥，令兄子过守营，自将轻骑掠食。村民方筑堡，见贼来，合围伐鼓共击之。自成走且射，积雨，众贼陷泥淖中，村民挥锄碎其头颅，血肉漫漶，不知为何贼也。抽尸剥甲裳，见龙衣金印，龙咸眇左目，惊为自成，截其头以献川督何腾蛟。腾蛟曰："吾闻李锦亦眇左目，得非锦耶？"锦之左颅伤于镞，曰："是自成矣。"盖自成眇左目，故衣上龙咸眇，肖其形也。俎其头，祭烈皇帝之灵。自成虽残忍，较之张献忠亦稍逊也。自成字硙生，居米脂怀远堡之李继迁寨，与张献忠不相谋面耳。

李自成为僧记

何璘《澧州志》云：李闯之死，野史载通城罗公山，《明史》载通城九宫山，其以为死于村民一也。今按罗公山实在黔阳，而九宫山实在通山县，其言通城皆误也。有孙教授为余言：李自成实窜澧州，至清化驿，随十余骑走牯牛坝，在今安福县境，复乘骑去，独窜石门之夹山为僧，今其坟尚在云。余讶之，特至夹山，见寺旁有石塔，覆以屋，塔面大书“奉天玉和尚”，前有碑，乃其徒野拂文，载和尚不知何氏。一老僧年七十余，尚能言夹山旧事，云和尚顺治初入寺，事律门，不言来自何处，其声似西人。复有一僧来，云是其徒，乃宗门号野拂，江南人，事和尚甚谨。和尚卒于康熙甲寅二月，约年七十，临终有遗言于野拂，彼时幼不与闻。寺尚藏有遗像，命取视之，则高颧深颐、鸱目蝎鼻，状貌狰狞，与《明史》所载正同。自成僭号“奉天倡义大元帅”，后复自称“新顺王”，其自称“奉天玉和尚”，盖自寓加点以讳之。而野拂以宗门为律门弟子，事之甚谨，岂其旧日臣僚，相侍于左右者欤？《明史》九宫山锄死之自成，亦云我兵遣识者验其尸，朽莫辨。而老僧亲闻声咳，其西音又足异也。（右李自成墓志，江宾谷所著，据《澧州志》驳以《明史》通城之误，则罗公山之谬更不待辩。其所征引亦精确。但据前史所称，则自成之死于村民无疑。其言村民既锄死自成，剥其衣，得龙衣金印，眇一目，村民乃大惊，疑为自成。其说原非无据，此老僧既能知和尚入寺之始，及其卒年月，必能记忆其面目。惜当日孙教授未及一问其详也。）按《何腾蛟传》，李锦（自成从子，后赐名赤心）、高必正（自成妻高氏弟）之归腾蛟于荆州也，腾蛟上疏言元凶已除，稍泄神人愤，宜告谢郊庙。唐王大喜，立拜东阁大学士，兼兵部尚书，封定兴伯。而疑自成死未实，腾蛟言自成虽死，身首已糜烂，不敢居功，固辞封爵，不允。是当时亦有疑其未死者，故本传兼存清遣官验尸之说，与豫英亲王奏有降卒云自成窜入九宫山，为村民所困，自缢死，尸朽莫辨者合。然果其未死，则所称得龙衣金印而眇一目者，伊何人邪？

张献忠降生记

李祖惠言：延安府肤施县有林生者，县之柳树涧人也，家贫苦读，试辄不利，舌耕于金明驿之东土桥。遗妻守舍，纺织自给。塾去家两舍，一日归舍，未至家，天已昏黑，愁云密布，少顷大雨如绳，遂避雨于道旁古庙中。庙三楹，墙垣倒坏，无住持，中有神像一座，金衣剥落，神前有破香案，亦圮斜将坏。意待雨少霁即行，而飞霖愈猛，雷电交作，遥望村火点点，檐外水深三尺，跬步难行，无如何，遂坐于香案下假寐。忽见两廊人夫喧阗，驺子奔驰，洒扫阶道，旁有大厨，豕羊罗列，宰夫数十百人，乱刀缕切，堂上灯烛辉煌，龙文凤绮，供设甚盛。中一人绯衣平天冠，似王者规模，指点手下安排几桌，结彩张筵，旁列鼓乐，似人间地方官伺应上司状。探马卒络绎不绝，闹扰之声，爆火之光，彻内彻外。少焉忽有飞报者曰："煞星下界矣。"绯衣人即踉跄趋出门外，祗候甚恭。林生亦从稠人中遥望，见云端冉冉一簇人马，拥乘舆飞奔而至。两旁皆仙娥嫚婖，环夹左右，笙箫缥缈，响遏行云。渐渐前导至前，绯衣人又疾趋数武，至道旁拱列，貌益恭。乘舆此时忽堕庙外喝住，舆中走出一人，赤须蓝面，巨齿獠牙，狰狞可怕，即大步入，绯衣者谨随后。至大厅，赤发人直上座，不叙宾主礼，绯衣人参揖后，即趋侧席陪坐。赤发人甫坐定，即拍案呼曰："饭来饭来！莫误我事。"绯衣人即呼阶下数十青衣舁餐盘而上，珍羞罗陈，大率皆人间未有。其来众人俱有供给在两廊下。一时鼓乐齐鸣，歌舞咸备。馔毕，又青衣数十，争上撤席。绯衣人避席拱立而言曰："今日星君下界，虽奉上帝敕旨，亦万民劫数，但职忝东岳，以好生为心，伏乞十分中暂留残喘三分，则庇德非浅。"言讫，又复恭听。赤发人初闻若怒，既见上下俱款洽隆至，有赧色，微颔首而起，大步出门外，随者皆拥护。绯衣人仍送出，旁候乘舆。一片光明，望之，投己村中而没。林生牵从绯衣侍者密问曰："此何人？"答曰："汝学生也。"一惊而醒，则身犹在香案下。东方已白，檐溜渐稀，雨已晴矣。视庙榜，署"东岳"也，遂趱步归至家。妻启户出迎，林生入，见案上盛喜鸡蛋一盒，问之。妻答曰："昨晚比邻张嫂诞子所送也。"林生异之。后过五年，张翁送其子入其塾从读，改名献忠。年余不能记一字，翁遂使牧牛，又无赖，往往从群儿扑戏。及长，渐为狗偷，充本县快手，不数年为流贼。林生老犹在焉。

张献忠

献忠，延安柳树涧人，与自成同年生。崇祯三年，据米脂之十八寨，自号"八大王"。献忠过湖，卜于洞庭君者三不吉，大怒，仆洞庭君像。竞渡至中流，风发，覆贼船百余只。献忠怒而还，缆大舟岸旁，捆所载妇女什器，投以薪油，纵火烧之，凡千余艘，连岸四十里，夜中如水光之霞。李自成据西安，方谋袭川。献忠觉之，亲督军骑出御于保宁之梓潼关，仰视文昌庙，曰："张姓，吾祖也。祖姓张，我姓张，咱们联了宗罢。尊你为祖，祖须助我。"于是上张亚子尊号曰"始祖皇帝"。大败李自成于绵州，俘其众，得蒙古一千五百人，改绵州为得胜州。又谋袭西安，思尽杀川人，以绝人望。遂先杀所俘一千五百人于南门之外，始分兵计杀。凡一兵杀男子百，授把总，女倍之，以头与四肢为记，以下较次进级，不者坐逆罪，杀无赦。即于崇祯己酉年九月望夕分起，会计各路卫军七十五万，兵二十三万有奇，家口不计，乃杀民之诸生、释道及堪舆医卜有才技者，各府县编牌按名，分列轮杀，凡家口三十余万。献忠犹以为未足，复按户草杀，由成都自城北威凤山至南门桐子园，绵亘七十余里，尸积若丘山。其妇女不胜杀，则牵钮而投于流水，流水乃为之涸。丙戌元日，命平东将军孙可望、抚南将军刘文秀、安西将军李镇国、征北将军艾能奇分路草杀，五月间回成都，上功疏：平东一路，杀男子五千五百八十余万，女九千二百万；抚南一路，杀男子九千五百六十余万，女八千八百万；安西一路，杀男子九千九百余万，女八千八百万；征北一路，杀男子七千六百余万，女八千八百九十六万余；中央一路，则由献忠自领，名曰

"御府老营"，其数自计之，人莫得而知也。惟伪总兵温自让不忍草杀，率百骑遁，献忠杀其妻子以殉。有子幼，白如琢粉，献忠以火印烙之周身，为卍字形，名曰"锦孩儿"。其残忍有如此者。尝屠顺庆，其邻属闻令，争先期向酒家贳酒，谋醉死。酒家堆金钱如山，初大喜，既而思之，复大哭。皆叉手待戮，无幸免。草杀既尽，乃烧毁城郭庐舍，积聚粟米，有不尽者，剥皮以殉。于是用法移锦江而涸其流，穿窍数仞，实以黄金瑰宝累亿万，杀人夫，下土石填之，后决堤放流，名曰"活水藏"，后至者不得发。乃以平金川土寇功，勒石颂德，令侍臣严锡命撰文。既成，献忠命其立北面，立而诵。锡命争曰："当南面。"献忠怒，刖其双足，乱杖以死。献忠黄面，长身而虎颔，人称"黄虎"，一妻七妾。强健不及李自成，而狡毒过之，性嗜杀。尝封蜀世子为太平公，未几日杀之。开科取士，又尽坑其所取者。禁军民私语，犯者斩。昏勿燃烛，燃烛者坐十家罪。列兵为甬道，令民徒行以过，少女留入营，余皆处死。以兵胁绅士，不至者抵法。禁勿触讳，犯者斫去手足。下令民间勿蓄马，乃择日考武生。武生无马，选栈马之掊劣者数百匹驱之，使武生骑。既骑，发巨炮轰之，合营兵大噪以奔之，马惊人堕，蹂为肉糜，乃大笑乐。蜀府医院有铜人四，献忠以楮幕其窍，令太医刺之，其有差者，即以金枪还刺其人窍，谓为铜人复仇。

一夜，宫中鼠斗，扰献忠。献忠乃下令，令营兵捕鼠，明日于辕门缴令，不得者以首代之。是夜，兵大乱，掘屋毁茅捕鼠，辕门堆鼠尸如山。又蓄巨獒数百头，令杂群臣朝拜。有为犬所嗅者，即为不忠，推出斩之，剖心为戏。其残酷无人理至此。人谓凤凰坡箭集其身，犹不足蔽其辜也。

张献忠轶事

张献忠寇蜀时，尝驻兵顺庆之金山铺，以西充县治为军府。清兵收川后，吴兴某以乙科宰是邑，携二仆到官，招徕流亡，数月后，使渐有烟火气。食单所供，仅资野蔬。一日偶步后圃，披榛觅路，瞥见宝光入目，得大珠一颗。因集众锄治芜秽，数日始尽，内有精舍一区，陈设悉备，洒扫为燕息地。东厢列十柜，黄封宛然，珍奇瑰宝，蜀锦巴锻，充牣其中，西厢亦然。并启之，骈列磁瓶，签题御用字样，试破其一，见为糟肉。某本南人，食性所嗜，且久不知肉味，馋吻大嚼，色香味皆胜。二仆争染指焉。久之为老吏所觉，啃曰："我闻献贼嗜人肉，膳房择白皙而肥胖者，治以椒盐香糟，蓄之磁瓶，私为珍馔。此其是矣。"仆告之令，相与呕吐狼藉，病弥月始瘳。又于故柜得公牍，多伪左丞相严锡命、伪兵部尚书龚完敬等论疏，皆拉杂摧烧之。而以东厢珍宝贵，遂富甲吴兴云。

老神仙

蜀中刘文季为余言：昔献贼中有所谓老神仙者，事甚怪，能生已死之人，续已断之肢与骨，贼众敬如神明焉。其初被掳时，将杀之矣。贼掳人不及杀，审其人，凡一技一艺者，皆得免。神仙比能以泥塑像获免，贼中遂以塑匠呼之。一日塑匠涤大釜沃水，折屋为薪燎之，水沸，沸凡数，以一榜左右搅成膏。贼众骇异争相传，献贼闻谓妖人，又将杀之。塑匠曰："愿一言以死。王不欲成大事邪？何故杀异士？"献贼异而问之，曰："臣有异术，能生人。此膏乃仙授，或刀斧，或榜掠受重创者，臣能顷刻完好。"献贼即榜一人试之，立验。献贼残忍，日杀人、劓刖人至笞掠无算。笞凡数百，血肉糜溃，气息仅存者，付塑匠以白水膏敷之，无不生，且立刻杖而行。军中争趋之，馈遗饮食无虚日，以是食衣囊橐渐充矣。献贼有爱将某者，攻城为飞炮所中，去其颏，奄奄一息矣。塑匠曰："易与耳。"即生割一人颏按之，敷以膏，一日而苏，饮啖如未割也。时孙可望在贼中为监军，夜被酒，杀一嬖妾，且行三十里，醒而悔之。道遇塑匠，笑问曰："监军夜来未醉耶，何有不豫色然？"可望告以故。塑匠曰："监军果念其人乎？吾当回马觅之。"可望曰："唉，起营时，尸已不知何在，想为犬豕啖矣。何从觅邪？"塑匠曰："监军若令我觅，何物犬豕，敢啖贵人乎？"可望曰："鼠子给我，汝欲逃耶？我当遣介士押汝往觅。"塑匠曰："何处觅？觅不能得。"可望怒曰："汝何戏我？"塑匠指道旁舁一毡橐曰："何须觅，即此是也。"可望曰："已朽之骨，何舁之？"塑匠笑谓监军曰："曷启之？"可望下马解毡，则星眸宛转，厌厌如带雨梨花，帐中之魂已返矣。可望喜噪，一军皆惊，闻于献贼。献曰："此神仙也，当封之。"且封，恐众不知，时营大泽中，下令军中人备一几，以次日广集原野。是时贼众十万余，令以数十万几累之，择累之最高者，谓拜仙台。于是衣塑匠以深衣，巾以纶巾，方履丝绦。塑匠身高六尺，广额阔面，口大有须，望之如世所绘社神者然。命之升台，台高且危，塑匠怯不欲登。献贼令军士各持弓矢，引满以向之曰："不登即射。"塑匠不得已，及其半，惴栗惶惧，而万矢拟之如的，不敢止，勉登其上。献贼令三军释弓矢，罗拜其下，呼老神仙者三，于时声震天地。自此不复呼塑匠，而皆曰老神仙矣。老神仙亦自此不轻试其术。有渠贼某者，战败伤其足，胫骨已折，折不断者皮仅寸耳，求老神仙治，辞以不易。某哀号宛转，盛陈金帛以请，老神仙挥之曰："此身外物，吾无需。虽然，吾不忍将军之创也。吾无子，将军能养我乎？"某指天而誓，愿终身父事之。老神仙从容解所佩囊，出小锯，锯断其足上下各寸许，取生人胫，度其分寸以接之，敷药不数日而愈。自此贼中凡求其药者，皆不敢侈馈遗，争投身为养子矣。献贼有幸婢曰老脚者，美而慧，善书画，脚不甚纤，因名。凡贼中移会侦发文字，皆所掌之，献贼嬖之。燕处有所思，老脚见其独坐，私往侍之。贼不知其为老脚，疑旁人伺，以所佩刀反手击之，中其腰，折骨划腹，出肠而死。献贼省之，悔恨惋痛，急召老神仙。老神仙曰："已死不能救。"献贼骂曰："老狡！监军妾亦已死者乎？汝不能救，吾当杀汝以殉。"老神仙逡巡曰："需时日方可。"献贼急欲其生，限三日，老神仙请期三七。比以酒合药灌之，一七，喉间格格有声，老神仙贺曰："可救矣，七日当复。"因取水润其肠纳腹中，引针缝之，敷以药，夹以木板，约以绳，果七日而老脚步履如常时。及献贼死，贼众溃，从蜀奔滇，生平素德于老神仙者，卫之来滇。永明至，贼众多为伪王侯，老神仙笑傲王侯间。拥厚资，辟室城东隅，累石成山，凿井为地，旁植花木，蓄朱鱼数百头，客至浮白，呼鱼出水以娱，醉则高歌而卧不顾也。迄永明奔缅甸，老神仙从之行，及腾越，居常向空咄咄，若有所诉。一日为文季曰："吾老矣，将奈何！"文季曰："等死耳，公何惜？但公之异术，素靳不与人，致绝其传，是可惜者。"神仙曰："吾非靳也，吾师授我时有戒也。"因讯其所授之由，曰："某陈某，河南邓州人，名家子。少尝入乡塾，性不乐章句，塾侧有塑神佛者，时就与嬉，塾师时扑责之，归而父母复责以不学。不能学，不能耐，遂出亡。怅怅无所适，因祷于关帝，得一签云：'他日王侯欲并肩。'自顾一丧家子，何得并肩王侯哉？然神定不诬我，与王侯可并肩者惟仙人。素闻终南多隐仙，愿往从之。穷登涉，忍饥寒，遍访无可从者。一日至山后，遥望绝壁上有洞，人出入。因披荆棘，踞巉岩，达于洞，见一道者坐石上，修然异凡人。余幸曰：'此吾师也。'因长跪以请。道士不顾，拂袖归洞。余不敢入，即洞口稽首而已，如是者三日。忽一童子持一物示余曰：'师食尔。'状如糕，色白，方仅二寸，味甘如饴，食之，遂不复饥。余窃喜益信。拜求七日，道者忽出，问余曰：'痴子，汝欲何为？'余告求仙，道者哂曰：'去！汝非此中人，何自苦为？'余自念无所归，惟投崖死耳。涕泣以求。道者曰：'已而，吾念汝诚，有书一卷授汝，资一生衣食。好为之，勿轻泄，泄雷击也。速去毋久留，徒饱虎狼耳。'余得书惊喜，仓皇下山。省之皆禁方也，可三十页。道延安，人争传某巡抚者有爱女戏秋千，伤足，骨出于外，医莫能疗，募能医者，金二百，快骡一匹。余往应募，依方试之，果瘥。余于是囊金乘骡归。吾父怒出亡，且疑多金，是时贼已起，谓余必从不义，首之官，将置之法。余族兄孝廉某白无辜，出狱，讯其故，因出书。余父闻余出，持大杖奔族兄家，余族兄反复解喻不信，并陈书以实。余父愈怒，裂书焚之，族兄从火中夺得，仅四页，余急怀而逃。今之所用者，皆烬余之四页也，年久，其页者亦不知何往矣。”其自述如此。居无何，以疾死。呜呼，不龟手药一也，一以封侯，一不免于洴澼，顾所用异耳。向使老神仙能体父志，不陷于贼，挟此术游当世，卢扁、华佗不得专美于前矣。惜其狃于货利，遂安神仙之名，而终以贼死。虽然，人之遇仙与不遇仙，惟视福德之厚薄，老神仙得其书而不能全，其福可知矣。尝见稗官所志侯元者，樵山遇老人，授兵法，卒作贼，戮其身，事颇类此。常怪仙人不得其人，即秘其传可也，何往往传非其人，以致戕害，仙亦何忍哉！且终南道者亦未必有真仙，闻其膏乃以处子阴户油炼之，火光满室，焰丌屋梁，光息而膏成。此岂仙人救人之方乎？《本草》以多用虫鱼，致迟上升十年，况杀人以救人邪？且不独一人，须数十百人也。是老神仙者，则亦始终一从贼而已。

卷七　技术史

柳敬亭

柳敬亭者，扬之泰州人，盖曹姓。年十五，犷悍无赖，名已在捕中。走之盱眙，挟稗官一册，非所习也，耳剽久，妄以其意抵掌盱眙市，则已倾其市人。好博，所得亦缘手尽。有老人日为醵百钱，从寄食。久之，过江休大柳下，生攀条泫然已，抚树顾同行数十人曰："嘻，吾今氏柳矣。"闻者以生多端，或大笑以去。后二十年，金陵有善谈论柳生，衣冠怀之辐辏，门车尝接毂，所到坐中皆惊，有识之者，此固向年过江时休树下者也。柳生之技，其先后江湖间者，广陵张樵、陈思，姑苏吴逸，与柳生四人者，各名其家。柳生独以能著：或问生何师，生曰："吾无师也，乃儒者云间莫君后光。"莫君之言曰："夫演义虽小技，其以辨性情，考方俗，形容万类，不与儒者异道。故取之欲其肆，中之欲其微。促而赴之欲其迅，舒而绎之欲其安，进而止之欲其留，整而归之欲其洁。非天下至精，其孰能与于斯矣。"柳生乃退就舍，养气定词，审音辨物，以为揣摩。期月而后诣莫君，莫君曰："子之说未也。闻子说者，欢咍嗢噱，是得子之易也。"又期月，曰："子之说几矣。闻子说者，危坐变色，毛发尽悚，舌挢然不能下。"又期月，莫君望见，惊起曰："子得之矣。目之所视，手之所倚，足之所跂，言未发而哀乐具乎其前，此说之全矣。"于是听者倘然若有见也，其竟也，恤然若有亡焉。莫君曰："虽以行天下莫能难也。"已而柳生辞去，之扬州，之杭，之吴，吴最久，之金陵。所至与其豪长者相结，人人昵就生，其处己也，虽甚卑贱，必折节下之，即通显敖弄无所语。与人谈，初不甚谐谑，徐举一往事相酬答，澹辞雅对，一座倾靡。诸公以此重之，亦不尽以其技强也。士大夫避寇南下，侨金陵万家。大司马吴桥范公以本兵开府，名好士，相国何文瑞阖门避造请。两家引生为上客。客有谓生者曰："方海内无事，生所谈皆豪猾大侠、草泽亡命，吾等闻之，笑谓必无是，乃公善诞。孰图今日不幸竟亲见之乎。"生闻其语，慨然属与吴人张燕筑、沈公宪俱，张、沈以歌，生以谈，三人者酒酣，悲吟击节，意凄怆伤怀，凡北人流离在南中者，闻之无不流涕。未几而有左兵之事，左兵宁南伯良玉军噪而南，寻奉诏守楚，驻皖城待发。守皖者杜将军弘域，于生为故人。宁南尝奏酒，思得一异客，杜既已泄之矣。会两人用军事不相中，念非生莫可解者，乃檄生至进之左，以为此天下辩士，欲以观其能。帐下用长刀遮客，引就席坐，客咸震慑失次。生拜讫索酒，诙谐调笑，旁若无人者。左大惊，自以为得生晚也。居数日，左沉吟不乐，熟视生曰："生揣我何念？"生曰："得毋以亡卒入皖，而杜军不法治之乎？"左曰："然。"生曰："此非有君侯令，杜将军不敢专也。"生乃请衔命去，驰一骑，入杜将军军中，斩数人乃定。左幕府多儒生，所为文檄，不甚中窍，会生故不知书，口画便宜辄合。左起卒伍，少孤贫，与母相失，请貤封不可得其姓，泪承睫不止。生曰："君侯不闻天子赐姓事乎？此吾说书中故实也。"大喜，立具奏，左武人即以为知古今识大体矣。阮司马怀宁，生旧识也，与左郄而新用事。生还南中请左曰："见阮云何？"左无文书，即令口报阮，以捐弃故嫌，图国事于司马也。生归，对如宁南旨，且约结还报。及闻坂畿筑城，则顿足曰："此示西备，疑必起矣。"后果如其虑也。左丧过龙江关生祠，哭已，有迎且拜，拜不肯起者，则其爱将陈秀也。秀尝有急，生活之，具为梅村言救秀状。始左病恚怒，而秀所犯重，且必死。生莫得稽梧，乃设之以事曰："今日饮酒不乐，君侯有奇物玩好，请赐一观可乎？"左曰："甚善。"出所画已画二，其一《关陇破贼图》也，览镜自照，叹曰："良玉天下健儿也，而今衰矣。"指其次曰："吾破贼后将入山，此图所以志也。"见衲而杖者数童子，从其负瓢笠且近，则秀也。生佯不省，而徐睨之为谁。左语之，且告其罪。生曰："若负恩，当死。顾君侯以亲信，即入山且令相从，而今杀之，即此图为不全矣。"左颔之。其善用权谲，为人排患解纷，率类此。初，生从武昌归，以客将新道军所来，朝贵皆倾动。顾自安旧节，起居故人无所改。逮江上之变，生所携及留军中者亡散累千金，再贫困而意气自如。或问之，曰："吾在盱眙市上时，夜寒藉束藁卧，扉履踵决，行雨雪中，窃不自料以至于此。今虽复落，尚足为生。且有吾技在，宁惧忧贫乎？"乃复来吴中，每被酒，尝为人说故宁南时事，则欷歔泣下。既在军中久，其所谈益习，而无聊不平之气无所用，益发之于书，故晚节尤进。

武疯子

武疯子者，滇南之武定州人也，名恬。先世以军功官丁卫。恬以胄子，少学书，已弃勿学。性好闲，不谋荣利，嗜酒，日惟谋醉，箪瓢屡空，晏如也。凡游艺杂技，过目即知之。滇多产细竹，坚实可为箸，武生以火绘其上，作禽鱼、花鸟、山水、人物、城门、楼阁，精夺天工。人奇之，每得其双箸，争购钱数百，于是武生之交戚贫者因以为利。生顾未尝售也，颇自珍重，一箸成，辄把玩不释，保护如头目。或醉后痛哭，悉焚之，醒复悔，悔而复作，然靳不轻与人。好事者每瞯其谋醉时，置酒招之，造必尽欢，酒酣，以火与箸杂陈于前而不言，生攘臂起，顷刻完数十箸，挥手不顾也。或于酒中以箸相属，则怒拂衣出，终身不与之见。或遇贫士及释道者流，告以困穷，辄忻然为之，虽累百不倦。于是滇之士夫或相馈遗，皆以武生箸为重，王公大人游于滇者，不得武生箸即不光。生固落落儒生耳，未尝以疯子名。丁亥之岁，流贼从蜀败奔，假号于滇。滇士民慑于威，波靡以从，生独匿深箐中不出。贼于民间见其箸，异之，遍召不得，因悬赏索之。或告曰："曷出以图富贵？"生大笑曰："我岂作奇技淫巧以悦贼者耶！"侦者闻于贼，系之来，至则白眼仰天，喑无一语。贼命作箸，列金帛于前，设醇醪于右以诱之，不应；陈刀锯以恐之，亦不应。贼怒，挥斩之，缚之市曹，而神色自如，终无一言。时贼帅有侍侧者，曰："腐鼠何足膏斧钺？曷纵之，徐徐当自逞其技也。"释之，而生自此病矣，披发佯狂，垢形秽语，日歌哭行市中，夜逐犬鸡与处，人遂皆呼曰"武疯子"矣。及清师定滇，疯子病少瘥，亦稍稍为人做箸以谋醉。人重之逾常时。安定守某者，受贵人属，召之，不应。守怒，挞之于庭，血流体溃，终不应。自此疯子之踪迹无定矣，或琳宫梵舍，或市肆田家，往必数日留，留必做数十箸以谋醉，然出入无时，于是其箬可得而不得矣。昔者有人见其箬作《凌烟阁功臣图》者，箬粗仅及绳，而旌旗铠仗，侍从卫列，无不毕具，至褒公、鄂公英姿毛发，道子传神，莫或过之。其画细如丝，深绀色，入竹分余如缕。武定太守顾舆山言其做箬时，削炭如笔数十，置烈火中，酒满壶于旁，伺炭末红若锥，右执炭，肃肃有声，如蚕食叶，快若风雨，且饮且做，壶干即止，益之复做。饮不用盏杓，以口就壶，不择酒，期醉。醉则伏火而卧，或歌或哭，或说《论语》《经》《书》，多奇解。及醒而问之，则他呓语以对。或正做时，酒未尽，忽不知其何往，逾数十日或数月复来，卒续成之。其状貌如中人，年近六十余，拜跪揖起无异，惟与之语，则疯子矣。舆山曾作《武异人歌》赠之，故时往还也。但所绘故事多稗官杂剧，有规以雅训者，笑而不答，亦终不易。或曰：非病疯者也，狂人也。或曰：其有道者欤！不然何富贵不淫、威武不屈耶？

张南垣

张南垣，名涟，南垣其字，华亭人，徙秀州，遂为秀州人。少学画，好写人像，兼通山水，遂以其意垒石，故他艺不甚著，其垒石最工，在他人为之莫能及也。百余年来为此技者，类学崭岩嵌特。好事之家，罗取一二异石，标之曰峰，皆从他邑辇至。决城闉，坏道路，人牛喘汗，仅而得至。络以巨絙，锢以铁汁，刑牲下拜，劖颜刻字，钩填空青，穹窿岩岩，若在乔岳，其难也如此。而其旁又架危梁，梯鸟道，游之者钩巾棘履，拾级数折，伛偻入深洞，扪壁投罅，瞪盼骇栗。南垣过而笑曰："是岂知为山者邪？今夫群峰造天，深岩蔽日，此盖造物神灵之所为，非人力可得而致也。况其地辄跨数百里，而吾以盈丈之趾，五尺之沟，尤而效之，何异市人抟土以欺儿童哉？惟夫平冈小坂，陵阜陂陁，版筑之功，可计日以就。然后错之以石，棋置其间，缭以短垣，翳以密筱，若似乎奇峰绝嶂，累累乎墙外。而人或见之也，其石脉之所奔注，伏而起，突而怒，为狮蹲，为兽攫，口鼻含呀，牙错距跃，决林莽犯轩楹而不去，若似乎处大山之麓，截溪断谷。私此数石者，为吾有也。方塘石洫，易以曲岸回沙；邃闼雕楹，改为青扉白屋。树取其不凋者，松杉桧栝，杂植成林；石取其易致者，太湖尧峰，随宜布置。有林泉之美，无登顿之劳，不亦可乎？"华亭董宗伯元宰、陈征君仲醇亟称之曰："江南诸山，土中戴石，黄一峰、吴仲圭常言之，此知夫画脉者也。"群公交书走币，岁无虑数十家，有不能应者，用为大恨，顾一见君，惊喜欢笑如初。君为人肥而短黑，性滑稽，好学里巷谐媟，以为抚掌之资。或陈语旧闻，反以此受人啁弄，亦不顾也。与人交，好谈人之善，不择高下，能安异同，以此游于江南诸郡者五十余年，自华亭、秀州外，于白门，于金沙，于海虞，于娄东，于鹿城，所过必数月。其所为园，则李工部之“横云”，虞观察之“预园”，王奉常之“乐郊”，钱宗伯之“拂水”，吴吏部之“竹亭”为最著。经营粉本，高下浓淡，早有成法。初立土山，树木未添，岩壑已具，随皴随改，烟云渲染，补入无痕。即一花一竹，疏密攲斜，妙得俯仰，山未成功，先思著屋，屋未就，又思其中之所施设，窗棂几榻，不事装饰，雅合自然。主人解事者，君不受促迫，次第结构。其或任情自用，不得已骫骳曲随，后有过者，辄叹惜曰：“此必非南垣意也。”君为此技既久，土石草树，咸能识其性情。每创手之日，乱石林立，或卧或倚，君踌躇四顾，正势侧峰，横支竖理，皆默识在心，借成众手。常高坐一室，与客谈笑，呼役夫曰：某树下某石可置某处。目不转视，手不再指，若金在冶，不假斧凿，甚至施竿结顶，悬而下缒，尺寸勿爽。观者以此服其能也。人有学其术者，以为曲折变化，此君生平之所长，尽其心以求仿佛。初见或似，久观辄非，而君独规模大势，使人于数日之内，寻丈之间，落落难合。及其既就，则天堕地出，得未曾有。曾于友人斋前作荆关老笔，对峙平礒，已过五寻，不作一折，忽于其巅将数石盘互得势，则全体飞动，苍然不群。所谓他人莫能及，盖以此也。君有四子，能传父术。晚岁辞涿鹿相国之聘，遣其仲子行，退老于鸳湖之侧，结庐三楹。骏过之，谓骏曰："自吾以此术游江之南也，数十年来，名园别墅易其故主者，比比是矣。荡于兵火，没于荆榛，奇花异石，他人辇取以去，吾仍为之营置者，辄数见焉。吾惧石之不足留吾名，而欲得子文以传之也。"骏曰："柳宗元为《梓人传》，谓有得于经国治民之旨。今观张君之术，虽庖丁解牛，公输刻鹄，无以复过其艺，而合于道者欤？君子不作无益，穿池筑台，《春秋》所戒，而今王公贵人歌舞般乐，侈欲伤财，独此为耳目之观，稍有合于清净。且张君因深就高合，自然惜人力，此学愚公之术而变异者也，其可传也乎？"

口技一

扬州郭猫儿善口技，其子精于戏术，扬之当时缙绅，无不爱近之。庚申某在扬州，一友挟猫儿同至寓，比晚酒酣，请奏薄技。于席右设围屏，不置灯烛，郭坐屏后，主客静听，久之无声。俄闻二人途中相遇，揖叙寒暄，其声一老一少。老者拉少者至家饮酒，投琼藏钩，备极款洽。少者以醉辞，老者复力劝进数瓯，遂踉跄出门，彼此谢别，主人闭门。少者履声蹒跚，约可二里许，醉仆于途。忽有一人过而蹴之，扶起，乃其相识也，遂掖之至家，而街栅已闭，遂呼司栅者。一犬迎吠，顷之数犬群吠，又顷益多，犬之老者、少者、远者、近者、哮者，同声而吠，一一可辨。久之，司栅者出启栅，无何至醉者之家，则又误叩江西人之门，惊起知其误也，则江西乡音詈之。群犬又数吠。比至，则其妻应声出，送者郑重而别。妻扶之登床，醉者索茶，妻烹茶至，则已大鼾，鼻息如雷矣。妻遂詈其夫，唧唧不休。顷之，妻亦熟寝，两人鼾声如出二口。忽闻夜半牛鸣矣，夫起大吐，呼妻索茶，作呓语，夫复睡。妻起便旋纳履，则夫已吐秽其中，妻怒骂久之，遂易履而起。此时群鸡乱鸣，其声之种种各别，亦如犬吠也。少之其父来呼其子曰："天将明，可以宰猪矣。"始知其为屠户也。其子起至猪圈中饲猪，则闻群猪争食声，嚜食声，其父烧汤声，进火倾水声。其子遂缚一猪，猪被缚声，磨刀声，杀猪声，猪被杀声，出血声，焊剥声，历历不爽也。父谓子曰："天已明，可卖矣。"闻肉上案声，即闻卖买声，数钱声。有买猪首者，有买腹脏者，有买肉者。正在纷纷争闹不已，砉然一声，四座俱寂。

口技二

京中有善口技者，会宾客大宴，于厅事之东北角，施八尺屏幛，口技人坐屏幛中，一桌、一椅、一扇、一抚尺而已。众宾环坐。少顷，但闻屏幛中抚尺二下，满堂寂然，无敢哗者。遥遥闻深巷犬吠声，便有妇人惊觉，欠身摇其夫语猥亵事。夫呓语，初不甚应，妇摇之不止，则二人语渐间杂，床又从中戛戛。既而儿醒大啼，夫令妇抚儿乳，儿含乳啼，妇拍而鸣之。夫起溺，妇亦抱儿起溺。床上有一大儿醒，狺狺不止。当是时，妇手拍儿声，口中鸣声，儿含乳啼声，大儿初醒声，床声，夫叱大儿声，溺瓶中声，溺桶中声，一齐凑发，众妙毕备。满座宾客，无不伸颈侧目，微笑嘿叹，以为妙绝也。既而夫上床寝，又呼大儿溺毕，都上床寝，小儿亦渐欲睡去。鼾声起，妇拍儿亦渐拍渐止，微闻有鼠作作索索，盆器倾侧，妇梦中咳嗽之声。宾客意少舒，稍稍正坐。忽一人大呼火起，夫起大呼，妇亦起大呼，两儿齐哭，俄而千百人大呼，千百儿哭，千百犬吠。中间力拉崩倒之声，火爆声，呼呼风声，百千齐作，又夹百千求救声，曳屋许许声，抢夺声，泼水声，凡所应有，无所不有。虽人有百手，手有百指，不能指其一端；人有百口，口有百舌，不能名其一处也。于是宾客无不变色离席，奋袖出臂，两股战战欲先走。忽然抚尺一声，群响毕绝，撤屏视之，一人、一桌、一椅、一扇、一抚尺而已。嘻，若而人者，可谓善画声矣。

箫洞虚

今箫，非箫也，盖古尺八。近予临川车衮擅其巧，今世称“洞虚子”者是也。衮戴湖村人，字龙文，幼涉学，凡艺近文史者，皆工，而尤妙于竹，凡竹之属皆善，而最善者窍尺八也。自年七岁，弄俗箫成声，辄恶其声。十岁时，得吴市箫吹之，亦不厌己意，然好弥甚，至妨语食。剡刳刻镂，大变旧法。昼则操造水滨怪石旁，或入幽岫林樾苍箐中，当月野霜庭、鸟睡虫醒之际，启塞抑按，未尝去手。一日悟其法，起舞拍床，骂前人聋钝不闻此妙也。顷之其乡人持一管万里外，遇解音客，购之万钱双绢，自是洞虚子箫闻天下。顾产僻左足，不到吴越歌舞场，家居，十指不给。其后俗箫稍稍窃其粗似，丹碧之，名洞虚，乱于吴市中，暴得首而直，洞虚子家故贫自若也。时澹荡，以酒人客高门雅士间，语次骂坐，众欲殴之，已而闻箫声，满坐皆欢，又相与洗盏更酌。盖其为人如此。四方之知洞虚子者，至今莫知其为何许人也。其箫表里濯治，得议制之妙，无瑕声，无累气，饰以行草秀句、山水渔钓、宫观烟树、人物花鸟、虫豸杂物，工写描勒入神。而其独得之妙在选竹，竹至千尺取十一，盖有柯亭爨下遗识乎。啸吟之余，辄以斤锯自随，园公林监或訾病之，好事者赏其僻，不问也。傅占衡尝得二焉，其一“潇湘合流”，八景分岐，隙间题咏，毫发可数；其一“十八尊者图”，李龙眠笔、苏子瞻赞、秦太虚记皆具。占衡尝置酒倚琴而吹之，因谓：“子是艺如北方佳人，绝世独立，余粉黛皆土耳。昔人品庾信月明孤吹，然非洞虚箫，宁成子山文乎？”衮大喜，遂别琢一枝相遗，形以一丘、一壑、一觞、一咏，而题其上云：“青筠欲托王褒赋，明月吹成庾信文。”且曰：“箫之寿计年计十，人之寿计十计百，先生作传，洞虚之寿不可计，敢请。”占衡笑诺之。因访其利病最要处，衮乃曰：“箫孔下出，贯纶者两，宜差后而斜睨，勿居中而径往。”占衡爱其聪巧绝伦，戏为《箫洞虚传》传之。嗟夫，恐亦如流马木牛，尺寸具诸葛书中，人不能用也。

韩　翁

黄九烟先生言有韩翁者，能吹铁箫，冠服诡异，时而衣大袖红衫，如富豪公子，时而破衲褴褛，如贫乞儿。有闻而异之者，因访焉。面城而居，败屋一楹，几上置大小竹管若干具，皆有窍，长四五六寸不等，裂片楮三四寸许者。书箫谱约三四十字，堆满几案。翁衣貉裘，冠狐帽，如营伍中人，语操北音。访者请聆其技，乃出铁箫者三：其二制与常箫等，左右手各握一具，以鼻吹，音无参差也；其一约长二尺余，口吹。访者因询其所裁竹管，答曰："竹不论长短皆可吹，但须因材剜窍耳。予箫谱止四五句，熟之则诸曲皆可合也。尚有铁琴一，今在真州未携来，不为君奏矣。学余技，颇能却病，抚军某患目疾，予授以吹箫而愈，制军某患齿病，予授以吹箫而愈，所治者非一人矣。"复为访者曰："今医家每以王道治病，王道性燥烈，恐反增疾。予则纯以霸道治之，是药皆取其魂而去其质，仅轻清之气耳。"访者知翁未尝读书，误谓霸为王，谓王为霸也。

核舟记

明有奇巧人曰王叔远，能径寸之木，为宫室、器皿、人物，以至鸟兽、木石，罔不因势象形，各具情态。尝贻余核舟一，盖大苏泛赤壁云。舟首尾长约八分有奇，高可二黍许。中轩敞者为舱，箬篷覆之。旁开小窗，左右各四，共八扇。启窗而观，雕栏相望焉，闭之则右刻"山高月小，水落石出"，左刻"清风徐来，水波不兴”，石青糁之。船头坐三人，中峨冠而多髯者为东坡，佛印居右，鲁直居左。苏、黄共阅一手卷，东坡右手执卷端，左手抚鲁直背。鲁直左手执卷末，右手指卷，如有所语。东坡现右足，鲁直现左足，各微侧，其两膝相比者，各隐卷底衣褶中。佛印绝类弥勒，袒胸露乳，矫首昂视，神情与苏、黄不属。卧右膝，诎右臂支船，而竖其左膝，左臂挂念珠倚之，珠可历历数也。舟尾横卧一楫，楫左右舟子各一人。居右者椎髻仰面，左手倚一衡木，右手攀右趾，若啸呼状；居左者右手执蒲葵扇，左手抚炉，炉上有壶，其人视端容寂，若听茶声然。其船背稍夷，则题其上，文曰：“天启壬戌秋日，虞山王毅叔远甫刻。”细若蚊足，钩画了了，其色墨。又用篆章一，曰“初平山人”，其色丹。通计一舟，为人五，为窗八，为箬篷、为楫、为炉、为壶、为手卷、为念珠各一，对联题名并篆文，为共三十有四。而计其长曾不盈寸，盖简桃核修狭者为之。魏子详瞩既毕，诧曰：“嘻，技亦灵怪矣哉！《庄》《列》所载称惊犹鬼神者良多，然谁有游削于不寸之质，而须麋了然者？假有人焉，举我言以复于我，亦必疑其诳。乃今亲睹之，由斯以观棘刺之端，未必不可为母猴也。嘻，技亦灵怪矣哉！”

桃核念珠

得念珠一百八枚，山桃核为之。圆如小樱桃，刻罗汉三四尊，或五六尊，立者、坐者、课经者、荷杖者、定于龛中者、荫树趺坐而说法者、环坐指画论议者、袒跣曲拳和南者、面前趋而后侍者，合计之，为数五百。蒲团竹笠，茶奁荷策，瓶钵经卷毕具。又有云龙风虎、狮象鸟兽、狻猊猿猱错杂其间。初视之不甚了了，明窗洁几，息心谛观，所刻罗汉，仅如一粟，梵相奇古，或衣文织绮绣，或衣袈裟，水田絺褐，而神情风致，各萧散于柏松岩石，可谓艺之至矣。向见崔铣郎中有《王氏笔管记》：唐德州刺史王倚家有笔一管，稍粗于常用，中刻《从军行》一铺，人马毛发、亭台山水，无不精绝。每事复刻《从军行》诗二句，如“庭前琪树已堪攀，塞外征人殊未还”之语。又《辍耕录》载：宋高宗朝巧匠詹成雕刻精妙，所造鸟笼，四面花版，皆于竹片上刻成宫室、人物、山水、花木、禽鸟，其细如缕，而且玲珑活动。求之二百余年，无复此一人。今余所见念珠，雕镂之巧，若更胜于二物也，惜其姓名不可得而知。

长洲周汝瑚言：吴中业此者，研思殚精，积八九年。及其成，仅能易半岁之粟，八口之家，不可以饱。故习兹艺者亦渐少矣。噫，世之拙者，如荷担负锄、舆人御夫之流，蠢然无知，惟以其力日役于人，既足养其父母妻子，复有余钱，夜聚徒侣，饮酒呼卢，以为笑乐。今子所云巧者，尽其心神目力，历寒暑岁月，犹未免于饥馁。是其巧为甚拙，而拙者似反胜于巧也。因以珊瑚木难饰，而囊诸古锦，更书答汝瑚之言，以戒后之恃其巧者。

核工记

见桃坠一枚五分许，横广四分，全核向背皆山，山坳插一城池，历历可数。城巅具层楼，楼门洞敞，中有人，类司更卒，执桴鼓，若寒冻不胜者。枕山麓一寺，老松隐蔽三章，松下凿双户，可开阖，户内一僧，侧首倾听。户虚掩，如应，门洞开如延纳状，左右度之无不宜。松外东来一衲，负卷帙踉跄行，若为佛事夜归者。对林一小陀，似闻足音仆仆。前核侧出浮屠七级。距滩维一舟，蓬窗短舷间，有客凭几假寐，形若渐寤然。舟尾一小童，拥炉嘘火，盖供客饮也。舣舟处当寺阴，高阜钟阁踞焉，叩钟者貌爽爽自得，睡足徐兴乃尔。山顶月晦半规，杂疏星数点，下则波纹涨起作潮来候。取诗“姑苏城外寒山寺，夜半钟声到客船”之句。计人凡七：僧四、客一、童一、卒一。宫室器具凡九：城一、楼一、招提一、浮屠一、舟二、阁一、炉灶一、钟鼓各一。景凡七：山水林木滩石四，星月灯火三。而人事如传更报晓、候门夜归、隐几煎茶，统为六。各殊致殊意，且并其愁苦寒惧凝思诸态，俱一一肖之。语云“纳须弥于芥子”，殆谓是与？然闻之尺绡绣经而唐微，水戏荐酒而隋替，器之淫也。吾滋惧矣。先王著《考工》，盖早辨之焉。

过百龄

无锡固多佳山水，间生瑰闳奇特之士，常以道艺为世称述。若倪征君云林以画，华学士鸿山以诗，王佥事仲山以书。乃今过处士百龄者，则以弈，其为道不同，而其声称足以动当世则一也。百龄名文年，为邑名家子，生而颖慧，好读书。十一岁时见人弈，则知虚实先后、进击退守之法，曰：“是何难也！”与人弈，弈辄胜，于闾党间无不奇百龄者。时福清阁学台山先生，弈名居第二，求可与敌者，诸乡先生以百龄应召。至则尚童子也，叶公已奇之，及与弈，叶公辄负。诸乡先生耳语百龄曰：“叶公显者，若当阳负，何屡胜？”百龄艴然曰：“弈小技，然枉道媚人，吾耻焉。况叶公贤者也，岂以此罪童子邪？”叶公果益器之，欲与俱北，以学未竟辞。自是，百龄之名噪江以南，遂益殚精于弈。不几年学成，曰可以应当世矣。会京师诸公卿闻其名，有以书邀致者，遂至京师。有国手曰林符，往来公卿间，见百龄年少，意轻之。一日诸公卿会饮，林君谓百龄曰："吾与若同游京师，未尝一争道角技，即诸先生何所用吾与若耶？今愿毕其所长，博诸先生欢。"诸公卿皆曰诺，遂争出注，约百缗。百龄固谢不敢，林君益骄，益强之，遂对弈。坪未半，林君面颈发赤热，百龄信手以应，旁若无人，凡三战，林君三北。诸公卿哗然曰："林君向固称霸，今得过生，乃夺之矣。"复皆大笑。于是百龄棋品遂第一，名噪京师。当其时，居停主某锦衣者，以事系狱。或谓百龄曰："君为锦衣客，须谨避，不然祸将及。"百龄毅然曰："锦衣遇我厚，今其有难而去之，不义。且吾与之交，未尝干以私，祸必不及。"时同客锦衣者悉被系，百龄竟免。以天下多故，百龄不欲久留，遂归隐锡山，日与一二酒徒狂啸纵饮，不屑与人弈，独征逐角戏以为乐。百龄素贫，出游辄得数百金，辄尽之博塞。其戚党谁诃百龄。百龄曰："吾向者家徒壁立，今得此资，俱以弈耳。得之弈，失之博，夫复何憾？且人生贵适志，区区逐利者何为？"噫，若百龄者可谓奇矣，以相国之招而不去，以金吾之祸而不避，至知国家之倾覆而急归，为公卿门下客者垂四十年，而未尝有干请。若百龄者，仅谓之弈人乎哉？

八大山人

八大山人，明宁藩宗室，号“人屋”。人屋者，广厦万间之意也。性孤介，颖异绝伦，八岁即能诗，善书法，工篆刻，尤精绘事。尝写菡萏一枝，半开池中，败叶离披，横斜水面，生意勃然。张堂中，如清风徐来，香气满室。又画龙，丈幅间蜿蜒升降，欲飞欲动，若使叶公见之，亦必大叫惊走也。善诙谐，喜议论，娓娓不倦，尝倾倒四座。父某亦工书画，名噪江右，然喑哑不能言。甲申国亡，父随卒。人屋承父志，亦喑哑，左右承事者皆语以目，合则颔之，否则摇头，对宾客，寒暄以手，听人言古今事，心会处，则哑然笑。如是十余年，遂弃家为僧，自号曰“雪个”。未几病癫，初则伏地呜咽，已而仰天大笑，笑已，忽跿跔踊跃，叫号大哭，或鼓腹高歌，或混舞于市，一日之间，癫态百出。市人恶其扰，醉之酒，则癫止。岁余病间，更号曰“个山”。既而自摩其顶曰：“吾为僧矣，何不可以驴名。”遂更号曰“个山驴”。数年，妻子俱死，或谓之曰：“斩先人祀，非所以为人后也，子无畏乎？”个山驴亦从富贵中来，遂慨然蓄发，谋妻子，号“八大山人”。其言曰：“八大者，四方四隅皆我为大，而无大于我也。”山人既嗜酒，无他好，人爱其笔墨，多置酒招之，预设墨汁数升，纸如干幅于座右。醉后见之，则欣然泼墨广幅，间或洒以敝帚，涂以败冠，盈纸肮脏，不可以目，然后作笔渲染，或成山村，或成丘壑，花鸟竹石，无不入妙。如爱书，则攘臂搦管，狂叫大呼，洋洋洒洒，数十幅立就。醒时欲求其片纸只字不可得，虽陈黄金百镒于前，勿顾也。其癫如此。

陈老莲

洪绶好画莲，自号“老莲”。数岁，见李公麟画孔门弟子端木，能指其误处。十四岁，悬其画于市中，立致金钱。初法传染，时钱唐蓝瑛工写生，莲请瑛法传染，已而轻瑛，瑛亦自以不逮。莲终身不写生，曰：“此天授也。”莲游于酒人所，致金钱，随手尽。尤喜为窭儒画，窭儒藉莲画给空。豪家索之，千缗勿得也。尝为诸生，督学使索之，亦勿得。顾生平好妇人，非妇人在坐不饮，夕寝非妇人不得寐，有携妇人乞画，辄应去。崇祯末，愍皇帝命供奉，不拜，寻以兵罢。监国中，待诏。清兵下浙东，大将军抚军固山从围城中搜得莲，大喜。急令画，不画，刃迫之，又不画，以酒与妇人诱之以画，仍不画，后得脱。人之请汇所为画署名，且有粉本渲染，已大饮，夜抱画寝，及伺之，遁矣。朝鲜、兀良哈、日本、撒儿罕、乌思藏购莲画，重其直。

海内传摹为生者数千家。甬东袁鹍贫，为洋船典簿记，藏莲画两幅截竹中，将归贻日本主。主大喜，重予宴，酬以囊珠，亦传摹笔也。莲尝摹周长史画，至再三犹不欲已。人指所摹画谓之曰："此画已过周，而犹嗛嗛，何也？"曰："此所以不及者也。吾画易见好，则能事未尽也，长史本至能而若无能，此难能也。吾试以文言之，今夫为文者，非持论，即摭事耳，以议属文，以文属事，虽备经营，亦安容作者之意存其中邪？自作家者出，而作法秩然，每一文至，必衔毫吮墨，一若有作者之意先于行间，舍夫论与事而就我之法。曰：如是则不当而文亡矣。故夫画，气韵兼力，沨沨容容，周秦之文也；勾绰捉勒，随境錾错，汉魏之文也；驱遣于法度之中，钉前翦后，陵轹矜轶，搏裂顿斫，作气满前，大家也。故画有入神家，有名家，有当家，有作家，有匠者家。吾惟不离乎作家以负此嗛也。"其论如此。莲画以天胜，然各有法：骨法法吴生；用笔法郑法士；墨法荆浩；疏渲传染法管仲姬；古皇圣贤、孔门弟子法李公麟；观音疏笔法吴生、细公麟；诸天、罗汉、菩萨、神馗、鬼丑法张骠骑；衣冠士法阎右相；士女法周长史昉；几幛、尊卣、瓶罍、什器、戎衣、穹庐、番马、骆驼、羊犬法赵承旨；钩勒竹法刘泾；折枝桃、牡丹、梅、水仙、草花法黄检校、钱选；鸟睛花须，点漆凹厚法宣和；蜂、蝉、蛱蝶、蛴螬、螳螂、螺蛳法宣和，亦杂法崔、徐、黄父子；莲法于莲。

薜衣道人

薜衣道人祝巢夫，名尧民，洛阳诸生也。少有文名，明亡，遂弃制艺为医，自号“薜衣道人”。得仙传疡医，凡诸恶疮，敷其药，少许即愈。人或有断胫折臂者，请治之，无不完。若刳腹、洗肠、破脑、濯髓，则如华佗之神。里有被贼断头者，头已殊。其子知其神，谓家人曰：“祝巢夫仙人也，速为我请来。”家人曰：“郎君何妄也！颈不连项矣，彼即有还魂丹，乌能合既离之形骸哉？”其子固强之而后行。既至，巢夫抚其胸曰：“头虽断，身尚有暖气。暖气者，生气也，有生气，则尚可以治。”急以银针纫其头于项，既合以末药一刀圭，熨以炭火。少顷，煎人参汤杂他药，启其齿灌之，须臾则鼻微有息矣。复以热酒灌之。逾一昼夜，则出声。又一昼夜，则呼其子而语矣。乃进以糜粥。又一昼夜，则可举手足矣。七日而创合，半月而如故。举家拜谢，愿以产之半酬之，尧民不受。后入终南山修道，不知所终。无子，其术不传。

黄履庄

黄子履庄少聪颖，读书不数过，即能背诵。尤喜出新意，做诸技巧。七八岁尝背塾师，暗窃匠氏刀锥，凿木人，长寸许，置案上，能自行走，手足皆自动，观者异以为神。十岁外父弃世，来广陵，与予同居。因闻泰西有比例轮捩机轴之学，而其巧因以益进。尝做小物自怡，见者多竞出重价求购。体素多病，不耐人事恶剧嬲，因竟不做，于是所制亦不可多得。所制亦多，予不能悉记，犹记其做双轮小车一辆，长三尺余，约可坐一人，不烦推挽，能自行住，以手挽轴旁斜拐，则复行如初，随往随挽，日足行八十里。做木狗置门侧，卷卧如活，惟人入户触机，则立吠不止，吠之声于真无二，虽黠者不能辨其真伪也。做木鸟置竹笼中，能自跳舞飞鸣，鸣如画眉，凄越可听。做水器，以水置器中，水从下上射如线，高五六尺，移时不断。所做之物俱奇，如此不能悉载。有怪其奇者，疑必有异书，或有异传，而予与处者最久且狎，绝不见其书。叩其从来，亦竟无师传，但曰："余何足奇，天地人物皆奇器也。动者如天，静者如地，灵明者如人，赜者如万物，何莫非奇？然皆不能自奇，必有一与奇而不自奇者以为源，而且为之主宰，如画之有师，土木之有匠氏也。夫是之为至奇。"予惊其言之大，而因是亦具知黄子之奇，固自有其独悟，非一物一事求而学之者所可及也。昔人曰：天非自动，必有所以动者；地非自静，必有所以静者。黄子自奇其得，其奇之所以然乎？黄子性缄默喜思，与余处，余尝纷然谈语，而黄子则独坐静思。观其初思求入，亦戛戛似难，既而思得，则笑舞从之。如一思凝而不得，必拥衾达旦，务得其故而后已焉。黄子之奇，固亦由思而得之者也，而其喜思则性出也。

寄畅园闻歌记

吴门徐生君见，以度曲名闻四方。与余善，著《南曲谱》，索余序，余为之序，有曰南曲盖始于昆山魏良辅云。良辅初习北音，绌于北人王友山，退而镂心南曲，足迹不下楼十年。当是时，南曲率作，直无意致，良辅转喉押调，度为新声，疾徐、高下、清浊之数，一依本宫取字，齿唇间跌换巧掇，恒以深邈助其凄泪。吴中老曲师如袁髯、尤驼者，皆瞠乎其后，自以为不及也。良辅之言曰："学曲者移宫换吕，此熟后事也。初戒杂，务多迎头拍字，彻板随腔，毋或后先之；长宜圆劲，短宜遒然，毋剽五音；依于四声，毋或矫也。"又曰："开口难，出字难，过腔难，高不难低难，有腔不难无腔难。"又曰："歇难阁难，此不传之秘也。"良辅尽泄之。而同时娄东人张小泉、海虞人周梦山竞相附和，惟梁溪人潘荆南独精其技，至今云仍不绝于梁溪也。合曲必用箫管，而吴人则有张梅谷，善吹洞箫，以箫从曲，毗陵人则有谢林泉，工擪管，以管从曲，皆与良辅游。而梁溪陈梦萱、顾渭滨、吕起渭辈，并以箫管擅名，盖度曲之工，始于玉峰，盛于梁溪者，殆将百年矣。此道不绝如线。而徐生蹶起吴门，搴魏赤帜易汉帜，恨良辅不见徐生，徐生恨不见良辅也。徐生年六十余，而喉若雏莺静女，松间石上按拍一歌，缥缈迟回，吐纳浏滨，飞鸟遏音，游鱼出听，文人骚客，为之惝恍，为之神伤。妙哉技至此也。一日徐生语余曰："吾老矣，恐不能复作少年狡狯事。得之传者，乃在梁溪，今太史留仙秦公尊人，以新公所蓄歌者六七人是也。君倘游九龙二泉间，不可不见此人闻此曲。"余心识之久矣。庚戌九月，道经梁溪，适颍州刘考功公勇拥大航西门外，留余方舟，同游惠山。而吴明府伯成、秦宪使补念、顾孝廉修远及其子文学天石、朱公子子葆、刘处士震修皆在席。太史留仙则挟歌者六七人，乘画舫抱乐器，凌波而至，会于寄畅之园。于时天际秋冬，木叶微脱，循长廊而观止水，倚峭壁以听响泉。而六七人者，衣青纻衣，蹑五丝履，恂恂如书生，绰约如处子，列坐文石，或弹或吹，须臾歌喉乍转，累累如贯珠，行云不流，万籁俱寂。余乃狂呼曰："徐生徐生，岂欺我哉！”六七人者各道姓名，敛袖低眉，倾其坐客。至是，笙笛三弦，十翻箫鼓，则授李生，李生亦吴人。是夕分韵赋诗，三更乃罢酒。次日复宴集宪使家，六七人又偕来，各奏技。余作歌贻之，俾知徐生之言不谬。良辅之道终盛于梁溪，而神仙父子风流跌宕，照映九龙二泉者，与山俱高，与水俱清也。是为记。

卷八　异物志

神　灯

近修曰：往余闻姚江有神灯，以为诬，询邑人，曰有之，三四月间始见，东郊岳庙最盛。余候其时，携同辈往，数数不获。遇庙僧曰："天骤热将雨遇矣。"余又候热往，日暝抵庙，登山巅玉皇殿，凭高仰俯。忽见二灯冉冉从庙出，若悬余足底，回首四望，俱有所见，如晨星落落，布野已渐稠密，百千万亿，熠熠往来，不可纪极矣。有一灯独行者，有并携二灯者；有百什灯排列徐徐，若官人出行，卤簿前导者；有若二队相值，各分去者；有相值若揖若语，而别者；有高擎者，有下移者；有置灯憩坐者，有穿林踏险而行者；有渡江者，始渡若揭衣踌躇，登岸则速者。其光或颓，若有所幪；或光动如庭燎，或灭忽复明；或数灯合为一，或一分为数；或迎风疾行，焰反向而炽；或徐行则敛，或驻则渐微；或排列一线，若星桥灯市；或独燃幽处，若寒窗爇灯荧荧然；或高在山半若悬竿，或出江间聚苇中若渔火。或远或近，在数十步内，熟视，灯下若有二足影，喁喁若闻语声，而实无语。余见灯聚处，使人疾趋视，则无有，其人回视余所在，反有之，余不觉也。至初更钟鸣，则尽灭。呜呼，其神耶？非神耶？以余所见，洵神也。然神之德盛，塞天地，贯古今，无乎不在，而必姚江，必东郊，必三四月，必热将雨始见，是岂神耶？夫儒者探赜索隐，采传闻，览怪志，其疑惑众讼宜也。余目所经见，且久立凝睇，而不知所由然，求为博物君子，不其难耶？抑诚有不可知者耶？不可知，则神矣！余故详述之，以质世之多闻者。其年丙戌，其月癸巳，其日己卯。同游者为年友湛侯子君进，及密、沈、叶三君，俞思颜秀才，余门下士。

古铁条

京师穷市上有古铁条，垂三尺许，阔二寸有奇，形若革带之半，中虚而外锈涩，两面鼓钉隐起，不甚可辨。持此欲易钱数十文，人皆不顾去。积年余，有高丽使客三四人，旁睨良久，问此铁价几何。鬻铁者谬云钱五百。使客立解五百文授之。其人疑不决，即诡对曰：“此固吾邻人物，俟吾询主者。”顷之，使主复来，鬻者曰：“向几误，主者言非五金不可。”使客即割五金无难色，其人则又谓大言曰：“公等误矣，吾曹市语，举大数以为言，五金盖五十金也。”使客曰：“吾诚不惜五十金，但不得更悔。”鬻铁者私念一废铁夹条，增价五十金，借令失此售主，并乞数十文亦不可得。因曰：“吾以此博公多金，保无后言。公幸告我，此为何名。”使客请先定要约而后告。于是观者渐众，使客乃举五十金畀鬻铁者，而以若带者付其徒，乘马疾驰去。度其去远，始告众曰：“此名定水带，昔神禹治水时，得此带九，以定九区，平水土，此乃九之一。若携归吾国，价累巨万，岂止五十金而已哉？”又问：“得此何所用？”使客曰：“吾国航海，每苦海水咸不可饮，一投水带其中，虽咸卤立化甘泉，可无病汲。是以足珍也。”市有好事者，随至高丽馆。试验之，遂命汲苦水数石，杂盐搅之，投以水带，水沸作鱼眼数十，少顷掬水饮之，甘洌乃胜山泉，遂各叹服而去。鬻铁者言闯陷京师时得自老中贵，盖先朝大内物也。嗟嗟，自经变故以来，凡天府奇珍异宝，流落人间，泯泯无闻者，何可胜数？独是带为高丽使所赏识，顿增声价百倍，不胫而走海外。物之显晦，固自有时哉。

义　猴

建南杨子石袍告射陵曰：吴越间有鬈髯丐子，编茅为舍，居于南坡。畜一猴，教以盘铃傀儡，演于市以济朝夕。每得饮，与猴共，虽严寒暑雨，亦与猴俱，相依为命，若父子然，如是者十余年。丐子老且病，不能引猴入市，猴每日长跪道旁，乞食养之，久不变。及丐子死，猴悲痛旋绕，如人子擗踊状。哀毕，复长跪道旁，凄声顿首，引掌乞钱。不终日，得钱数贯，以绳钱入市中，至棺肆不去，匠果与棺。仍不去，伺担者，辄牵其衣裾，担者为舁棺至南坡殓丐子埋之。猴复入市跪于道旁乞食以祭丐子，祭毕，遍拾野地之枯薪廪之墓侧，取向时傀儡置其上焚之，乃长啼数声，自赴烈焰中死。行道之人，莫不惊叹而感其义，爰作义猴冢。

义　虎

嘉靖时，明经孙某为山西孝义知县，见义虎甚，属猷廷作记记之。县郭外高唐、孤岐诸山多虎，一樵者朝行丛箐中，忽失足堕虎穴。两小虎卧穴内，穴如覆釜，三面石齿廉利，前壁稍平，高丈许，藓落如溜，为虎径。樵踊而蹶者数，彷徨绕壁泣待死。日落风生，虎啸逾壁入，口衔生麋，分饲二小虎。见樵蹲伏，张爪奋搏，俄巡视若有思者，反以残肉食樵。入抱小虎卧，樵私度虎饱，朝必及。昧爽，虎跃而出，停午复衔一麋来，饲其子，仍投馂与樵。樵馁甚，取啖，渴自饮其溺，如是者弥月，浸与虎狎。一日小虎渐壮，虎负之出，樵急仰天大号："大王救我！"须臾虎复入，拳双足，俯首就樵。樵骑虎腾壁上，虎置樵携子行。阴崖灌莽，禽鸟声绝，风猎猎从黑林中出，樵益急，呼大王。虎却顾，樵跽告曰："蒙大王活我，今相失，惧不免他失而逢他患。幸终活我，导我中衢，我死不忘报者。"虎颔之，遂前至中衢，反立视樵。樵复告曰："小人西关穷民也。今去不复出，归当畜一豚，候大王西关三里外邮亭之下，某日时过飨。无忘吾言。"虎点头，樵泣，虎亦泣。迨归，家人惊讯，樵语故，共喜。至期，具豚。方事宰割，虎先期至，不见樵，竟入西关，居民见之，呼猎者闭关栅，矛梃锐弩毕集，约生擒以献邑宰。樵见之奔救，告众曰："虎与我有大恩，愿公等毋伤。"众不听，竟擒诣县。樵击鼓大呼，官怒诘樵。樵具告前事，不信。樵曰："请验之，如谎，愿受笞。"官亲至虎所，见樵抱虎痛哭曰："救我者大王耶？"虎点头。"大王以赴约入关耶？"复点头。曰："为大王请命，若不得，愿以死从大王。"言未讫，虎泪如雨下堕地。观者数千人，莫不叹息。官大骇，趋释之。驱至亭下，投以豚，矫尾大嚼，顾樵而去。后名其亭曰"义虎亭"。

义 犬

有太原客南贾还，策一卫，橐金可五六百。偶过中牟县境，憩道左。有少年人以梃荷犬至，亦偕憩。犬向客咿哑若望救者，客买放之。少年窥客装重，潜蹑至僻处，以梃搏杀之，曳至小桥水中，盖以沙苇，负橐去。犬见客死，阴尾少年，至其家识之，却诣县中。适县令升坐，班甚肃，犬直前，据地呼号，若哭若诉，驱之不去。令曰："尔何冤？吾遣隶随尔。"犬导隶出，至客死所，向水而吠。隶掀苇得尸，还报，顾无从得贼。犬亦复至，号掷如故。令曰："若能知贼乎？我且遣隶随尔。"犬又出，令又遣数隶尾去。行二十余里，至一僻村人家，犬竟入，逢一少年，跳而啮其臂，衣碎血濡。隶因绁之。到县，具供杀客状。问其金，尚在，就家取之，因于橐中得小籍，知客邑里姓氏。令乃抵少年辟，而籍其橐归库。犬复至令前，吠不止，令因思曰："客死，其家尚在，此橐金安属，犬吠将无是乎？"乃复遣隶直往太原，此犬亦随去。既知其家，告知客死，又知橐金无恙，大感恸。客有子，束装随隶至中牟，贼已瘐死狱中，令乃取橐，验而付之。其犬仍尾其子，至扶榇偕返，往还数千里，旅食止宿，与人无异。

义 猫

山右富人所畜之猫，形异而灵且义，其睛金，其爪碧，其顶朱，其尾黑，其毛白如雪，富人畜之甚珍。里有富人子见而爱之，以骏马易之，不与也；以爱妾换，亦不与；以千金购，又不与；陷之盗，破其家，亦不与。因携猫逃之广陵，依于巨商家，亦爱其猫，百计求之不可得，以鸩酒毒之。其猫与富人不离左右，鸩酒甫斟，猫即倾之，再斟再倾，如是将三。富人觉，而同猫宵遁，匿于舟，后渡黄河，失足溺水。猫见主人堕河，叫呼跳号，捞救不及，猫亦投水，与波俱汨。是夕故人梦见富人云："我与猫并死于水，俱在天妃宫中。"天妃，水神也。故人明日谒天妃宫，果见富人尸与猫俱在神庑下，买棺瘗之，埋其猫于侧。

编者曰：呜呼！虫鱼禽兽，或报恩于生前，或殉死于身后，如毛宝之白龟，思邈之青蛇，袁家儿之大狞犬，楚重瞳之乌骓马，指不胜屈。若猫之三覆鸩酒，何其灵！呼救不得，殉之以死，何其义！又岂畜类中所多见者耶？然其人以爱猫故，被祸破家，流离异域，复遭鸩毒，非猫之几先有以倾覆，其不死于毒者几希矣。及主人失足河流，叫跳求援，得相从于洪波之中，以报主人珍爱之恩。以视夫为人臣妾，患至而不能捍，临难而不能决者，其可愧也夫！其可愧也夫！

孝 犬

孝犬，广东东莞县隐士陈恭隐家牝犬也，色白而尾骍，四足皆黑。恭隐痛父死国难，矢志不进取，隐居山中，以吟饮自纵，不与时人通。此犬随恭隐，未尝须臾离。每出，则犬先行数百步，若以为导者。遇豺狼蛇虎，则亟返啮恭隐衣袂曳之还，若不使前者；恭隐悟，即旋，犬又随后，离数十步作大声嗥，若以为卫者，以是为常。夜则于庐舍前后巡且吠，达旦不少休。数年，犬一乳五子皆牡，既长，恭隐分赠前后左右邻家畜之，皆能司门户不怠。初分之岁余，母犬日来往各家，视乳犬一周，若训之勤者。有食，乳犬辄让母犬先食。乳犬既壮，母犬即不往视，而乳犬辄来恭隐家视母犬。又数年，母犬病，癞瘦将死，乳犬日齐来，争与母犬舐癞，遂愈。每至元旦，五乳犬辄齐来绕母犬摇尾，若为母犬贺状。后母犬死，皆哀号不止。恭隐悯之，瘗之山后，五乳犬每早辄往瘗处号哭，如是者数年不辍。

徐庵古佛记

石佛庵在映壁庵石壁之上，一椽小筑，压壁之肩。徐庵在石佛庵之上，一椽小筑，较石佛庵稍宽，压庵之肩。石佛庵一石佛，石佛之外无余佛。徐庵三古佛，古佛之外无余佛。石佛之像高三尺，垂目趺坐，与世像同。而古佛甚异，佛身之高几一寻。中则释迦求道像，清槁贫削，眉卧准轩，螺髻结而不理，盘坐一枯树根，若有所思而不悟者；腹脐内吸，若久不竦者；肌骨棱棱栗栗，若六花周绕，强自撑耐者;背偻，若鸟巢其顶者；膝踊，若藤穿其膝者。右普贤，身跨一灰象，两手平衡捧贝叶，两目不瞬，注贝叶，贝叶失矣，手犹是，目犹是也，若从无字句处参观而有得者。所跨象，眠齿，突双目，宛转善睨，人亦与之左右睨。往往人象相睨，有久而不舍者。左文殊，与普贤雁行于释迦之次，一手持藤杖，一手著膝上，坐狮。狮之状庞然以伏，貌猛而性善。然人之爱狮不若爱象也。及晦夜入佛堂，炉香不红，琉璃火灭，有两炬炷烛射窗阂，人即大恐退，以为室有虎也。乃从壁隙谛窥，审其所在，炯炯者乃狮之目，盖狮目阳燧为之也。故人之宿于庵者，爱象又不若爱狮。

潞王府珍物

崇祯末年，有江右客寓珠宝巷，携一朱盒，中藏碧草一本，上有生就小龙，其大如指，长逾三寸，光似淡金，鳞角爪牙，无一不备，循枝盘绕，气色如新。博物者不知其所从出。时潞王播越在浙，售其府中。按潞王名敬一，精通释典，故又名潞佛子，工书善画，尤精于兰。至今有石刻留虎跑寺，制为潞琴，前委两角，材最精良。其府中颇蓄珍奇异物，有沸水石，有竹节盆，其大如轮。有纯阳像，乃仙笔也，风右则须飘而左，风左则须飘而右。有舍利一颗，晦夜放光，视其燥湿可占阴晴。有四面观音一尊，得之大鳖腹中者，王之绣佛长斋，从剖鳖得佛像始。而后陵谷变迁，均不知失散于何处也。

禁中珍物

崇祯时延陵陈颉仙官中书，尝奉诏入禁中，见中宫翼善冠嵌大珠一颗，大如芡实，紫光璀璨如莲花，至晚则五彩缤纷，如琉璃灯焰，盖即夜光也。东宫束发冠缨，前一珠差小，碧焰照耀如盘，似铜青投火中，绿烟郁勃，不知何名。又见汉、唐、宋以来宝琴三百六十二张，皆有赞有铭，惜未录出。未几，鼎革祸作，此种珍物遂不可复识矣。哀哉！

大内异珠

大兴李氏藏母珠一枚，大可五六寸许。中有真武神像，端坐椅中，龟蛇承其足，灵官荷戈侍立，作瞋目状，云气缭绕之，恍惚现四神将之形，在若有若无之间。背镌高丽国王。椟以紫金为之。盖明季大内之物流落民间者，李氏以十缗得之，亦至足宝贵也。

大内铜盘

偶见宣铜宫盘一，中有凸起，御制《锦春堂》词一阕云："映日秾花旖旎萦，风细柳轻盈。游丝千尺重门静，金鸭午烟清。戏蝶浑有意，啼莺还似多情。游人来往知多少，歌吹散春声。宣德七年正月十五日。"背刻交龙，中有"内用"二字。